国家重点档案专项资金资助项目

抗日战争档案汇编

东阳市档案馆藏抗战档案选编

1

东阳市档案馆 编

五洲传播出版社

图书在版编目（CIP）数据

东阳市档案馆藏抗战档案选编 . 1 / 东阳市档案馆编 .
北京 : 五洲传播出版社 , 2025. 6. -- (抗日战争档案汇
编). -- ISBN 978-7-5085-5333-7

Ⅰ . K265.063

中国国家版本馆 CIP 数据核字第 20250G5D21 号

东阳市档案馆藏抗战档案选编 1

编　　者：东阳市档案馆
出 版 人：关　宏
责任编辑：阴滦萌
装帧设计：北京禾风雅艺文化发展有限公司
出版发行：五洲传播出版社
地　　址：北京市海淀区北三环中路31号生产力大楼B座6层
邮　　编：100088
电　　话：010-82005927，82007837
网　　址：www.cicc.org.cn, www.thatsbooks.com
印　　刷：天津艺嘉印刷科技有限公司
版　　次：2025年6月第1版第1次印刷
开　　本：210mm × 285mm
印　　张：32.25
定　　价：520.00元

抗日战争档案汇编编纂出版工作组织机构

编纂出版工作领导小组

组　长　王绍忠

副组长　高　嵘　李洁鸿　林振义

编纂委员会

主　任　王绍忠

副主任　李洁鸿

顾　问　杨冬权　李明华　陆国强

成　员（按姓氏笔画为序排列）

王　宇　王　放　王海燕　方　旭　甘自强　田　红

田　峰　田富祥　代年云　白晓军　冯建华　伍　英

刘晓阳　孙秀梅　孙建军　苏雨新　苏树增　杜昕昱

李　军　李　晶　李世华　李宝玲　李莉娜　李海蓉

李家成　杨文丰　杨智友　谷　磊　张　军　张向军

张军勇　张秀丽　陆和兰　陈念芜　陈熙满　欧阳春

罗先东　周向阳　郑泽隆　赵舒龙　胡　勇　姜若宁

姚永军　聂文胜　夏　红　顾　俊　徐未晚　高建舟

常建宏　梁克昌　蒋宏灵　喻在岗　焦东华　童　鹿

曾德亚　谭荣鹏　潘　勇

编纂出版工作领导小组办公室

主　任　李莉娜

副主任　贾　坤　沈　岚

成　员（按姓氏笔画为序排列）

朱召师　李　宁　汪海涛　董书婷

浙江省抗日战争档案汇编编纂出版工作组织机构

编纂出版工作领导小组

组　长　吴炳芳　王利月

副组长　张　军　胡元潮

编纂出版工作领导小组办公室

主　任　胡文苑

副主任　夏振华　阮发俊

成　员　陈卓君　张克强　官　陈

编纂委员会

主　任　吴炳芳　王利月

副主任　张　军　胡元潮

委　员　胡文苑　陈　勇　翁　梅　夏振华　莫剑彪　阮发俊

《东阳市档案馆藏抗战档案选编》编辑组

主　　编　程国伟

执行副主编　杜亚芳

副 主 编　胡江伟　何福豪　蒋　瑜

编　　委　张正望　张窈芳　蔡瑞良　彭期兰　王振华　张金芸　骆嘉莉

总序

为深入贯彻落实习近平总书记「让历史说话，用史实发言，深入开展中国人民抗日战争研究」的重要指示精神，国家档案局根据《全国档案事业发展「十三五」规划纲要》和《「十三五」时期国家重点档案保护与开发工作总体规划》的有关安排，决定全面系统地整理全国各级综合档案馆馆藏抗战档案，编纂出版《抗日战争档案汇编》（以下简称《汇编》）。

中国人民抗日战争是近代以来中国反抗外敌入侵第一次取得完全胜利的民族解放战争，开辟了中华民族伟大复兴的光明前景。这一伟大胜利，也是中国人民为世界反法西斯战争胜利、维护世界和平作出的重大贡献。加强中国人民抗日战争研究，具有重要的历史意义和现实意义。

全国各级档案馆保存的抗战档案，数量众多，内容丰富，全面记录了中国人民抗日战争的艰辛历程，是研究抗战历史的珍贵史料。一直以来，全国各级档案馆十分重视抗战档案的开发利用，陆续出版公布了一大批抗战档案，对揭露日本帝国主义侵华罪行，讴歌中华儿女勠力同心、不屈不挠抗击侵略的伟大壮举，弘扬伟大的抗战精神，引导正确的历史认知，发挥了积极作用。特别是国家档案局组织有关方面共同努力和积极推动，「南京大屠杀档案」被联合国教科文组织评选为「世界记忆遗产」，列入《世界记忆名录》，捍卫了历史真相，在国际上产生了广泛而深远的影响。

全国各级档案馆馆藏抗战档案开发利用工作虽然取得了一定的成果，但是，在档案信息资源开发的系统性和深入性方面仍显不足。正如习近平总书记所指出的：「同中国人民抗日战争的历史地位和历史意义相比，同这场战争对中华民族和世界的影响相比，我们的抗战研究还远远不够，要继续进行深入系统的研究。」「抗战研究要深入，就要更多通过档案、资料、事实、当事人证词等各种人证、物证来说话。要加强资料收集和整理这一基础性工作，全面整理我国各地抗战档案、照片、资料、实物等……」

国家档案局组织编纂《汇编》，对全国各级档案馆馆藏抗战档案进行深入系统地开发，是档案部门贯彻落实习近平总书记重要指示精神，推动深入开展中国人民抗日战争研究的一项重要举措。本书的编纂力图准确把握中国人民抗日战争的历史进程、主流和本质，用详实的档案全面反映一九三一年九一八事变后十四年抗战的全过程，反映中国共产党在抗日战争中的中流砥柱作用以及中国人民抗日战争在世界反法西斯战争中的重要地位，反映国共两党「兄弟阋于墙，外御其侮」进行合作抗战、共同捍卫民族尊严的历史，反映各民族、各阶层及海外华侨共同参与抗战的壮举，展现中国人民抗日战争的伟大意义，以历史档案揭露日本侵华暴行，揭示日本军国主义反人类、反和平的实质。

编纂《汇编》是一项浩繁而艰巨的系统工程。为保证这项工作的有序推进，国家档案局制订了总体规划和详细的实施方案，明确了指导思想、工作步骤和编纂要求。为保证编纂成果的科学性、准确性和严肃性，国家档案局组织专家对选题进行全面论证，对编纂成果进行严格审核。

各级档案馆高度重视并积极参与到《汇编》工作之中，通过全面清理馆藏抗战档案，将政治、军事、外交、经济、文化、宣传、教育等多个领域涉及抗战的内容列入选材范围。入选档案包括公文、电报、传单、文告、日记、照片、图表等多种类型。在编纂过程中，坚持实事求是的原则和科学严谨的态度，对所收录的每一件档案都仔细鉴定、甄别与考证，维护档案文献的真实性，彰显档案文献的权威性。同时，以《汇编》编纂工作为契机，以项目谋发展，用实干育人才，带动国家重点档案保护与开发，夯实档案馆基础业务，提高档案人员的业务水平，促进档案馆各项事业的发展。

守护历史，传承文明，是档案部门的重要责任。我们相信，编纂出版《汇编》，对于记录抗战历史，弘扬抗战精神，发挥档案留史存鉴、资政育人的作用，更好地服务于新时代中国特色社会主义文化建设，都具有极其重要的意义。

抗日战争档案汇编编纂委员会

编辑说明

一九三七年七月，日本帝国主义发动全面侵华战争。同年十二月二十四日，日军占领杭州。一九三八年二月，日军飞机开始不时轰炸东阳县城。一九四一年五月，日军发动了「宁绍战役」，侵袭东阳北乡。一九四二年五月，浙赣战役爆发，东阳沦陷。直到一九四五年八月，日军投降，撤出东阳。日军在东阳实行烧光、杀光、抢光的「三光」政策，焚烧、掳掠、屠杀，暴行兽迹，罄竹难书。

东阳市档案馆选取馆藏记录东阳县内日军暴行、民众损失、敌军情报的相关档案，编辑《东阳市档案馆藏抗战档案选编1》。本书选稿起自一九三八年，迄至一九四六年。本书按照「主题—时间」体例编排，分三个部分：第一部分为损失与救济，第二部分为关于敌军的情报，第三部分为敌人罪行调查，分别按时间排序。

原标题完整或基本符合要求的使用原标题；原标题有明显缺陷的进行了修改或重拟；无标题的加拟标题。机构名称使用全称或规范简称，历史地名沿用当时名称。档案所载时间不完整或不准确的，作了补充或订正。档案无时间且无法考证的标注「时间不详」。档案时间只有年份、月份的排在该月末，只有年份的排在该年末。

本书使用规范的简化字。对标题中人名、历史地名、机构名称中出现的繁体字、错别字、不规范异体字、异形字等，予以径改。限于篇幅，本书不作注释。

由于时间紧，档案公布量大，编者水平有限，在编辑过程中可能存在疏漏之处，考订难免有误，欢迎方家斧正。

编者

二〇二一年三月

目录

二、日军情报

三、日军罪行调查

一、损失与救济

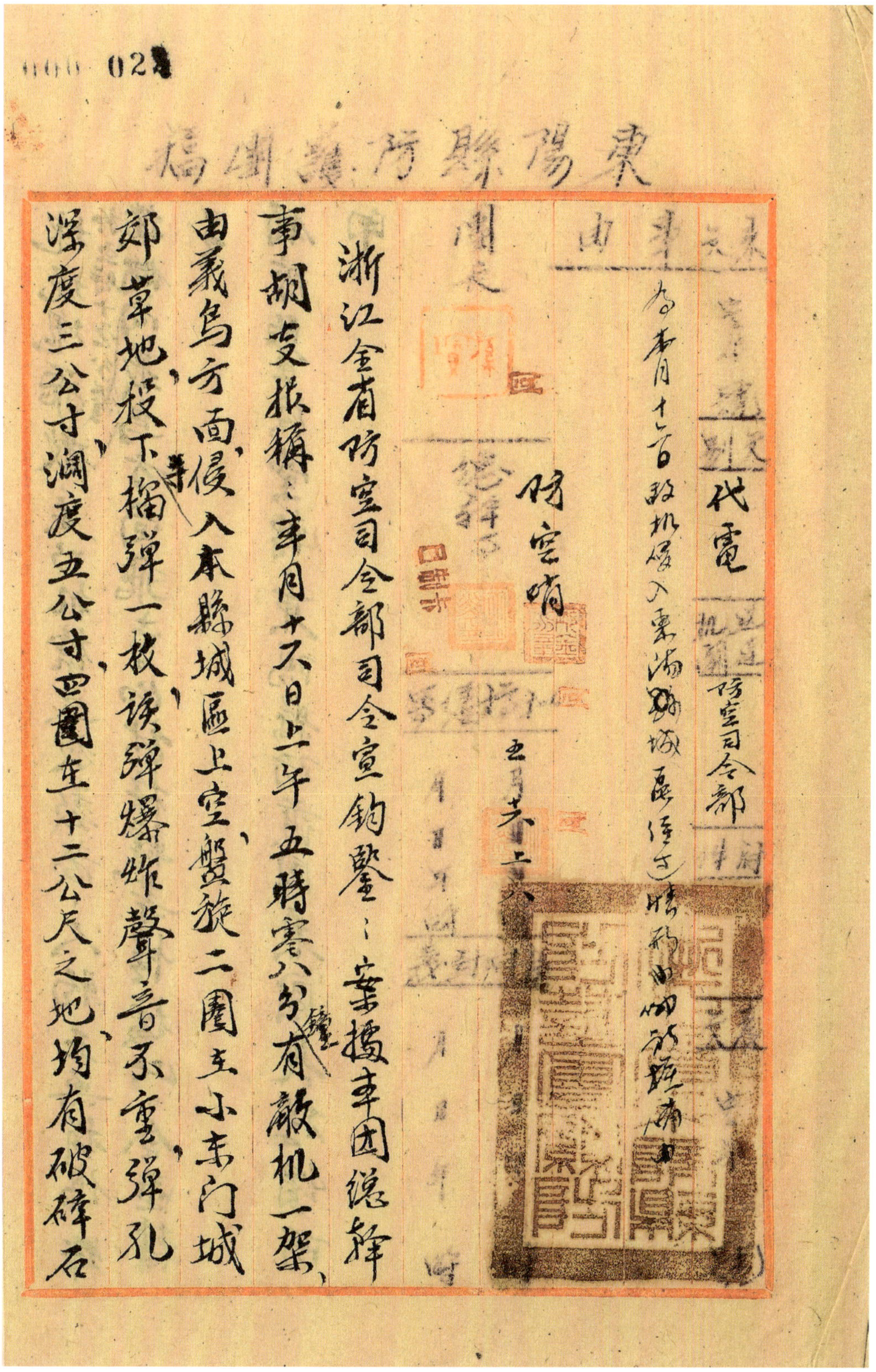
東陽縣防護團稿

事由：為本月十六日敵機侵入東陽城區經過情形由

代電

浙江全省防空司令部

防空哨

浙江全省防空司令部司令宣鈞鑒：案據本團總幹事胡支根稱：本月十六日上午五時零八分鐘有敵機一架、由義烏方面侵入本縣城區上空盤旋二圈至小东门城郊草地，投下榴彈一枚，該彈爆炸聲音不重，彈孔深度三公寸，濶度五公寸，四圍左十二公尺之地均有破碎石

东阳县防护团关于日机轰炸东阳城区情形致浙江全省防空司令部的代电（一九三八年五月十六日）

塊坭塊飛散，並以机槍点放數發，人物並無損傷，炸後於五時十五分纔向義烏方面飛去。仰祈核轉等情據此。合亟轉

呈

鈞座鑒核彙轉。東陽縣防護團兼團長孫琦防

印

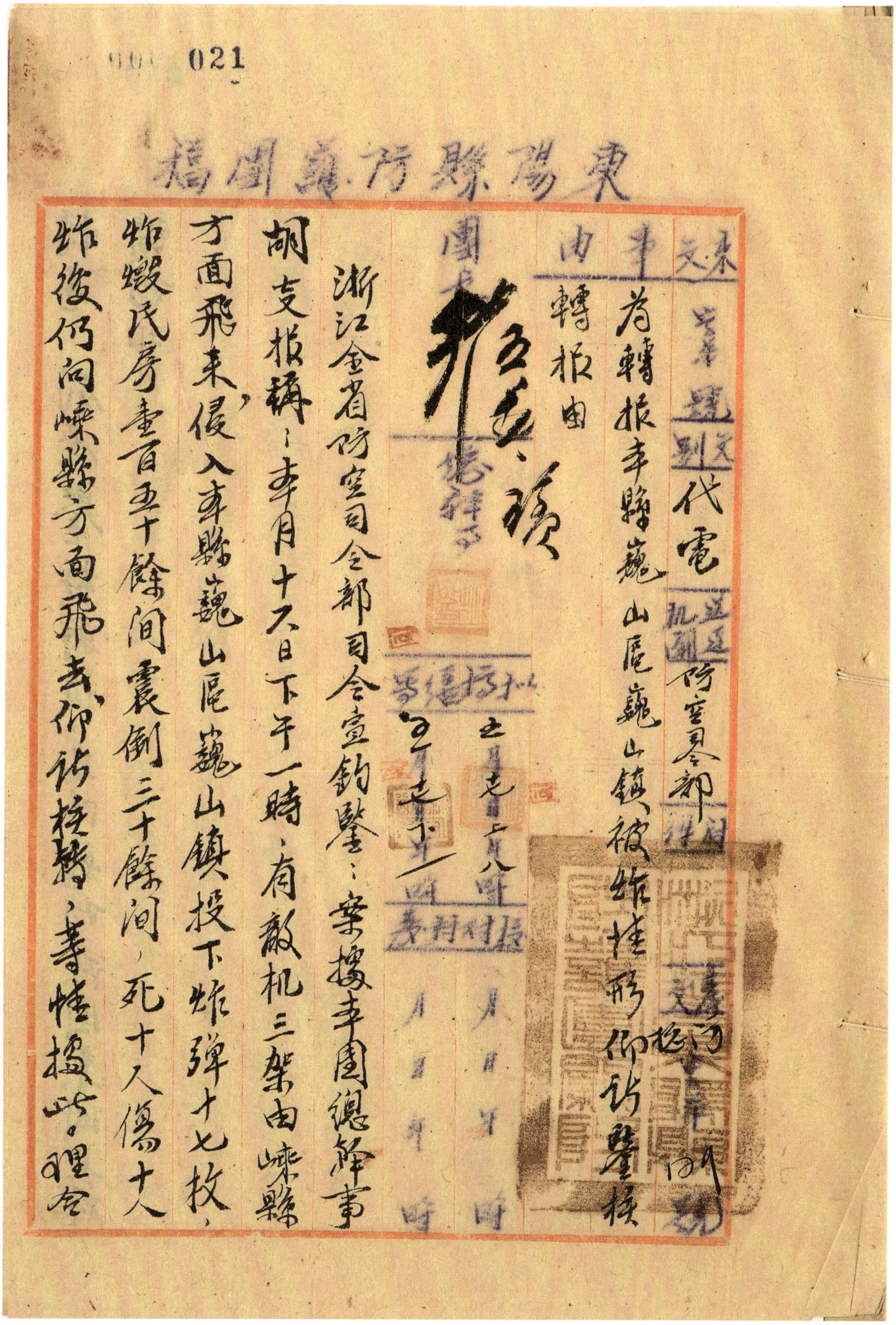
021

東陽縣防護團稿

事由：為轉報本縣巍山尾巍山鎮被炸情形仰祈鑒核

代電

送達機關：防空司令部

浙江全省防空司令部司令宣鈞鑒：案據本團總隊部事務胡支報稱：本月十六日下午一時，有敵机三架由嵊縣方面飛來，侵入本縣巍山尾巍山鎮，投下炸彈十七枚，炸毀民房壹百五十餘間，震倒三十餘間，死十八人，傷十八人，炸後仍向嵊縣方面飛去，仰祈核轉，等情，據此。理合

五月十七日

东阳县防护团关于日机轰炸巍山镇情形致浙江全省防空司令部的代电（一九三八年五月十七日）

轉呈
鈞座鑒核轉報。東陽縣防護團兼團長孫
璜 防印

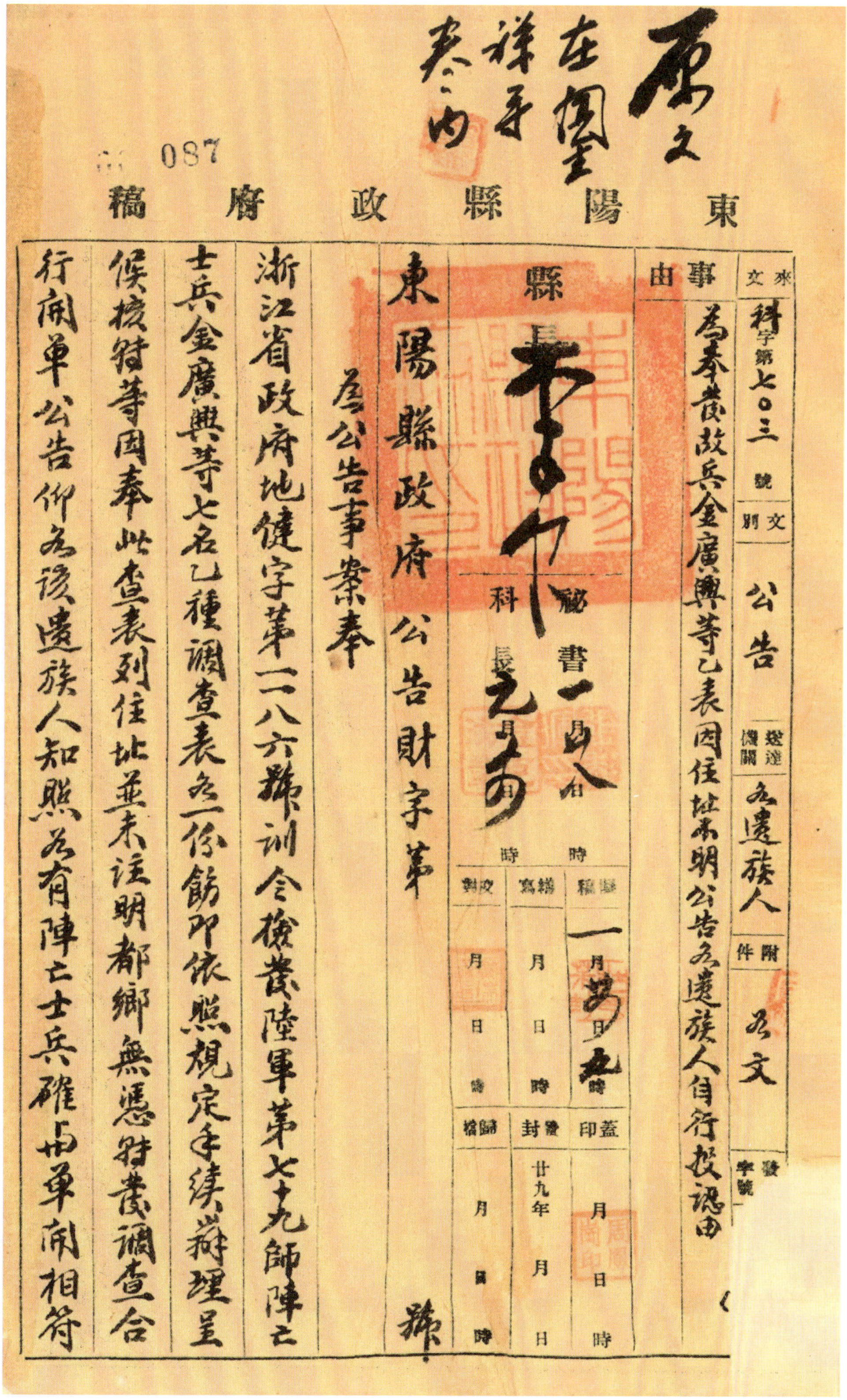
東陽縣政府稿

來文：科字第七〇三號

事由：為奉發故兵金廣興等乙表因住址未明公告各遺族人自行投認由

文別：公告

發達機關：各遺族人

附件：各文

東陽縣政府公告財字第　號

為公告事案奉

浙江省政府地健字第一一八六號訓令發陸軍第七十九師陣亡士兵金廣興等七名乙種調查表各一份飭即依照規定手續辦理呈候核辦等因奉此查表列住址並未註明都鄉無憑對發調查合行開單公告仰各該遺族人知照如有陣亡士兵確與冊單開相符

东阳县政府关于寻找金广兴等故兵遗族的公告（一九四〇年一月二十八日）

應由各該遺族人逕報該管鄉長轉呈來府以憑核辦特此

公告

計粘抄名單一紙

縣長李　口

088

訃聞名單

陸軍第七十九師三五团一營一連一等兵 金廣興 二十九年三月入伍 二十九年十月十四日陣亡 死亡地點富陽場口 住址東陽西鄉十三保 父母歿

仝上 上等兵 周際華 二十九年六月入伍 二十九年十月二十日陣亡 諸暨北门外 住北鄉八保一甲三户 父周田人 母王氏

仝 一營二連一等兵 上 吳毛狗 二十八年十月一日入伍 同 同 住西鄉十保六甲五户 父吳大衍 母王氏

仝 三營七連一等兵 上 吳山溝 二十九年三月十六日入伍 二十九年十月十七日陣亡 同 住北山鄉三保八甲四户 父吳海丹

仝 三營八連上等兵 上 吳世秀 二十八年七月十日入伍 二十九年十月二十日陣亡 同 住東陽三保十甲七户 父吳伯林

仝 師三三七团 二營六連一等兵 陳清明 二十九年九月入伍 二十九年十月十四日陣亡 富陽陣地

仝 二營五連一等兵 上 滕星成 二十九年八月一日入伍 二十九年九月十四日陣亡 富陽湯村附近 住南屏鄉一保一甲二户

芝山小学情报组关于日机轰炸歌山民众伤亡惨重的报告（一九四一年四月十八日）

複上來文多

111

敵機轟炸

投爆裂彈廿一枚．

育嬰堂房屋炸毁

死五人傷十餘人

歌山茶場

今日（四月十七日）下午一時半，突有敵机四架，自县城方面飛至歌山附近上空，狂肆轟炸，盤旋四五次，約二十餘分鐘，計擲爆裂彈廿一枚，育嬰堂房屋，大部炸毁，炸斃手車伕蔣益繁等，傷十餘人，慘酷情象，目不忍睹，兹將被炸詳情，探誌于后：

歌山　歌山橋東頭，育嬰堂被投彈四枚，彈均落右手金宇樓裡，炸屋十餘間，附近未完成新屋与橋全房屋後部均被震倒，死一老人，毁傷數人，歌山橋西頭，投彈二枚，彈均落在溪灘中，在橋水上頭死一人，傷八九人，橋水下頭，死二人，一係護盐警，一係撑筏伕，

耳朵口殿　离尚儭村二里許之耳朵口殿，殿左前方公路旁，落彈六枚，其時適有手車十餘輛，停放公路上，餘在麥田中手車伕，被炸斃一人，傷一人，血跡狼藉，為狀甚慘。

茶場村　茶場村前公路旁麥田中，投彈二枚，彈穴頗深，毁殺成熟之大麥約二十方公尺，其他毫無損失。

惠康亭　巍山脚楚鹿惠康亭前松樹山上落彈一枚，彈穴深達一公尺，周圍約三公尺，毁殺松樹八根，餘毫無損失。

2 24

110

（前周）前周村前公路附近麦地，落彈四枚，彈穴甚
淺小，毫無損失。

（王村光）王村光下堋近麦地，落彈二枚，彈穴甚淺小，
毫無損失。

托業園附近公路旁，捉獲漢奸嫌疑犯一名，
係一乞丐，居家亭人，名[redacted]，曾在尚侃農家
作傭工，現在各處行乞，被汽車大隊士兵捕捉，
當場搜出小圓銅鏡一枚、針一包、藥粉一包，該
犯被捉獲時，毫無恐懼情緒，且作慈笑，嫌
疑甚重，將解县究办云。

〃〃芝山小学情报组 吉〃 四·十八

国民党东阳县第二十区分部关于空袭损害的报告表（一九四一年五月八日）

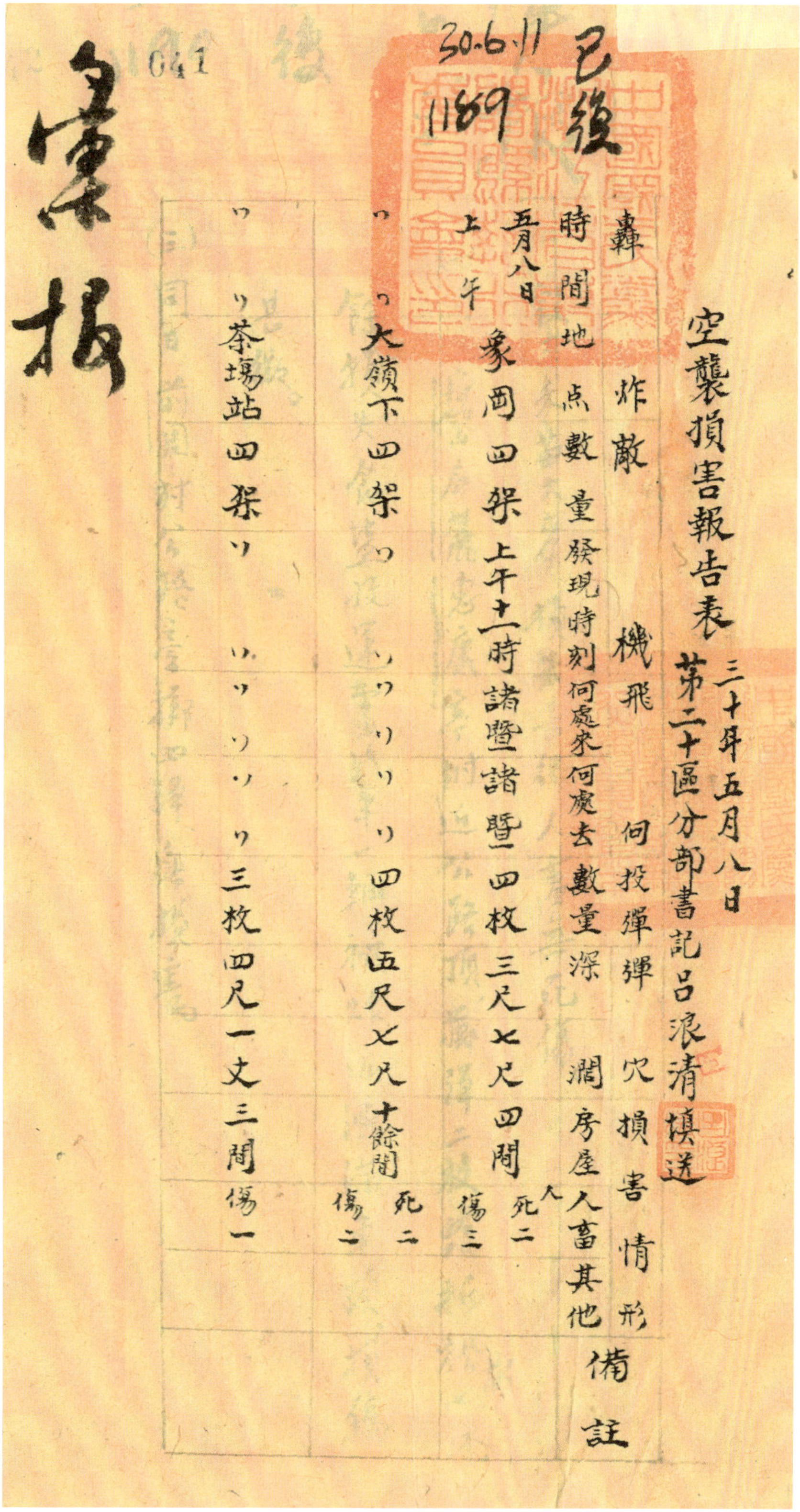

30.6.11
1189
已復

空襲損害報告表

三十年五月八日

第二十區分部書記呂浪清填送

轟炸時間	地点	敵機數量	飛機發現時刻	何處來	何處去	投彈數量	彈穴深	彈穴潤	損害情形房屋	人畜	其他	備註
五月八日上午	象岡	四架	上午十一時	諸暨	諸暨	四枚	三尺	七尺	四間	人死二 傷三		
〃	〃大嶺下	四架	〃	〃	〃	四枚	五尺	七尺	十餘間	死二 傷二		
〃	〃茶場站	四架	〃	〃	〃	三枚	四尺	一丈	三間	傷一		

东阳县卫生院关于该院药室遭日军炮击致东阳县政府的呈（一九四一年五月二十五日）

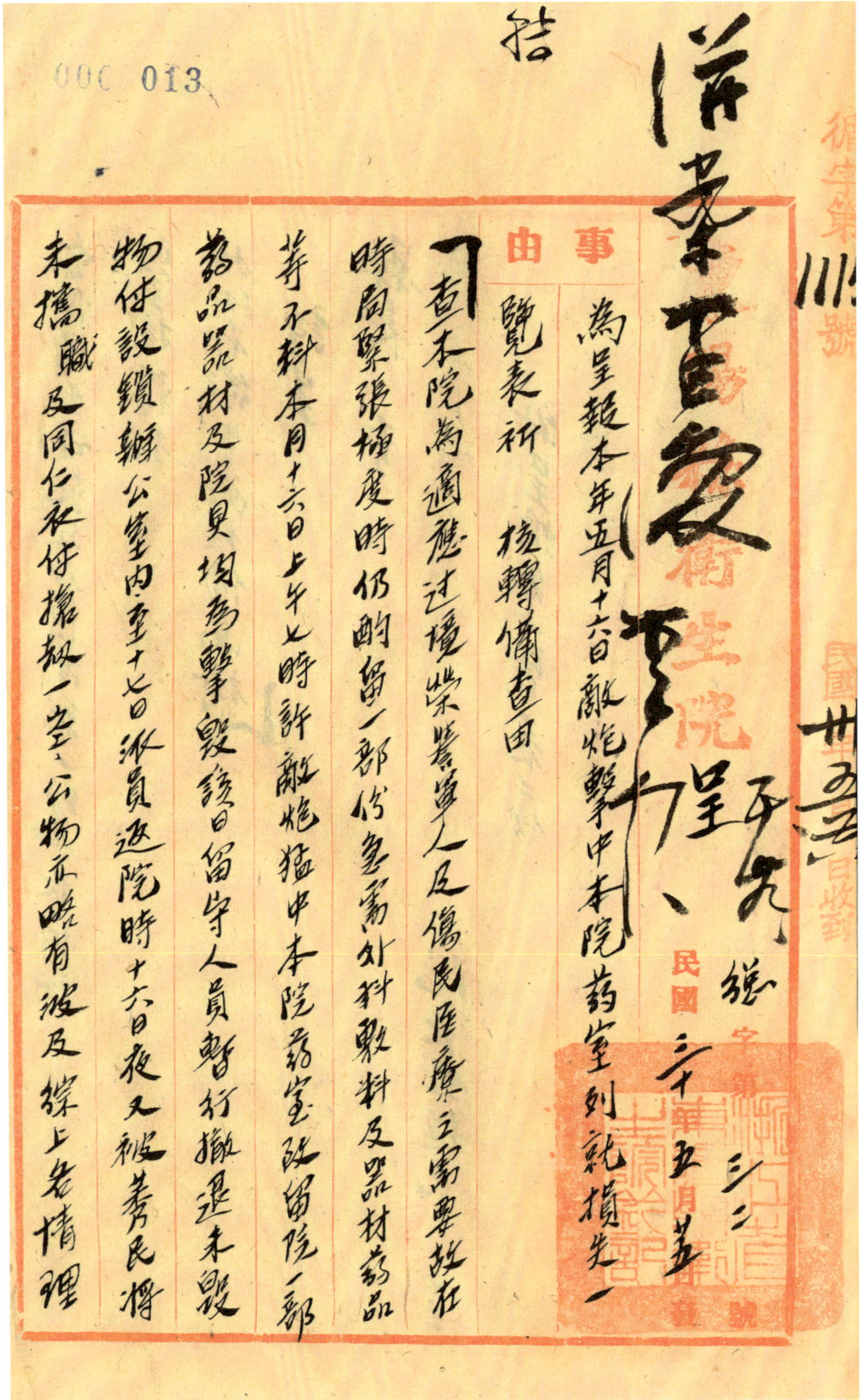

事由：為呈報本年五月十六日敵炮擊中本院藥室列就損失一覽表祈 核轉備查由

查本院為適應过境榮譽軍人及傷民医療之需要故在時局緊張極度時仍酌留一部份急需外科敷料及器材藥品詎不料本月十六日上午七時許敵炮猛中本院藥室致留院一部藥品器材及院具均為擊毀該日留守人員暫行撤退未毀物件設鎖辦公室內至十七日派員返院時十六日夜又被莠民將未攜職及同仁衣件撬劫一空公物亦略有波及綜上各情理

合併損失件數及原因開具一覽表，仰祈
鑒核轉報
浙江省衛生處核備為禱。
謹呈
縣長 李
院長 任超民（任超民印）呈
劉 炎
附呈損失一覽表二份

附：东阳县卫生院一九四一年五月十六日药室损失一览表

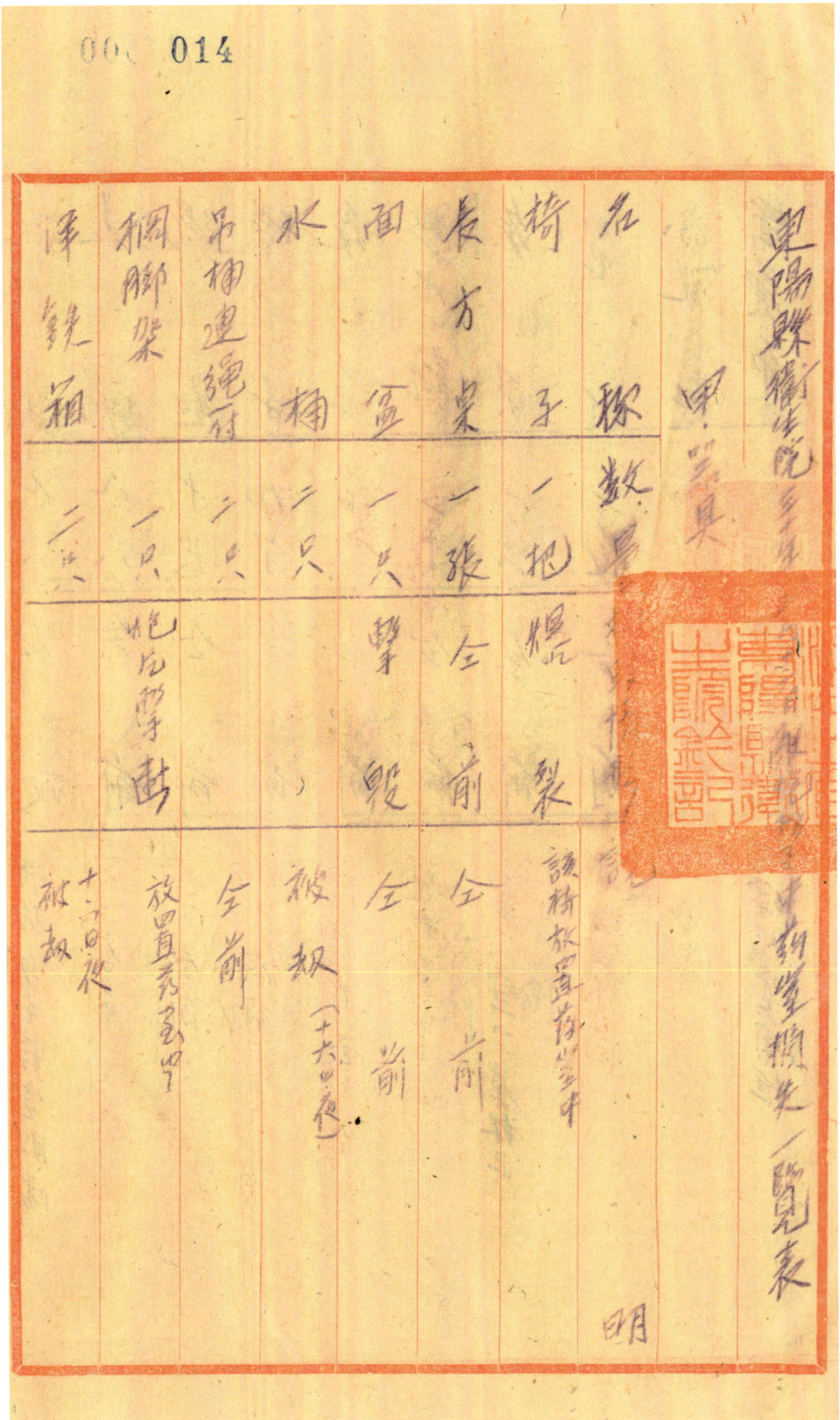
00 014

東陽縣衛生院[illegible]藥室損失一覽表

甲、器具

名稱	數量	[illegible]	說明
椅子	一把	爆裂	該椅放置藥室中
長方桌	一張	仝前	仝前
面盆	一只	擊毀	仝前
水桶	二只	〃	被劫（十六日夜）
吊桶連繩索	二只		仝前
桐腳架	一只	炮片擊斷	放置藥室內
洋鐵箱	二只		十六日夜被劫

飯碗	七只	震破	因櫥房在敵寓貼鄰
菜碗	八只	仝前	仝前
湯匙	十只	仝前	仝前
碟子	九個	仝前	仝前
痰盂	三只	仝前	隣近敵宅
熱水瓶	一個	仝前	放置室中
茶具	一張	仝前	盆一，壺一，茶杯三
電灯	二盞	仝前	
小米缸	[illegible]	仝前	
窗簾布	[illegible]		炮彈擊中窗框

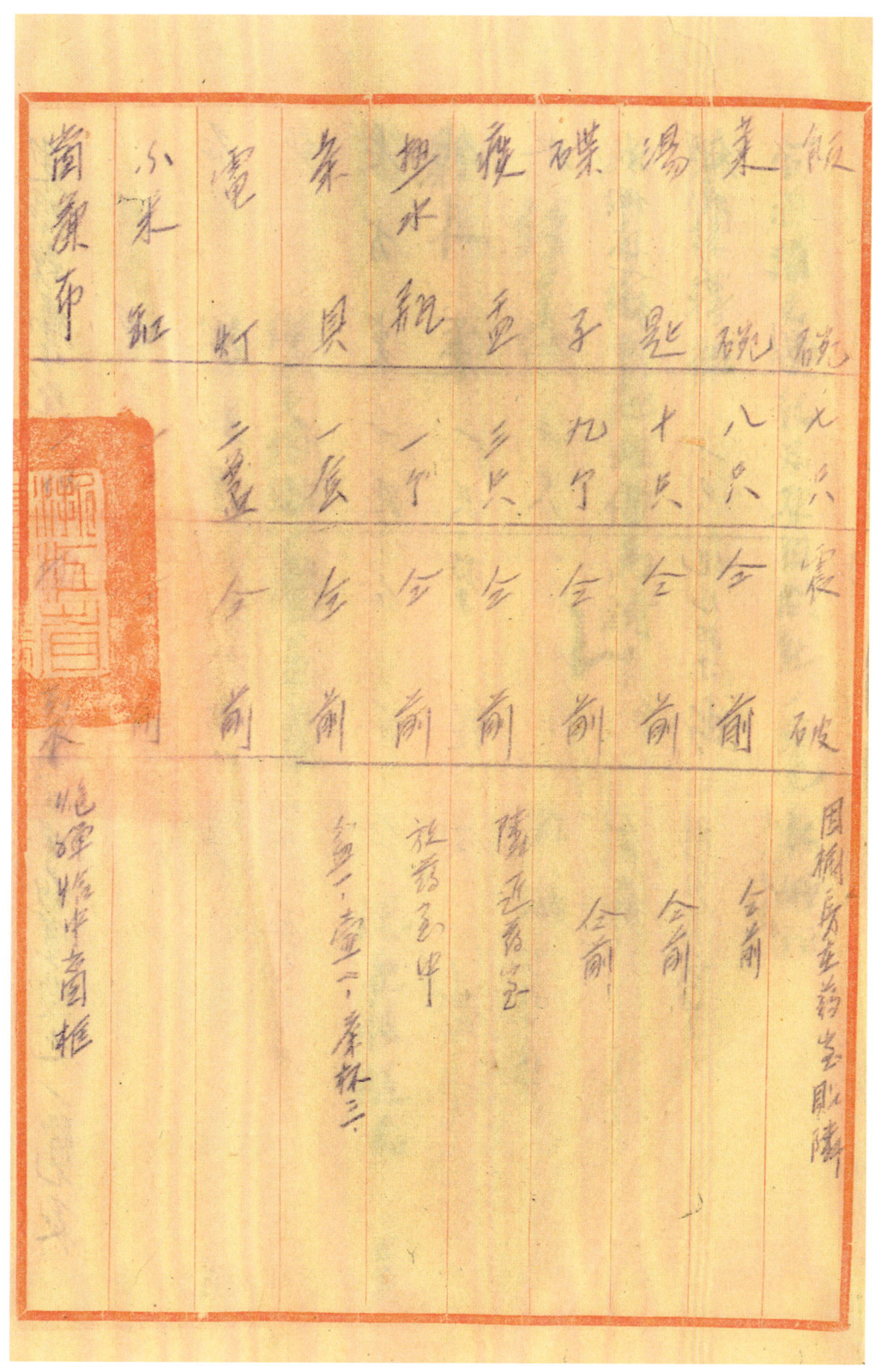

台布			因炮[illegible]後由家外避被[illegible]民在炮火中打毁
藍料布簾		仝前	仝前
外科手術箱	一檯	仝前	仝前
黨國旗	二面	仝前	仝前
鋼筆杆	四支	仝前	仝前
印泥盒	一只	仝前	仝前
相框	四只	仝前	仝前
菜刀	一把	仝前	仝前
火鉗	一把	仝前	仝前
藥箱	二只	仝前	仝前

木櫥玻璃門	四樘	震碎	炮擊所毁

乙、医療器械：

普通剪刀	二把	炮後遺失	價約元餘
紗節	一只	仝前	價約四角
天秤連法碼	一具	炮搗	天秤放藥室中
洗眼壺	一只	仝前	仝前
藥匙	二把	仝前	
玻璃研缽	一付	仝前	
小玻璃杯		仝前	
二兩裝藥瓶		仝前	

一磅右連蓋藥缸	大小八只	全損	置藥室甲
鋅鐵製藥鍋	一只	仝前	仝前
臘盆	三只	仝前	仝前
器械消毒灯	一付	仝前	仝前
注射器 20cc 10cc 6cc 2cc	各一付	仝前	仝前
針頭	三盒	仝前	仝前
大玻璃瓶	一只	炮燬	仝前
玻璃量杯	2000cc 200cc 各一只	仝前	仝前
撓棉子	七支	仝前	仝前
棉花鉗	十支	仝前	仝前

附、藥品：

Dover's Tabletten	1/2 P	震破	在藥室中（常備品）
Coffea S.B.	1/2 P	仝前	在藥室中（常備品）
[illegible]	6 Box	仝前	在疏散時（医基金）
[illegible]	1 Bot	仝前	在藥室中（常備品）
[illegible]	1 Bot	仝前	在藥室中（常備品）

（完）

院長任超民 〔任超民印〕

事務員吳緞員 〔印〕

东阳县政府关于日军炮击和日机轰炸县城情形致浙江省政府、省保安司令部的代电

（一九四一年五月二十五日）

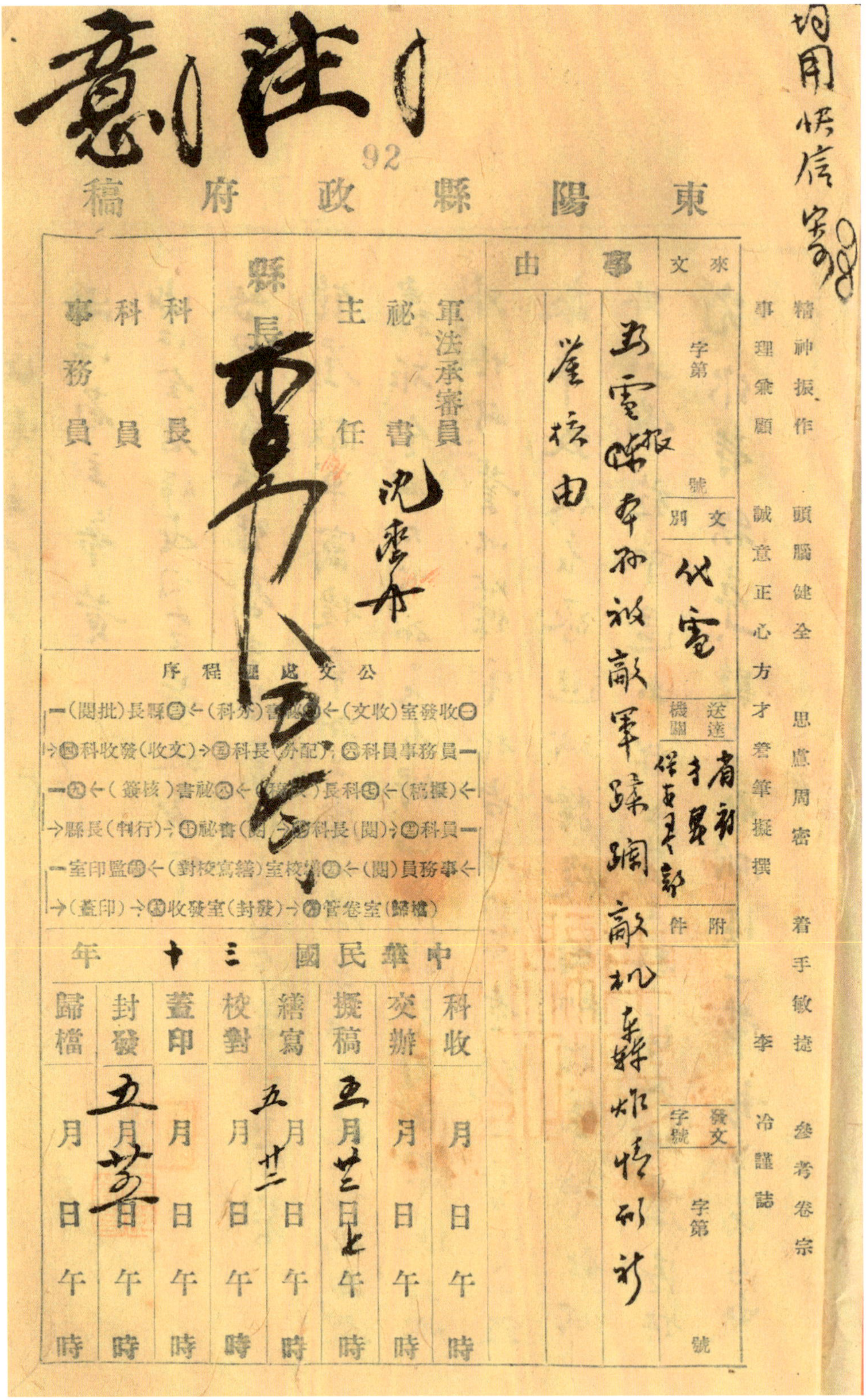

注意！

92

東陽縣政府稿

精神振作 頭腦健全 思慮周密 着手敏捷 參考卷宗

事理兼顧 誠意正心 方才着筆擬撰 李冷謹誌

來文字第 號

文別：代電

送達機關：省府 省保安司令部

事由：為電報本縣被敵軍炮轟敵机轟炸情形祈鑒核由

縣長

軍法承審員

秘書

主任

科長

科員

事務員

公文處理程序

中華民國三十年

科收	交辦	擬稿	繕寫	校對	蓋印	封發	歸檔
月 日 午 時	月 日 午 時	五月廿三日上午 時	五月廿二日 午 時	月 日 午 時	月 日 午 時	五月廿五日 午 時	月 日 午 時

代電紹字第　號　呈

浙江省主席黃

浙江全省保安司令黃處長鈞鑒

第四行政督察專員兼保安司令李副司令蔡

鈞鑒、敵軍竄擾本縣上虞一帶、並以大砲飛機交織

轟炸、全城大火、縣府不得已率領隊團民眾退出城

外經過情形、業以代電報告在案、查銑日曾有小數

敵軍及便衣隊進城騷擾、因知我軍駐在城

外戒備、旋即退出、然當令駐隊入城、肅清奸

宄、維持秩序、縣府在湖溪一帶動員民眾、

93

[illegible]

護送傷兵，破壞公路，及組訓壯丁，維持鄉村治安，於馬日回城，照常辦公。現敵人向諸暨潰退，本縣境內已無敵踪。此次城區被炸至慘，房屋燬去千餘間，舉全城精華，盡付一炬，縣黨部、縣糧委會、縣訓練所，全部被燬，看守所、國民兵團、監獄，炸燬一部，本府亦中兩彈，辦公廳樓上會計室被燬，自財中玻璃門窗物被震壞，鄉間則亦遍地被炸，潰兵且到處擄掠，損失奇重，敵人經過之地，燒殺姦淫，受禍尤烈。除物產詳細調查補報，並竭力撫輯流亡，辦理善後外，謹電奉陳，敬祈鑒核。

東陽縣長[illegible]〇叩善印

第　頁

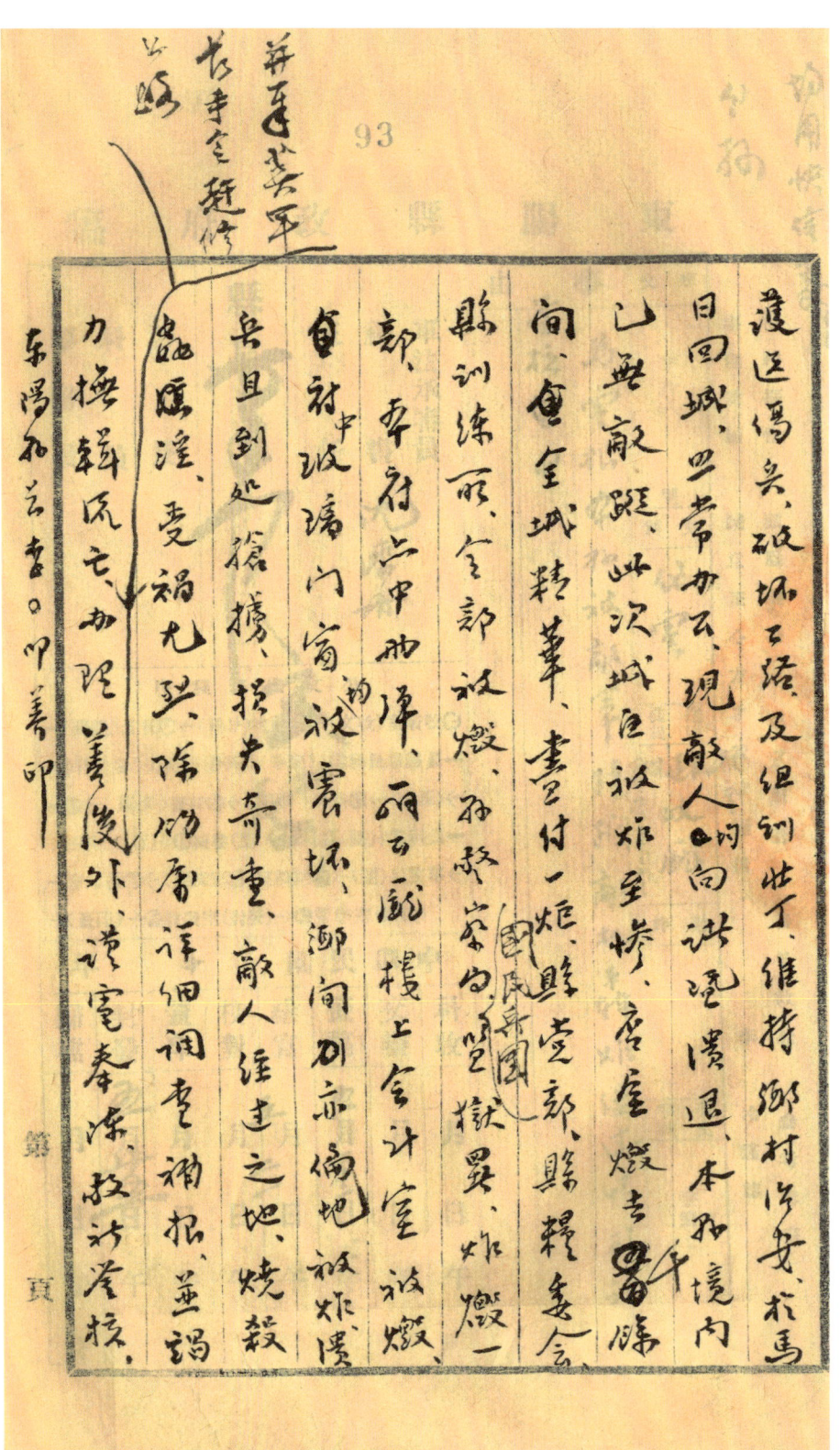

国民党东阳县执行委员会关于该会办公室被日机炸毁移至县商会办公致各直属区分部、各民众团体的令
（一九四一年五月）

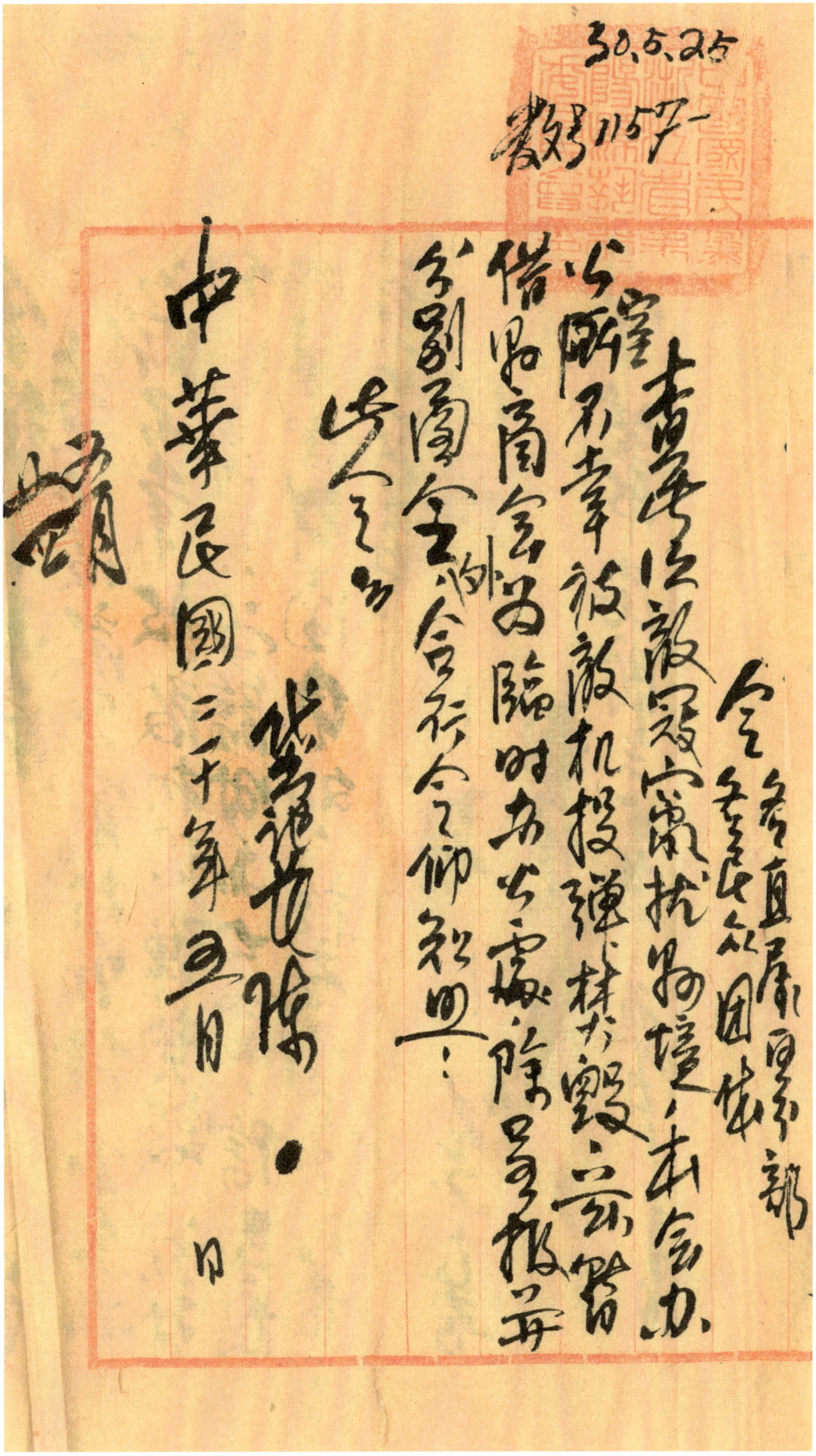
30.5.25
发文115号

令各直属区分部
各民众团体

查近敌寇窜扰县境，本会办公室所不幸被敌机投弹焚毁，兹暂借用商会临时办公处，除呈报并分别函令外，合行令仰知照！

此令

[illegible]

中华民国三十年五月 日

东阳县城区六六都乡乡公所关于公文物件被日军烧毁等事致东阳县政府的呈（一九四一年五月）

科 12
6.3.

城區六六都鄉鄉公所呈　字第　號

民國三十年五月　日

事由：為鄉公所公文物件被燬器具傢物被搶圖記被燬呈請備案並乞准予補發由

此次敵寇竄擾竊鄉所有鄉公所各項借用器具及警備班保隊附食米担架等搶擄敲燬鄉公所圖記及公文物件各簿冊單據須藏事務員家內已被敵寇燒燬無遺理合具文呈報

鑒核備案並乞補發圖記寔為公便謹呈

縣長李

附清册一份

城區六六都鄉鄉長吳兆芹

城區六六都鄉鄉公所被搶及被燬文件器具清冊

名稱	數量	被搶或被燬	損失約數	備攷
鄉公所圖記	一棵	被燬		
鋼板、筆	一塊、一支	被搶	十六七元	向保國民學校借來
公文案卷	全數	被燬		
壯丁冊、戶口清冊	全數	仝		
先總理暨委員長、各先烈遺像	十三張	仝		向各公嘗借來
辦公桌	一張	仝	二十餘元	向各公嘗借來
櫈椅	十餘条	仝	二十餘元	仝前
警備班保隊附食米	二百餘斤	被搶	二百八十餘元	

担架	五十副	被烧	二十餘元	自製
合計			三百五十餘元	

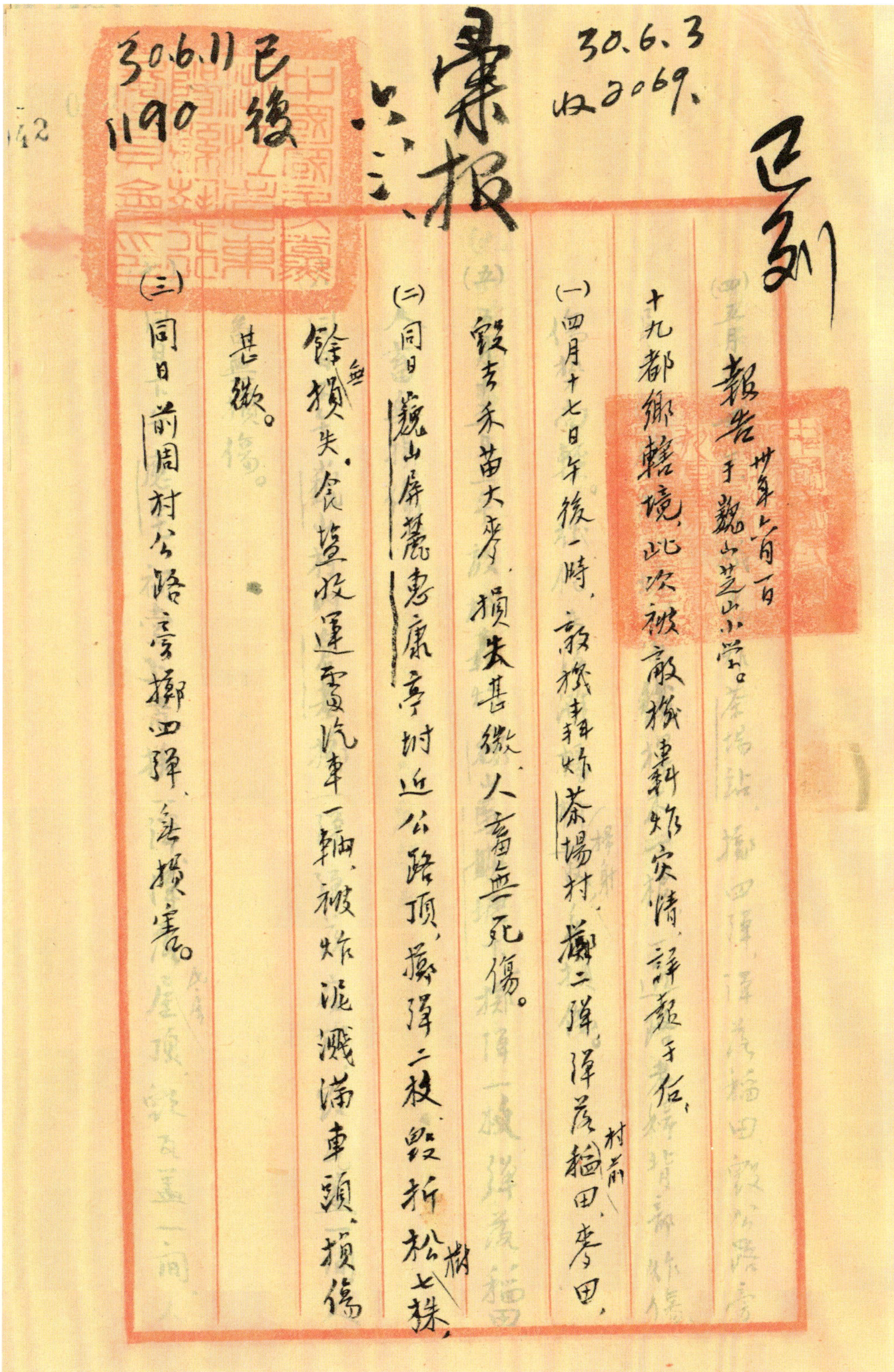
30.6.11 已
1190 後

彙報 六三

30.6.3
收2069

已列

報告 卅年六月一日 于巍山芝山小學

十九都鄉轄境，此次被敵機轟炸實情，詳報于后：

(一) 四月十七日午後一時，敵機轟炸茶場村，擲二彈，彈落稻田、麥田、村前，毀去禾苗大麥，損失甚微，人畜無死傷。

(二) 同日巍山屏麓惠康亭附近公路頂，擲彈二枚，毀折松樹七株，餘無損失，食鹽收運汽車一輛，被炸泥濺滿車頭，損傷甚微。

(三) 同日前周村公路旁擲四彈，無損害。

国民党东阳县十九区分部关于十九都乡被日机轰炸情形的报告（一九四一年六月一日）

（四）五月八日下午、敵機轟炸茶場站、擲四彈、彈落稻田、毀公路旁民房後壁牆一堵、電綫桿木一根、一過路老婦背部炸傷、傷勢尚輕。機槍在溪灘楊樹藂掃射無損傷。

（五）五月十五日上午、敵機轟炸巍山馬姆塘下、擲彈一枚、彈落稻田、人畜無損傷。

（六）同日下午、巍山村內倉基擲一彈、彈落屋頂、毀瓦蓋一间、人畜無損傷。

（七）同日下午、應宅祠堂上首擲一彈、彈落民房屋頂、毀瓦蓋一间、人

044

畜無損傷。

（八）五月十七日上午，巍山太祖庙附近擲彈一顆，彈落厕所，毁粪缸一口，人畜無損傷。

（九）此次國軍過境，所有給養，及傷兵救治擡送，由巍山各界座談委員会主持办理，耗款為数頗大。

十九区书記趙元凱

国民党东阳县六五区分部关于日机轰炸损害的调查表（一九四一年六月三日）

036

30.6.11 已復 1181

30.6.10 收2100

彙報

敵機轟炸損害調查表

民國三十年六月三日
六五區分部書記金紹武填送

轟炸時間	轟炸地點	敵機數量	敵機飛間發現時刻何處來何處去	投彈數量	彈穴深濶	損害情形房屋	人畜	其他	備註
五月十六日	荒山	八架	下午三時義烏來義烏去	炸彈二枚		張德華家倒壞牆一座屋一間	傷張杜氏玉娟一名	机槍掃射彈中張吳氏當即死亡	
五月二十日	荒山	一架	上午七時廿分東北方來義烏去	炸彈二枚		張宗美家倒壞牆一座	炸死張宗美張棠之張茂金三名傷張土牛一名		

国民党东阳县直属第七区分部关于辖境内被日军窜扰致国民党东阳县执行委员会的报告（一九四一年六月四日）

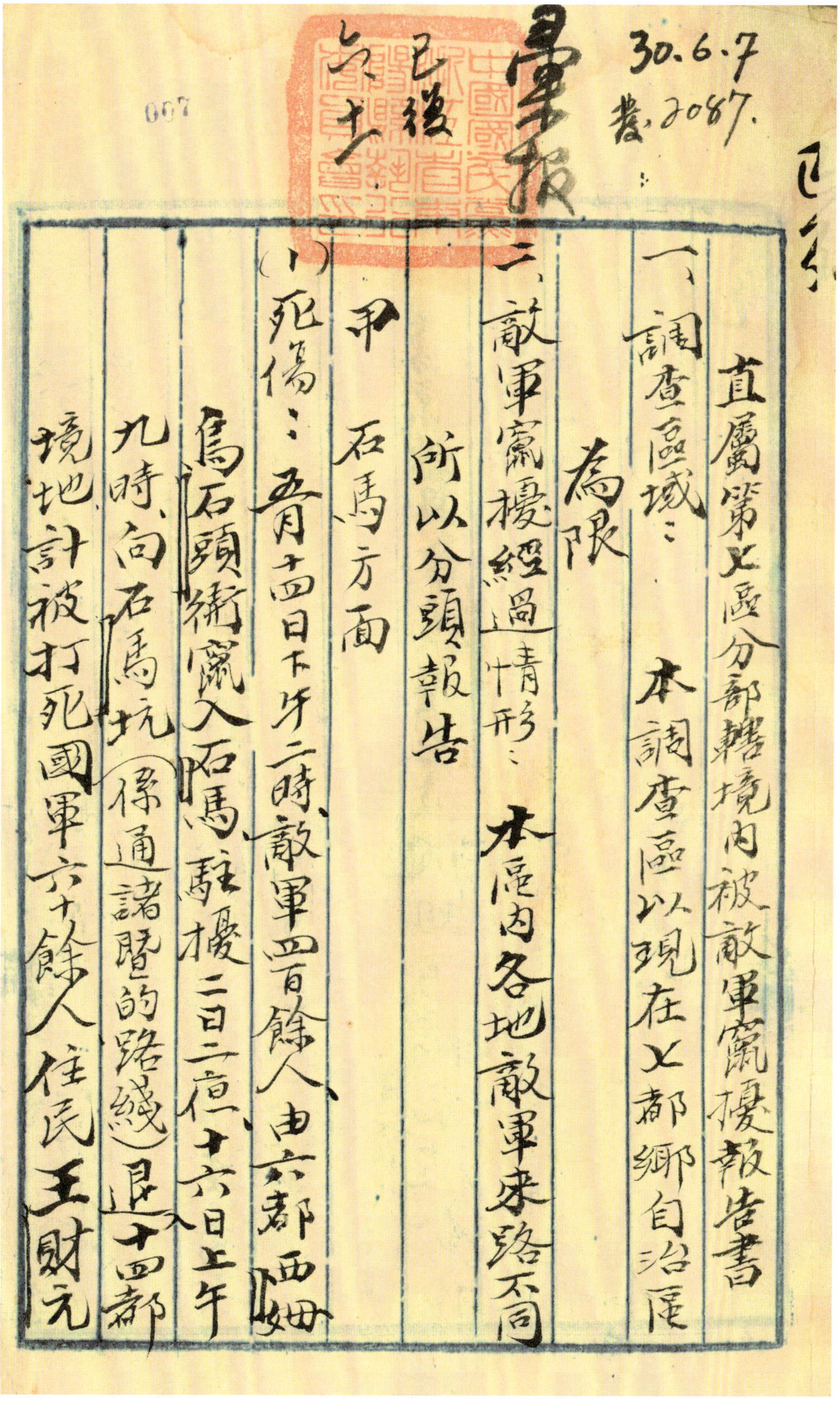

30.6.7
叁.2087.
軍報
已復
六.十一.

直屬第七區分部轄境內被敵軍竄擾報告書

一、調查區域：本調查區以現在七都鄉自治區為限

二、敵軍竄擾經過情形：本區內各地敵軍來路不同所以分頭報告

甲 石馬方面

（1）死傷：五月十四日下午二時，敵軍四百餘人，由六都西畈竄石頭衕竄入石馬，駐擾二日二夜，十六日上午九時，向石馬坑（係通諸暨的路綫）退入十四都境地，計被打死國軍六十餘人，住民王財元

王金卯父子二人、石馬坑沿路各地、國軍被打死者百餘人、現在山塢内、常有軍屍發現、

2、姦淫：婦女被獸行姦淫、事難詳叙、甚有六七十歲髮白老娘亦被輪姦淫者至七八人之多

3、財物損失：石馬全村住民百餘家、被敵軍逐户擄掠、器具被搗毁、衣服被劫擄、糧米被食搶、可説除房屋留存外、一無餘剩、復遭散兵具備姦淫擄掠、又帶敲詐、真是十室九空、民不聊生、約計財物損失數十萬金、

乙 懷魯藤塘下方面

008

五月十五日上午三時許、敵軍約計四五百人、由六都彰村鎮進入本都下大路崗山、沿路擄掠、到懷魯藤塘下停駐、並逐戶搜擄、計損失財物二三萬元。是日死傷、國軍被打死五人、忠義救國軍死三人、又死了不悉名姓男子二人、人民被打死者、有葉汝惠同志、藤塘下人呂品蘭、劉何塘人馬京海、懷魯人俞連作、水閣人金海寶、二脚新屋人章會法、六都橋頭人何西老、十八都田裏塢人、其他彈傷刀傷男女十餘人、歷四五小時之久、向十三都吉岬頭進發。

同日（十五）下午三時過境敵軍四五千人（馬三百餘匹）十二時許、又有敵軍過境二三千人、均向十三都吉州頭方面去、

丙 烏竺嶺下方面

五月十五日下午一時由十三都沙陌西垣折入敵軍三百餘逐戶擄掠損失財物壹萬餘、刀傷男女五六人、下午六時向烏竺嶺（通諸暨路綫）十四都羅店方面去。

三、劫後遭劫

本區內經敵軍擾擄後、各軍隊收集軍械及

軍用物品，時常按戶搜查，人民損失財物，敢
怒而不敢言，及散兵姦淫擄掠，撲殺豬狗
鷄隻，真是鷄犬不安，又加之過境軍隊很
多，要挑夫輸送，要膳宿供給，一若不周即
遭打罵，人民叫苦連天，怨聲載道，首本属
經此次遭劫，約計損失財物百餘萬，缺乏
粮食是第一首要，際此青黃不接之時
待哺嗷嗷，懇請
鈞會轉函當局設法救濟，實為德便。謹呈
中國國民黨浙江省東陽縣執行委員會

直屬第七區分部書記王瑞英 謹

中華民國三十年六月四日

东阳县东南镇胡文瑞关于日军窜扰损害的调查表（一九四一年六月七日）

060

東陽縣東南鎮　村敵寇竄擾損害調查表　民三十年六月七日填　調查員胡文瑞（印）

	户長姓名	家屬人數	被災情形	生活狀况	備攷
第一保 吳	傳祖庭	八人	房屋三間被炸殆盡并器具共值三千五百元	生活困難	
仝	李春庚	四人	房屋二間被炸損失五百元	可能生活	
仝	護蕃公祠常產		被焚房屋五間約值三千五百元		
仝	吳桂林	四人	樓屋六間被炸殆盡并器具約值萬元	可能生活	
仝	吳永正	五人	樓屋二間被炸殆盡并器具約值二千餘元	不能生活	
仝	葉輝觀	一人	樓屋一間矮屋三間被炸約值一千元	可能生活	
仝	吳恩琴	四人	樓屋六間矮屋二間被炸殆盡約值萬二千元	生活困難	
仝	吳常		樓屋三間被炸約值二千元		

民家六户待赈
[illegible]

急	韦恩九	七人	楼屋二间平矮屋一间損坏只间约值六千元	生活困难
仝	徐景春	六人	楼屋二间矮屋二间约值二千元	仅能生活
第二保 仝	韦和洽	七人	楼屋四间矮屋三间損失并器具约值万元	可能生活
仝	韦和霖	十二人	楼屋一间被炸損失约计七百元	仝
仝	李士龍	五人	矮屋三间被炸约计損失五百元	仝
仝	李福康	七人	楼屋一间被炸損失约计二百元	家境困难
仝	吴氏椿楠	一人	楼屋一间矮屋一间損失约计四百元	仝
仝	李氏梅琴	三人	矮屋一间被炸損失约值四百元	仝
仝	馬宝康	三人	矮屋一间被炸損失约值四百元	仝
仝	陈周培	四人	矮屋一间被炸損失约值二百元	仝
仝	金能松	九人	楼屋六间矮屋六间損失约值万余元	可能生活

東陽縣　都鄉　保　村敵寇竄擾損害調查表　六月七日填

調查員胡文瑞

	户長姓名	家屬人数	被災情形	生活狀况	備攷
急	金賢水	四人	樓房二間被炸損失約值[illegible]千四百元	生活困难	
仝	吴賢法	七人	樓房一間被炸損失約值五百元	可能生活	
仝	庞氏	五人	矮屋二間被炸、損失約值千元	生活困难	
仝	李庭錦堂		所居墻壁被炸損失約值七百元		
仝	李承彩	四人	矮房一間被炸損失約值二百元	仝	
仝	李立襄	五人	仝	可能生活	
仝	方錫芝	四人	樓房二間並器具被炸損失約一千五百元	生活困难	

[illegible]

仝	方尾氏松迎	三人	仝	仝
第六保	陈子高	三人	楼屋三间半被炸损失约值一千余元	生活尚可
仝	蒋和根	四人	仝	仝
仝	蒋和榆	四人	楼屋三间厂屋三间共约值一千余元	仝
仝	詹永恒	一人	楼屋七间被炸损失约值五百元	生活困难
仝	孔明	四人	楼屋半间被炮弹炸损失约值二百元	仝
仝	城隍庙		仪门三间厢屋五间被烧殆尽约值五千元	
仝	吴祠		平室被烧三间约值一千五百元	
仝	叶尧庙		楼屋二间被烧殆尽约值一千五百元	

共屋卅间半

[illegible]五千余元

[illegible]

国民党东阳县直属第四区分部关于四都乡六石口村被日军抢掠致东阳县党部的报告（一九四一年六月七日）

報告 于民國三十年六月七日

一、四都鄉六石口村

二、敵軍于五月十五日由上盧經金盆油塘下至六石口敵軍人數約二三百人馬八十餘匹在下午五點鐘光景到村至村後發號鮮散四面路口按放機關槍敵軍都各自竄入人家住屋找尋物件敲毀器具捉雞殺猪無論錢鈔食物無一不拿三五成群各自燒飯燒火之物皆是油漆桌櫈之類飯後十時許捉挑夫向蟠松樟村退回諸暨搶去大麥約千餘斤米數百斤鷄蛋火腿及店內家內零碎物件不知其數損失達數千元

三、敵機于五月十五日上午八時許在上空盤旋二周在油塘山投彈二枚及機關槍掃射死牛二隻其餘毫無損失

四、散兵三五成群遇人就搜擄人民身邊錢鈔都有槍械未明所屬部隊、

謹呈

東陽縣黨部

東陽縣直屬第四區分部書記許慶和

中華民國三十年六月　日

国民党东阳县五六区分部关于军民死伤与财产损失情形致国民党东阳县执行委员会的呈（一九四一年六月九日）

025

呈報 並令復 已繕

30.6.12 收2114

東陽縣五六區分部呈 字 號

民國三十年六月九日發

事由：為查復此次兵燹軍民死傷與財產損失情形，祈鑒核由。

案奉

鈞會秘字第9927号代電內開：

「查此次敵軍竄擾縣境，到處姦淫燒殺擄掠轟炸，獸行畢露，更以散兵地痞乘機搶劫，損害不可勝計。本會為明瞭本縣各地經此次兵燹軍民死傷與財產損失情形起見，特印發敵軍竄擾損失調查項目一種，分電各區分部於各該區域內詳加調查具報。除分電外，合亟檢附該項目一份，電仰於文到五日內切實查報以憑彙核事關特飭希勿延悮為要」
等電，附發調查項目一份；奉此，自應遵办，查此次敵人雖未經竄擾本區域，惟散兵等
乘机搶刼及敵机轟炸損失浩大，奉電前令，理合先將查得結果附錄報告單一份備文
呈報，仰祈
鑒核施行！
謹呈
中國國民黨浙江省東陽縣執行委員會
附呈東陽縣五六區分部調查兵燹損失情形報告單一份
東陽縣五六區分部書記金之商

026

東陽縣五六區分部調查兵燹損失情形報告單

一、敵机七架于五月十四日下午三時在泉府村投彈十餘枚毀金氏宗祠一所傷女二人死男人三名。十六日十架在南馬泉府投彈廿餘枚無損失

二、五六都鄉第一保于五月十六日夜被保安隊第二團第二大隊第四中隊借催夫為名撞門搗户至內室翻箱倒籠搶刼十餘家集衆腿莊風肉刼去二十餘只

三、十七日夜五六都第一保被正直部隊及地痞約三四十名三五成羣携槍彈先後搶刼二十餘家損失約二萬餘。十八日集衆腿莊被正直部及地痞金章洪等搶去風肉約二十一件吴雪香寄存上蔣腿搶去一件約損失一萬餘。第二保金福太行客貨被正直部及地痞搶刼甚多約損失百餘

萬

第三保南马各商店被各軍及地痞搶刼一光損失約數十萬元

第九保南山全村被各軍及地痞搶刼一光損失約二萬元

其餘未經查明者尚不計其數。

国民党东阳县直属第六区分部关于日军窜扰境内所受损失致国民党东阳县执行委员会的呈（一九四一年六月九日）

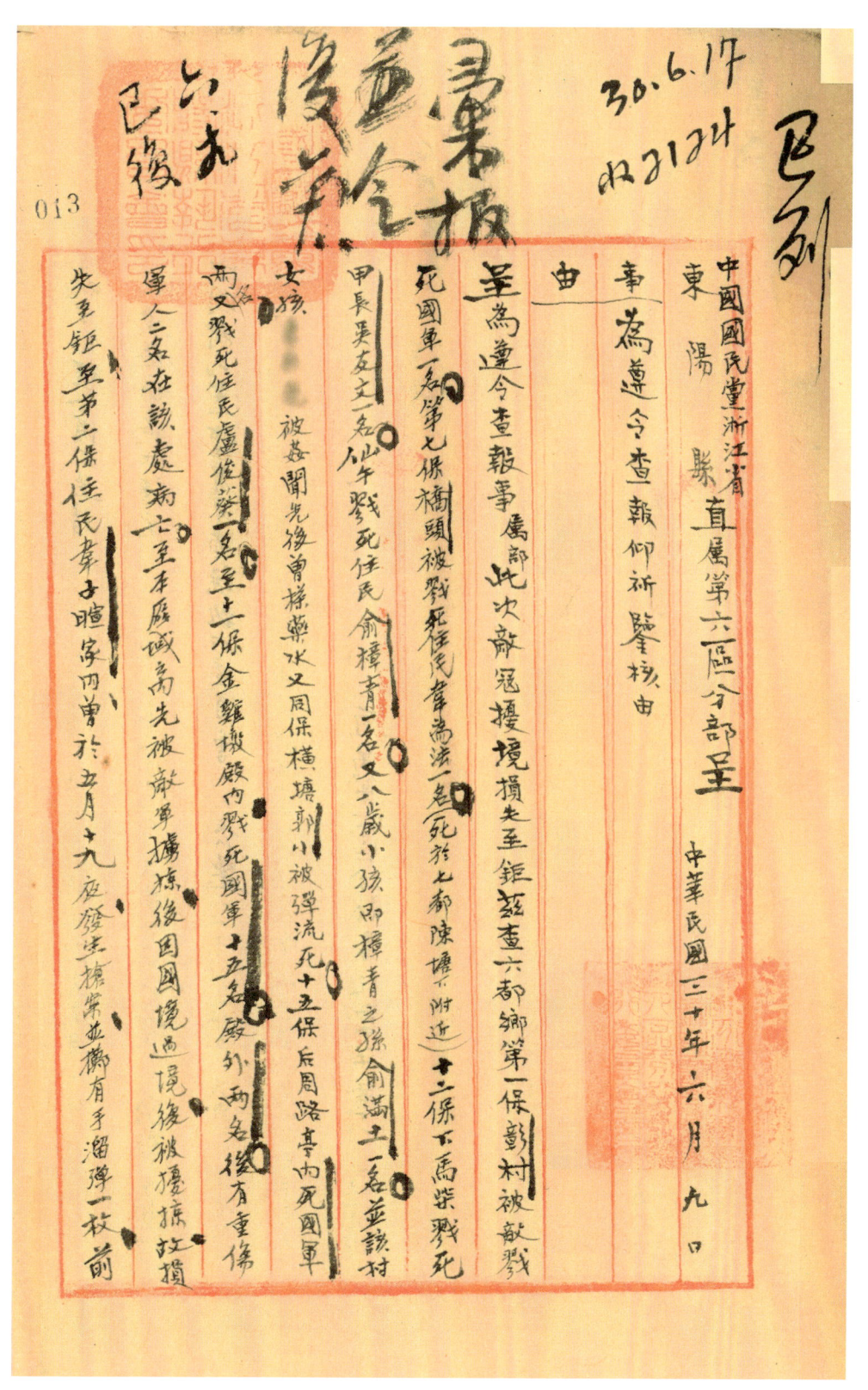

30.6.17
收2124

中國國民黨浙江省東陽縣直屬第六區分部呈

中華民國三十年六月九日

事由：為遵令查報仰祈鑒核由

呈為遵令查報事。屬部此次敵寇擾境，損失至鉅。茲查六都鄉第一保彭村被敵戮死國軍一名，第七保橋頭被戮死住民韋鴻法一名（死於七都陳塘下附近），十三保下馬渠戮死甲長吳友文一名，六十年戮死住民俞樟青一名，又八歲小孩即樟青之孫俞滿土一名，並該村女孩[redacted]被姦，聞先後曾揉藥水，又同保橫塘郭小被彈流死。十五保后周路亭內死國軍兩名，又戮死住民盧俊榮一名。至十一保金雞墩殿內戮死國軍十五名，殿外兩名，後有重傷軍人二名在該處病亡。至本區域為先被敵軍擄掠，後因國軍過境後被擾掠，損失至鉅。至第二保住民韋子瞳家內曾於五月十九夜發生搶案，並擲有手溜彈一枚，前

奉令飭理合備文呈請

鈞會察核為此謹呈

中國國民黨浙江省東陽縣執行委員會 公鑒

直屬第六區分部書記韋泝潭

东阳县警察局关于日军流窜县境该局遗失部分文卷致东阳县政府的呈（一九四一年六月十四日）

特

秘书室

科337

6.18

東陽縣警察局呈

總一一九

三十 六 十四

事由：為呈報此次敵寇流竄縣境本局遺失文卷一部份祈核備由

竊查此次敵寇流竄縣境本局公物大多事先疏散為需要檢卷便利起見當將一部份卷宗留局隨同進退不料十六日上午事起倉卒既無民伕又無交通工具利用而防務綦重又不能分心兼顧故有一部份文卷致遭遺失現正在積極清查中除鄭重登報聲明作廢外理合備文報請

鈞長俯賜核備

謹呈

縣長李

還送一些什麽重要卷宗詳細書報再核示下

東陽縣警察局局長古宰雪

古宰雪

国民党东阳县直属第四一区分部关于日军窜扰损失的调查表（一九四一年六月二十日）

020

已阅 七、三、

敌军窜扰损失调查表

调查区域	四十一都乡
敌军窜扰经过情形	要
敌机轰炸及其损害情形	湖溪—损失房屋共九间，死伤各二人，财物约1250元多。 马上桥—〃〃〃〃七〃，炸死共四人，〃〃〃1650元许 湖沿—〃〃〃〃一〃〃〃〃〃200〃〃
敌兵抢掠奸淫情事及其损害情形	胡溪—被溃兵闯进猪去四头，调廿一条，七封及其他财物6210元 有我家家猪遭屠杀。 新屋—被敌兵抢去财物约2970元，有我家家猪遭屠杀 马上桥—被敌兵掳去财物约160元多 柳树塔—被溃军抢去财物约650元许

中国国民党浙江省东阳县直属第四一区分部书记张根福（印）

三〇、六、二〇。

东阳县警察局关于日军流窜县境该局部分器具损失致东阳县政府的呈（一九四一年六月二十三日）

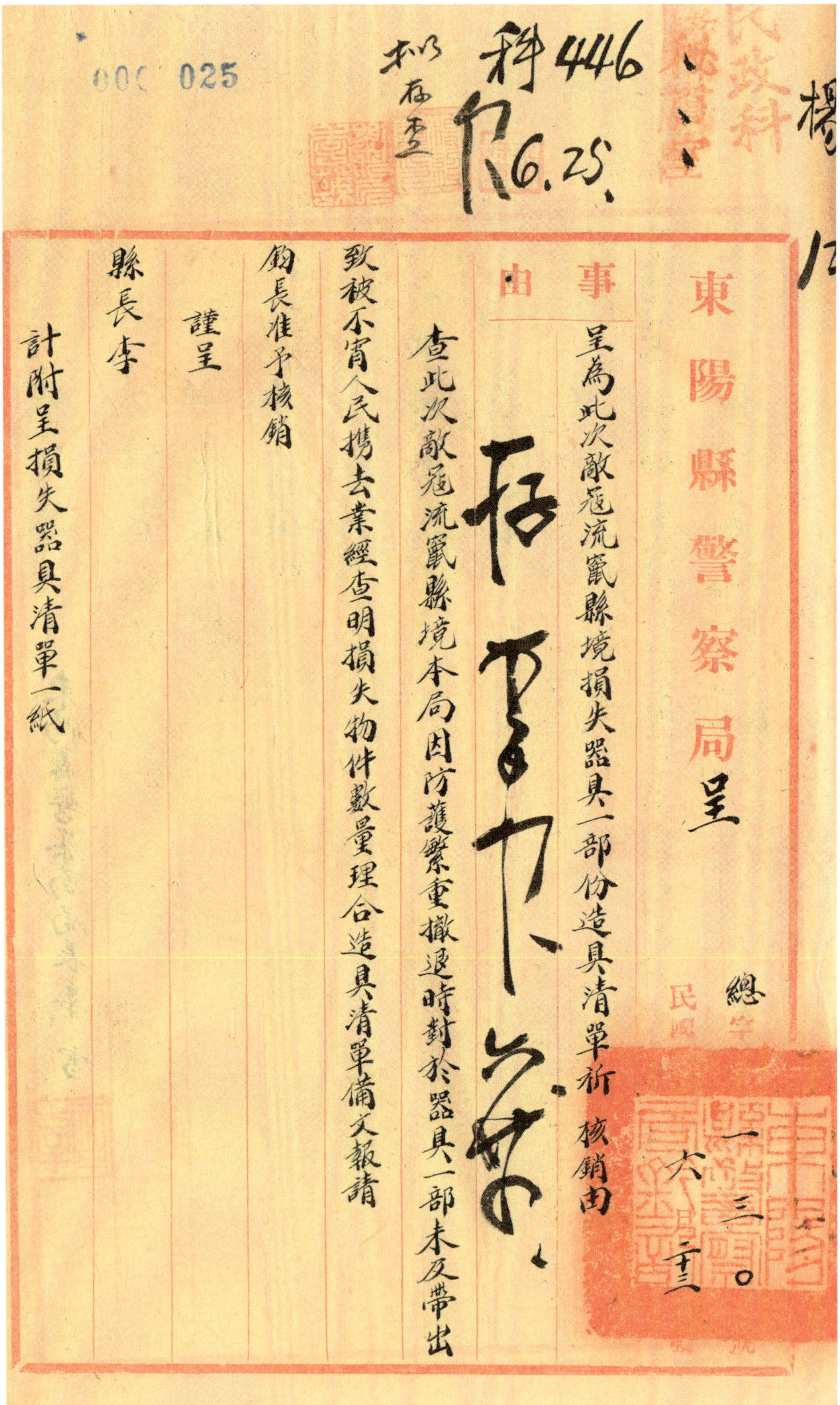

000025

科446

6.25

東陽縣警察局呈 總字

事由：呈為此次敵寇流竄縣境損失器具一部份造具清單祈 核銷由

查此次敵寇流竄縣境本局因防護繁重撤退時對於器具一部未及帶出致被不肖人民攜去業經查明損失物件數量理合造具清單備文報請

鈞長准予核銷

謹呈

縣長李

計附呈損失器具清單一紙

三〇、六、二三

東陽縣警察局局長韋　雪

附：损失清单（一九四一年六月二十三日）

损失清單　三十年六月二十三日

器具名稱	物件數目	備攷
面盆架	四個	
長條櫈	十七條	
救火水桶	捌只	
茶几	壹只	
黨國旗	壹面	
鉄瓢	壹個	
鑊蓋	壹個	
大鉗	弍把	

火鍬壹把

斧頭壹把

鍋子弍只

东阳县警察局关于日军犯境时巍山警察所焚毁卷宗、服装及损失器具致东阳县政府的呈

（一九四一年六月二十八日）

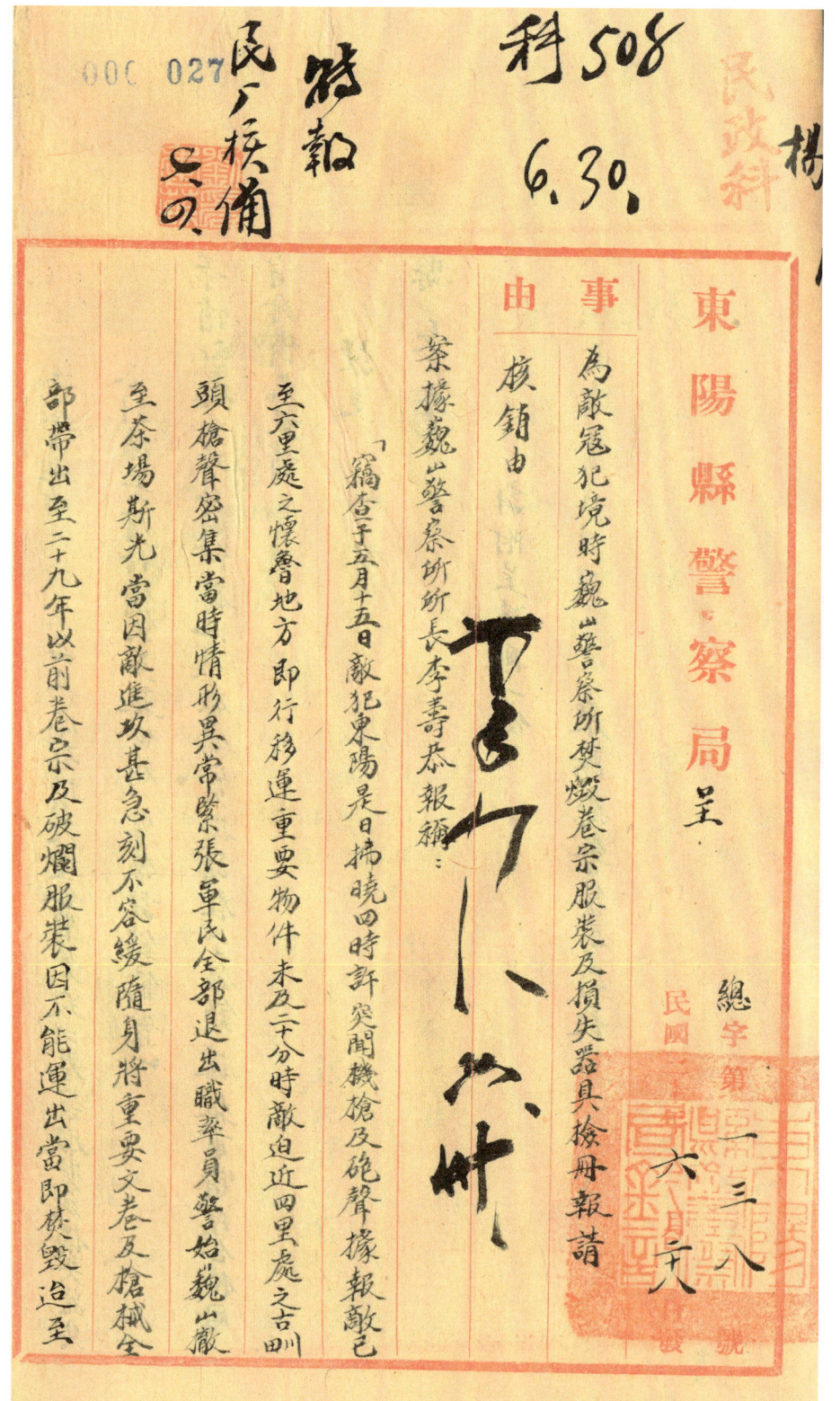

科 508

6.30

特報

000027

民厂核備
六、四

東陽縣警察局呈

總字第一三八號

民國□年六月廿八日發

事由：為敵寇犯境時巍山警察所焚燬卷宗服裝及損失器具檢冊報請核銷由

案據巍山警察所所長李壽恭報稱：「竊查于五月十五日敵犯東陽，是日拂曉四時許突聞機槍及砲聲，據報敵已至六里處之懷魯地方，即行移運重要物件，未及二十分時敵迫近四里處之古甽頭，槍聲密集，當時情形異常緊張，軍民全部退出，職率員警始巍山敵至茶場斯光當因敵進攻甚急，刻不容緩，隨身將重要文卷及槍械全部帶出，至二十九年以前卷宗及破爛服裝因不能運出，當即焚毀，迨至

二十二日返所經檢查器具亦有損失理合將焚毀之卷宗服裝及損失器具

分别繕具清冊備文呈報仰祈　鑒核註銷備案等情計附呈清冊一份據此復核屬實擬請准予核銷據報前情理合檢同

清冊備文報請

謹呈

縣長李

計附呈清冊一份

東陽縣警察局局長韋雪

国民党东阳县直属六三区分部关于日机轰炸损失的调查表（一九四一年六月）

034

已複 七.三.

30.6.25 收2173

案存六九

敵機轟炸損失調查表

炸彈数量	房屋損失	死亡	受傷	備考
二一枚	二六幢	二人	二人	其中十二枚落在空地又有六枚不爆發已將呈送警察局

直屬六三區分部書記厲壬九

中華民國三十年六月 日

东阳县粮食管理委员会关于报送会址被炸损失情况致东阳县政府的呈（一九四一年七月一日）

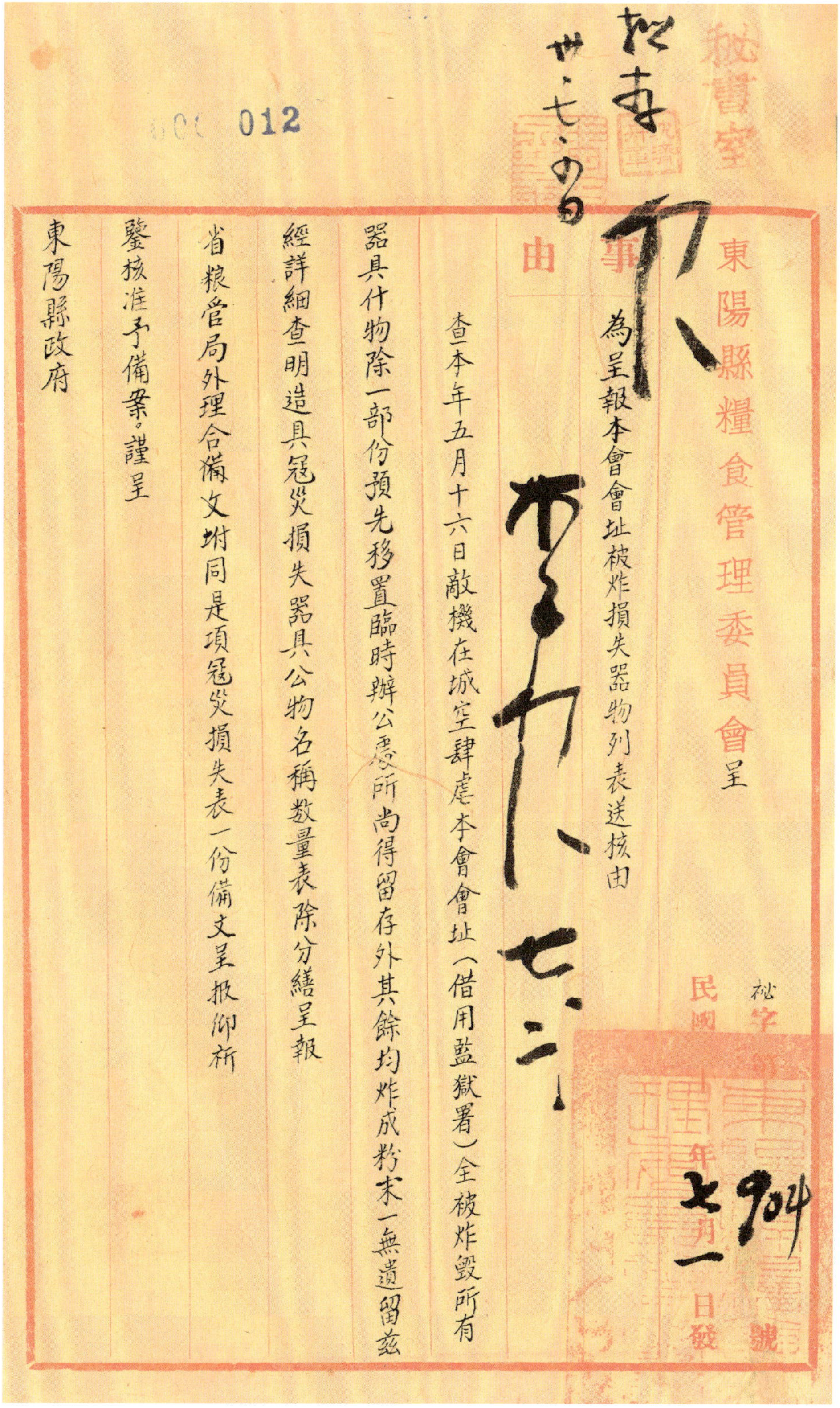

東陽縣糧食管理委員會呈

事由

為呈報本會會址被炸損失器物列表送核由

查本年五月十六日敵機在城空肆虐本會會址（借用監獄署）全被炸毀所有器具什物除一部份預先移置臨時辦公處所尚得留存外其餘均炸成粉末一無遺留茲經詳細查明造具冦災損失器具公物名稱数量表除分繕呈報

省粮管局外理合備文附同是項冦災損失表一份備文呈报仰祈

鑒核准予備案。謹呈

東陽縣政府

民國 年 七月 一 日發

秘字第 號

計㷋呈寇災損失表一份

東陽縣粮食管理委員會主任委員李　冷

副主任委員盧壽祺

013

東陽縣粮食管理委員會寇災損失器物調查表

名稱	数量	備考	名稱	数量	備考
台桌	十七張		小麻袋	三十四隻	
椅	三把		破毛毯	一塊	
花瓶	三個		床	六副	
櫈	十三条		大方桌	二張	
台毯	一塊		熱水壺	一把	
茶盆	一個		長板櫈	一条	
茶杯	四個		印色盒	四個	
美孚燈	六盞		鎖	九把	以上各物件均被敵机炸毀損失

洋油壺一把
開水壺二把
水缸一個
井桶一只
公文櫥二個
書架二個
長椅三把
公文箱一只
單絲蔴袋五只
羊毛袋一百六十只

东阳县地方法院检察处关于十三都乡第十二保保长李琳达被日军残杀案致东阳县政府的公函
（一九四一年七月三十日）

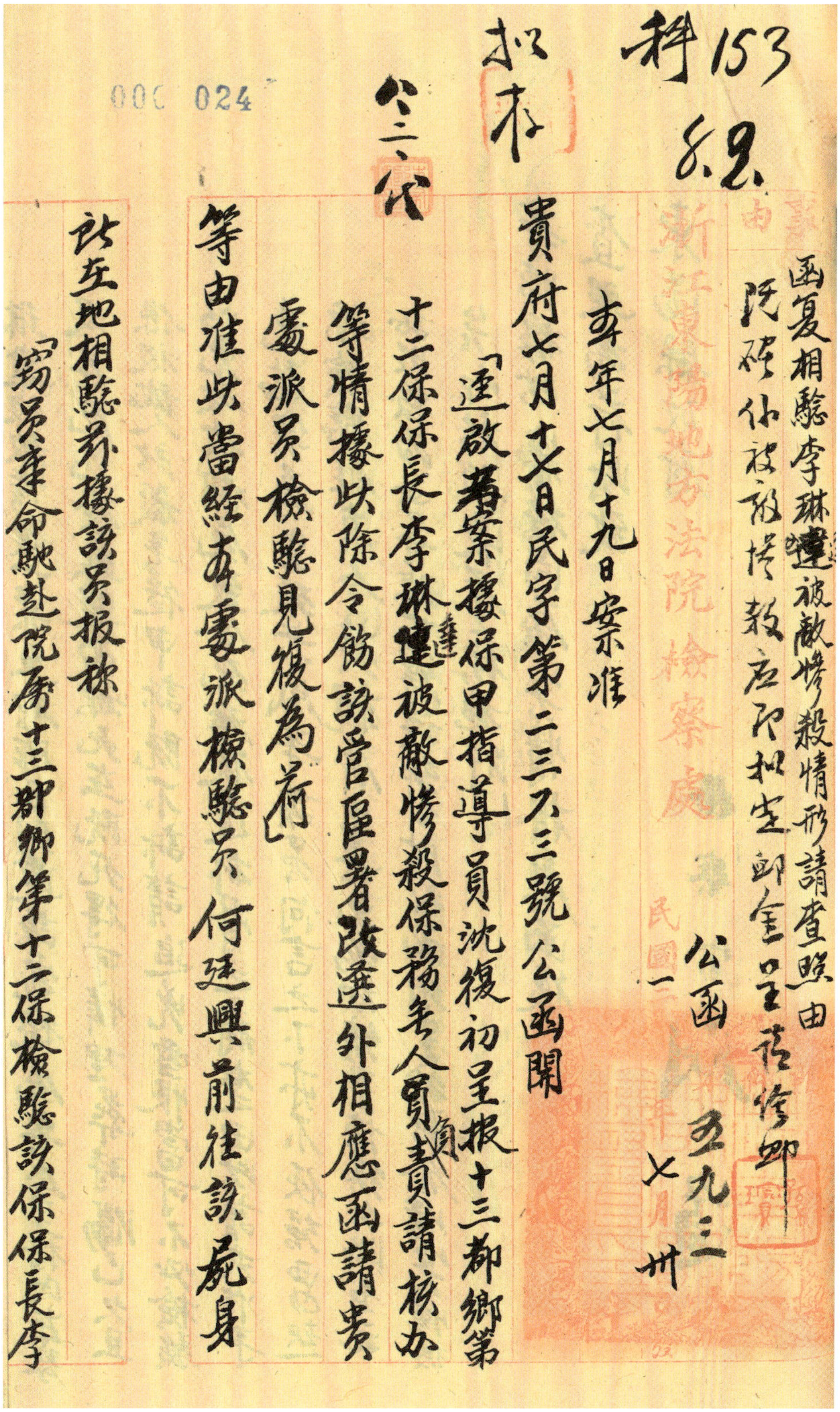

科 153
8.2

拟存

公三代

000024

浙江東陽地方法院檢察處

函復相驗李琳達被敵慘殺情形請查照由

院長仆被敵慘殺應即拟定郎金呈請修卹

公函 五九三

民國三〇年七月卅日

本年七月十九日案准

貴府七月十七日民字第二三八三號公函開：

「逕啟者：案據保甲指導員沈復初呈報十三都鄉第十二保保長李琳達被敵慘殺，保務無人負責，請核辦等情。據此，除令飭該管區署改選外，相應函請貴處派員檢驗見復為荷」

等由。准此，當經本處派檢驗員何廷興前往該處屍身所在地相驗。茲據該員報稱：

「竊員奉命馳赴院屬十三都鄉第十二保檢驗該保保長李

琳達被敵慘殺一案至於昨日到達該處據屍妻李蔣氏在琴
及其胞兄李熙達面稱死在既死得可憐埋葬時隔已久且
係被敵人所殺無從申訴既不許請追兇雪恨當可不必檢驗
以免破挖翻屍致令死者復遭折骨之痛楚因此請求准予
免驗實為生殁共感等語另向言之下亦不便據而起
棺檢驗惟有令其親屬出具免驗切結呈陳鄉公所予之
証明較為妥善除取得該鄉公所公函附呈外理合將實情報
告仰祈鈞長鑒核施行」
等情據此審核尚屬實情相應函復
查照為荷此致
東陽縣政府

檢察官 [illegible] 道

东阳县政府建设科关于军法承审员赵章庭家被日机炸毁事致东阳县政府的调查报告（一九四一年八月七日）

民科 24

8.8

000046

案奉

鈞長諭，以據軍法承審員趙章庭簽呈住家被敵機炸毀，請依省頒辦法救濟等情一案，飭查明報核等因，遵於本月六日前往實地調查，計被炸房屋三間，傢具什物亦均被燃燒焚燬，損失約計在貳千元以上，奉諭前因，理合取具該管保長証明書，備文呈報，仰祈

鈞長鑒核，謹呈

縣長孫

計呈繳簽呈一件，証明書一紙

建设科长程宣陈 八、七、

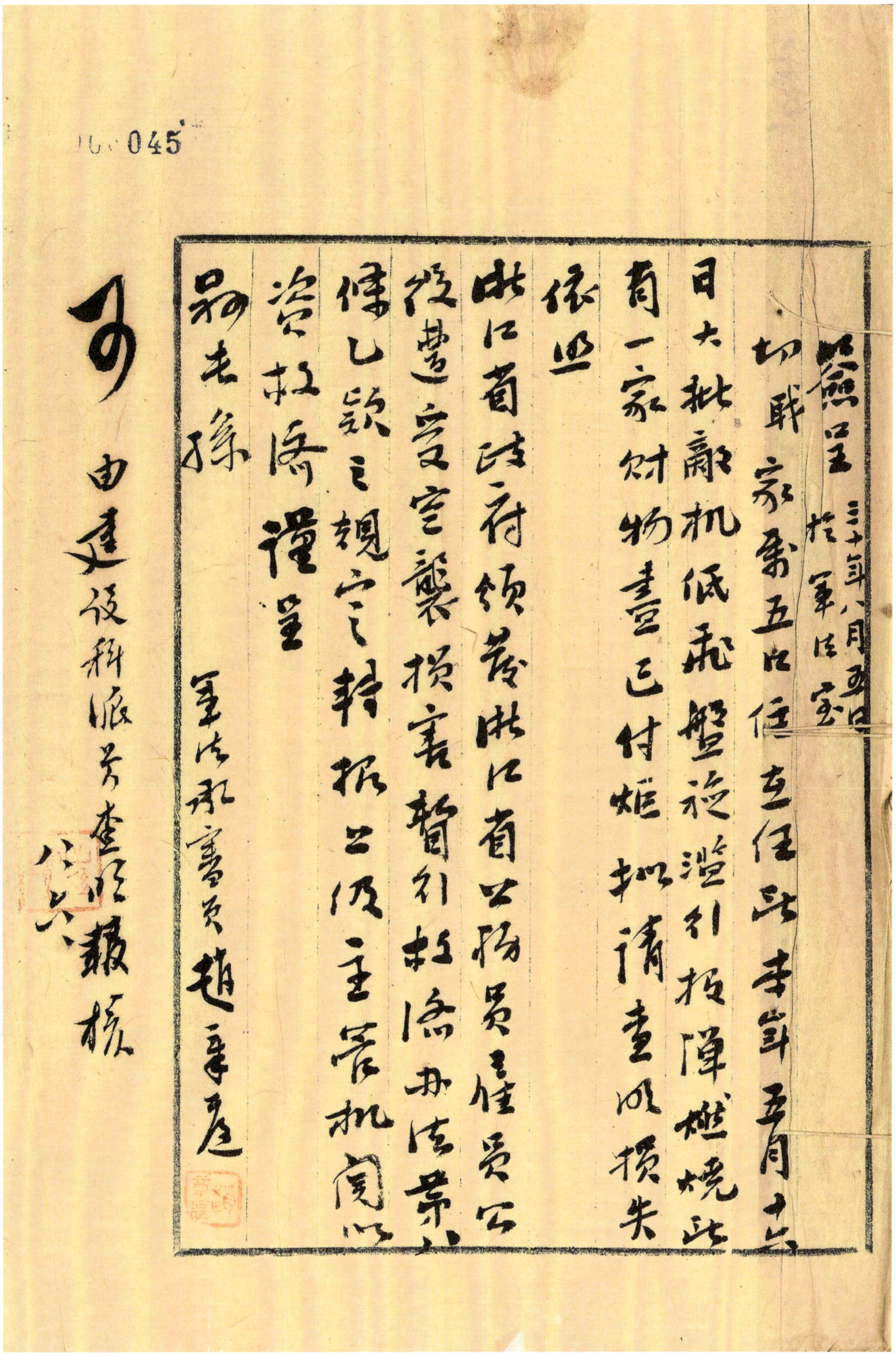

签呈 三十年八月五日 于军法室

窃职家属五口住在[illegible]，本年五月十六日大批敌机低飞盘旋滥行投弹燃烧，此间一家财物壹已付炬，拟请查明损失，依照浙江省政府颁发浙江省公务员及雇员公役遭受空袭损害暂行救济办法第六条之规定转报上级主管机关以资救济。谨呈

局长孙

军法承审员 赵章庭

可

由建设科派员查明报核 八·六

东阳县十五都乡第八保关于住民程大义妻周氏被日机炸成重伤请发给赈款致东阳县赈济会的报告（一九四一年九月二十八日）

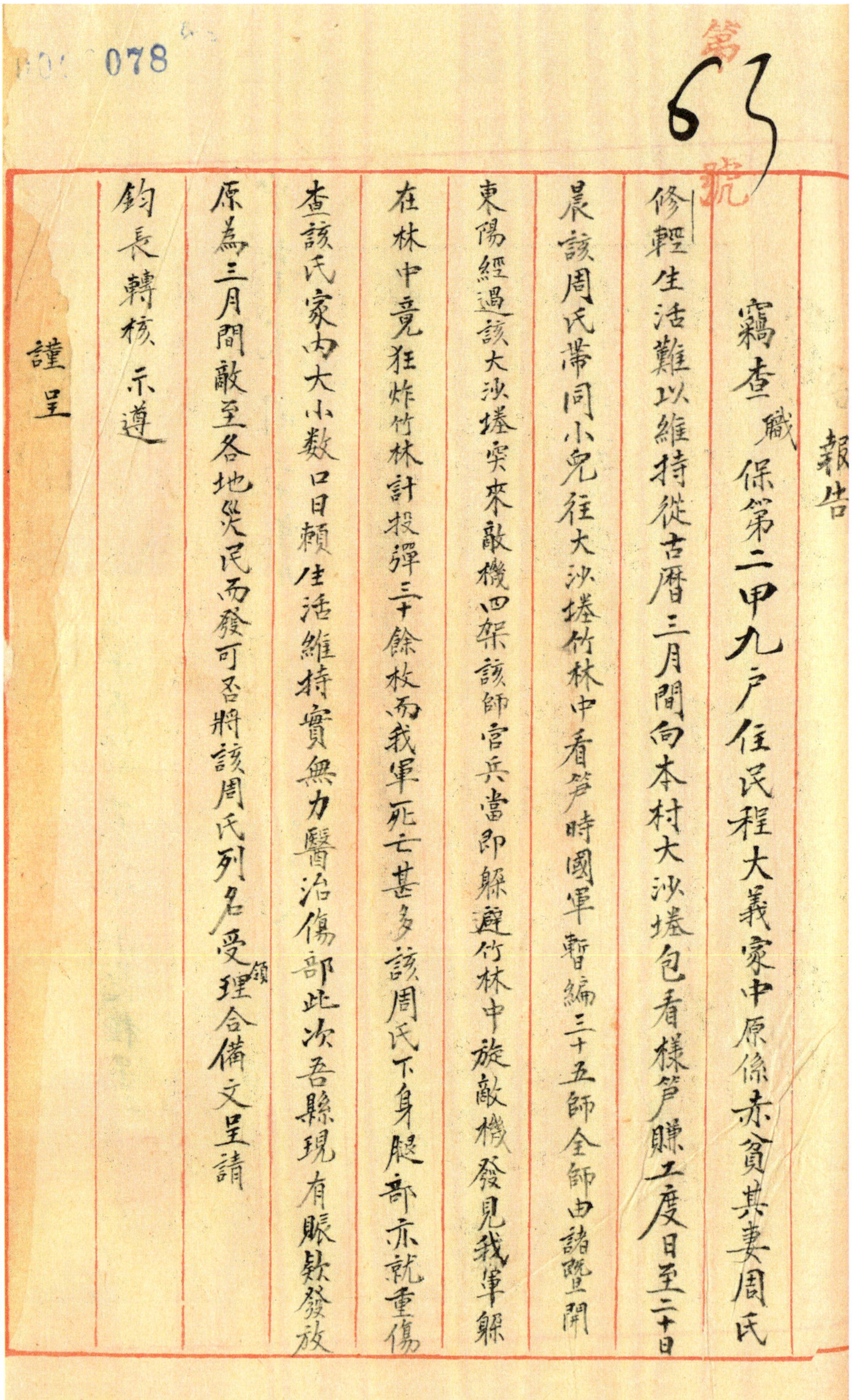

報告

第63號

竊查職保第二甲九户住民程大義家中原係赤貧其妻周氏
修輕生活難以維持從古曆三月間向本村大沙塝包看樣笋賺工度日至二十日
晨該周氏帶同小兒往大沙塝竹林中看笋時國軍暫編三十五師全師由諸暨開
東陽經過該大沙塝突來敵機四架該師官兵當即躲避竹林中旋敵機發見我軍躲
在林中竟狂炸竹林計投彈三十餘枚而我軍死亡甚多該周氏下身腿部亦就重傷
查該氏家內大小數口日賴生活維持實無力醫治傷部此次吾縣現有賑款發放
原為三月間敵至各地災民而發可否將該周氏列名受領理合備文呈請
鈞長轉核示遵

謹呈

鄉長徐　核轉

東陽縣賑濟會

十五都鄉第八保保長程星照

中華民國三十年九月二十八日

东阳县二十都乡第七保关于住民楼根水被日机炸成重伤请予救济致东阳县政府的呈（一九四一年十月六日）

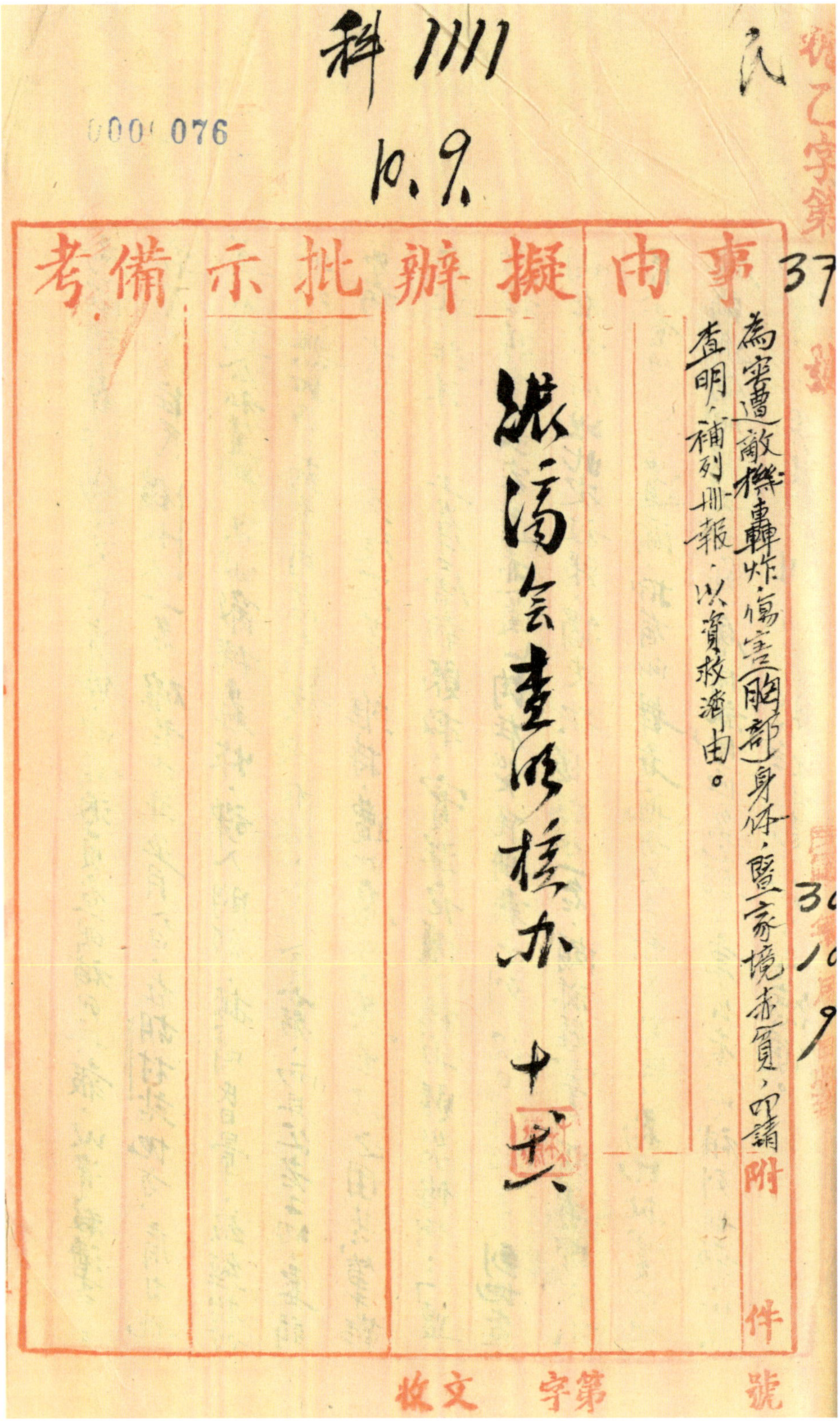
事由　為窘遭敵機轟炸，傷害胸部身体，暨家境赤貧，叩請查明，補列冊報，以資救濟由。

擬辦

批示

備考

附件

收文　字第　號

為敵機轟炸，傷害人民身体，叩請派員查明補列冊報，以資救濟事：竊查本保住民樓根水一名，確於本年五月八日，在胡村站地方，肩力挑送，代運公私貨物，突被敵機轟炸，彈入胸部，頓時昏暈，該經抬院救治，無如醫藥費用浩大，該樓根水家境貧窮，而且父老子幼，妻弱弟病，十口之多，全賴一人苦力維持，遭此意外，其生活之困苦，筆難盡述，非沐

上峰層報賑救，實深危懼。核甫賑災條例：「遭敵機損害，或家道赤貧」均在災民冊報之列，況日前派員到地查詢在先，何此次放賑，獨失缺樓根水一名，顯滋疑竇，顯屬鄉長不負責任，以致遺漏，抑有所舞弊，地方人士嘖有煩言，為此據實叩請

俯賜迅飭鄉聯辦事處，會同就地區分党部，秉公查明，補列冊報，以示翔實，俾災黎得到政府賑恤之惠，實為德便。

謹呈

東陽縣縣長孫

辛都鄉第七保保長樓樹金

災民樓根水

左食指

中華民國二十年十月六日

胡绍才关于房屋家产被日机炸毁请予赈济致东阳县赈济会的呈（一九四一年十月七日）

交会核议 十九

字第　號

民國三十年十月七日發

事由：為房屋遭肆轟炸損失殆盡請求准予派員查明真相以便速准放振以救一家蟻命事仰祈鑒核由

切民討住滸三杯頸停亭居住，但民入贅吳詹氏為婿，上有岳母，下有妻女，一家共計四口。際此米貴如珠，薪桂如貴，全賴民一人維持一家生計。于農曆四月間時局緊張之間，于本月十九日，當民閩敵機声囂囂，一家老小避往山內躲避，不幸被敵機遭肆轟炸，房屋二間半被炸一光，所有家內器皿物件被炸一光。際此冬寒交迫，無衣無食，老小日夜啼哭不已，嗷嗷待哺，何以活命？為此

哀叩、振濟会主任察核俯賜照准、派員查明真相、速准放
振、以便一家生計、實為恩便。謹呈
東陽縣振濟会公鑒
具呈人胡紹才　東陽任三杯山嶺　下章

东阳县赈济会关于发放赈款情况致东阳县政府的呈（一九四一年十月二十八日）

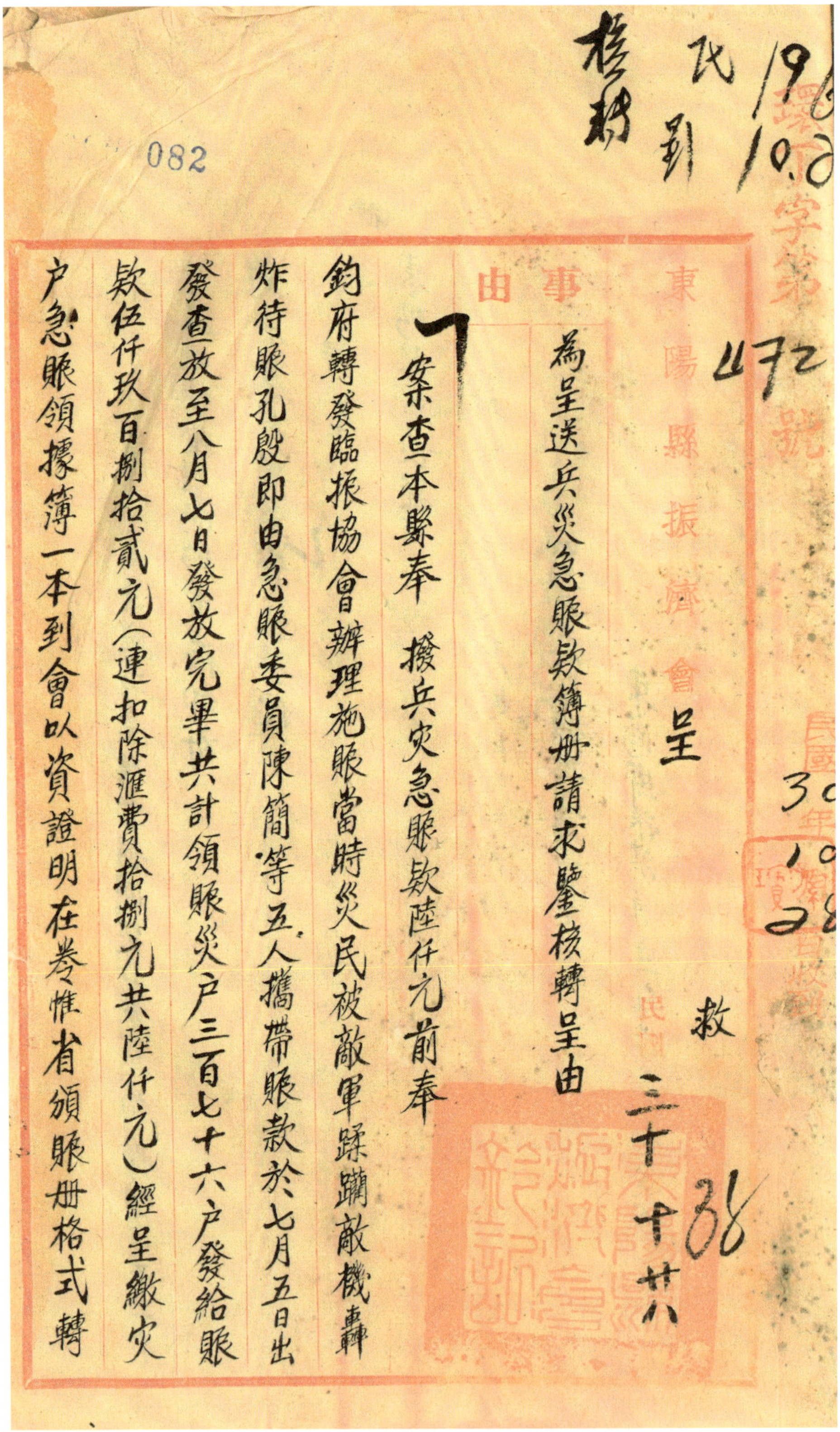

東陽縣振濟會呈　字第　號

民國30年10月28日

事由：為呈送兵災急賑款簿冊請求鑒核轉呈由

救 三十 十 廿八

案查本縣奉 撥兵災急賑款陸仟元前奉

鈞府轉發臨振協會辦理施賑當時災民被敵軍蹂躪敵機轟

炸待賑孔殷即由急賑委員陳簡等五人攜帶賑款於七月五日出

發查放至八月七日發放完畢共計領賑災戶三百七十六戶發給賑

款伍仟玖百捌拾貳元（連扣除滙費拾捌元共陸仟元）經呈繳災

戶急賑領據簿一本到會以資證明在卷惟省頒賑冊格式轉

發到會時是項賑款業經發放完畢茲依式造具賑冊三份至冊
內蓋章各欄業已無法補蓋理合檢同灾户急賑領據簿一本一併
呈送以資證明而昭實在仰祈
鈞府鑒核轉呈實為公便
謹呈
東陽縣縣長孫
計附呈　兵灾急賑欵清冊三份
災户急賑領據簿一本
東陽縣振濟會主任委員林德佩

附：兵灾急赈款清册（一九四一年）

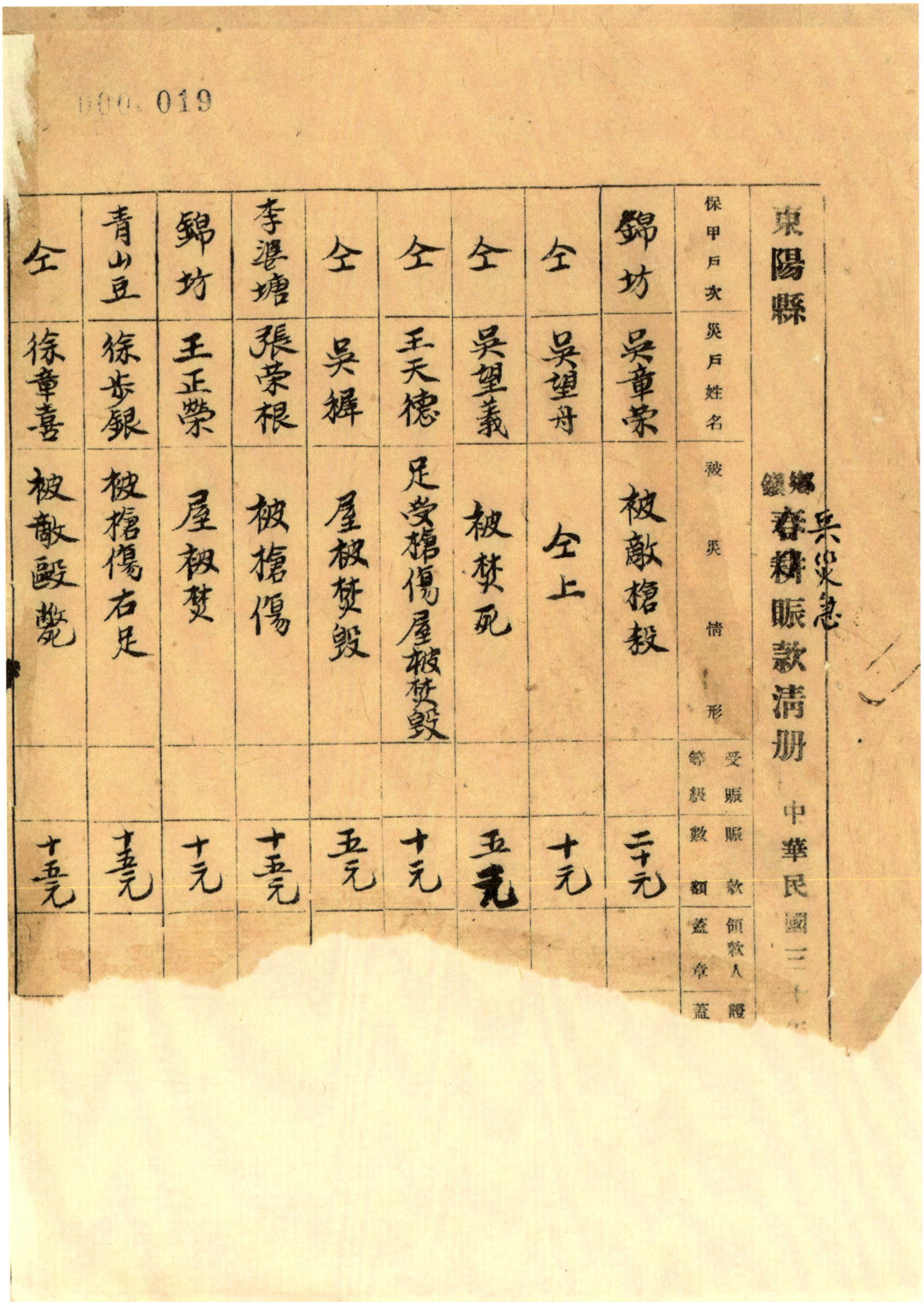

000019

東陽縣　鄉鎮　春耕（兵灾急）赈款清册　中華民國三十

保甲户次	災户姓名	被災情形	受赈等級	賑款數額	領款人簽章蓋
錦坊	吴章荣	被敵槍殺		二十元	
仝	吴望舟	仝上		十元	
仝	吴望義	被焚死		五元	
仝	王天德	足受槍傷屋被焚毁		十元	
仝	吴徲	屋被焚毁		五元	
李漫塘	張棠根	被槍傷		十五元	
錦坊	王正榮	屋被焚		十元	
青山豆	徐步銀	被槍傷右足		十五元	
仝	徐章喜	被敵毆斃		十五元	

油麻塔	吕應喜	被敵槍斃		十元			
金家庄	金上根	被敵殺死		二十元			
陳村	張荣知	被机槍擊傷		十五元			
仝	陳章和	被槍傷		十元			
仝	陳士木	父被槍殺		十元			
仝	吴喜星	被傷腿部		五元			
梅塢口	周朝元	被敵殺死		二十元			
仝	周討斂	仝上		五元			
大嶺豆	周堯喜	仝上		二十元			
桯塢	周章文	妻被殺衣服被搶		十元			
仝	周廷喜	被炸傷一目		十元			

東陽縣吳梁鄉鄉鎮春耕賑款清冊

中華民國三十年　月　日

保甲戶次	災戶姓名	被災情形	受賑等級	賑款數額	領款人蓋章	證明人蓋章	放賑員蓋章	備攷
嵬北周	周金林	本人及妻一媳一炸死		二十元				
仝	韋芝田	本人炸死屋被炸完		三十五元				
仝	周福德	母妻子三人炸死屋全毁		十五元				
仝	周培榮	妻炸死子二女一被敵刺死		五元				
裡塢	周云妹	被槍殺		二十元				
嵬北周	周金堂	被炸傷目		五元				
仝	周錫春	屋被炸夫妻均殁		五元				
仝	周順芳	被敵槍殺		十元				
仝	周紹香	仝上		五元				

覓北周	周章弟	母女受毒成病	五元
仝	周金太	被敵槍殺	十五元
仝	周有金	仝上	十五元
仝	趙銀山	仝上	二十元
仝	周永潭	仝上	十元
仝	周有林	被敵机炸死	二十元
仝	周品	被敵殺死	五元
仝	周香太	被敵殺屋被炸	十元
仝	周章元	屋被炸	十元
金山塢	陳銀培	被敵槍殺	十元
覓北周	周小弟	被炸死	五元

東陽縣 吳宁鎮 鄉鎮 春耕賑款清册

中華民國三十年 月 日

保甲戶次	災戶姓名	被災情形	受賑等級	賑款數額	領款人蓋章	證明人蓋章	放賑員蓋章	備攷
覓北周	周章田	屋及本人被炸財物被擄		十元				
仝	周丢教	被炸屋一间		五元				
仝	周安太	被炸屋二间		十元				
仝	周金德	屋被炸		五元				
仝	周顺教	仝上		五元				
季加湖	朱春福	子被槍殺		十五元				
仝	金土川	子被擄去生死不明		十五元				
水打形	赵九皋	被敵槍死		十五元				
仝	赵元	為国軍引路未回生死不明		十五元				

三

金山塢	周金祿	妻被殺死女被燒死焚屋二间		二十元
桯塢	周福春	衣服財物被炸毀		十五元
下店	王岩荣	妻被砲彈炸死媳炸傷		二十五元
仝	金岩貴	手被炸傷		十元
徐家	徐樹富	本人砲彈炸死		十元
大爽	楼炳奎	被炸物件又屋二间		十元
仝	楼荣生	仝 一间		十元
仝	楼友教	仝 二间		十元
仝	楼銀教	仝 一间		五元
仝	楼双善	被槍殺		十元
仝	楼金烈	重傷後死		五元

東陽縣　　鄉鎮兵災急春耕賑款清册

中華民國三十年　　月　　日

保甲戶次	災戶姓名	被災情形	受賑等級	賑款數額	領款人蓋章	證明人蓋章	放賑員蓋章	備攷
山經	蔡照南	被槍殺		二十五元				
鷺鷥夌	曹松林	仝上		二十五元				
眷芝	虞庚奎	仝上		二十元				
甲五	炳奎	仝上		五元				
仝	宝寿	屋被炸		五元				
仝	計時	仝上		五元				
仝	德善	仝上		十元				
仝	九如	仝上		五元				
孝兒夌	吕小苟	被护財物		五元				

孝児岙	吕明松	媳被槍傷財物被抢		十元
星西	朱金海	被炸死		二十五元
仝	虞汝明	屋被炸		五元
仝	坟心	被炸死		二十五元
馬家岙	潘知銀	子被殺死屋被燒		三十元
仝	光宇	仝上		十元
仝	金泉	被敵殺死		二十元
仝	双海	仝上		十五元
仝	光銀	仝上		三十元
仝	の海	被焚屋二间		十元
仝	知祥	仝上		十元

00 023

東陽縣　鄉鎮春耕賑款清册

兵災公[illegible]

中華民國三十年　月　日

保甲戶次	災戶姓名	被災情形	受賑等級	賑款數額	領款人蓋章	證明人蓋章	放賑員蓋章	備攷
書厦	虞鴻池	被炸傷		十元				
仝	敵紅	被槍傷		十元				
石岩山	電正龍	被敵淹死		二十元				
西王	嚴金	被槍殺		十元				
仝	陳善元	仝上		二十五元				
仝	宝卿	被戳死		二十五元				
仝	何正奎	被槍傷手		十五元				
仝	陳有福	被槍傷足		二十元				
沙田	陳友海	被槍殺		十五元				

仝	楼周文	被搶殺本人及子妻傷		二十五元
仝	楼蔣彩娟	被搶傷		二十元
仝	楼修法	仝上		二十五元
仝	廷傑	仝上		十元
西王	新法	被搶殺		十五元
仝	陳賢業	被炸傷		五元
古甽豆	李池友	被殺死		十元
仝	潘儁士	仝上		二十五元
仝	李蘇烈	被戳傷		十元
仝	林達	被殺死		十元
仝	光杏	被戳傷		二十元

000 024

東陽縣 鄉鎮 春耕賑款清册

東吳急

中華民國三十年　月　日

保甲戶次	災戶姓名	被災情形	受賑等級	賑款數額	領款人蓋章	證明人蓋章	放賑員蓋章	備攷
光里湖	徐品培	被槍傷		十元				
尚武宅	朱章銀	仝上		二十元				
光里湖	徐宝松	仝上		十五元				
尚武宅	趙姚貞	仝上		二十元				
仝	志林	被槍殺		十五元				
仝	三老	被槍傷		十元				
西王	陳林土	仝上		十五元				
尚武宅	趙昭林	子被打傷		五元				
夏若	吳庚申	被炸死		二十元				

六

潦溪	蔡银水	被槍傷		十元
后文	朱岩宝	仝上		十五元
仝	朱根荣	本人槍傷女被槍殺		三十元
白溪	蔡昌法	被彈傷		十五元
后文	朱汝岩	被击死		十元
白溪	蔡禎昌	被槍殺		二十元
后文	朱星法	本人炸死孫女炸傷		二十元
仝	秉義	驚死		十元
潦溪	蔡卜照南	被槍殺		五元
石垟頭	樓林昌	重傷已死		二十元
仝	蔡大春	被槍殺		二十元

東陽縣　鄉鎮春耕賑款清册

吳兴忠

中華民國三十年　月　日

保甲戶次	災戶姓名	被災情形	受賑等級	賑款數額	領款人蓋章	證明人蓋章	放賑員蓋章	備攷
石埠豆	吳本豪	被搶殺		十五元				
仝	林宝	被搶傷		五元				
仝	義友	仝上		五元				
仝	蔡小奎	仝上		十元				
仝	蔡水	仝上		五元				
仝	吳蔡氏彩	仝上		五元				
仝	蔡順蘇	仝上		五元				
溪口	俞梦蘭	被炸死		二十元				
仝	炳吉	被炸屋三间		十元				

七

田里湖	何裕隆	被敵搶殺	十五元
蔡村橋	蔡子培	仝上	二十五元
仝	郭永德	仝上	二十元
仝	蔡星柱	仝上	二十五元
仝	蔡成望	仝上	二十五元
厦溪豆	程茂法	被搶傷	十元
蔡宅	蔡岩友	被炸死	二十五元
白峯	毛怡斌	仝上	二十五元
麻家	程小苗	被炸傷	十五元
仝	程火老	仝上	二十元
湖村	胡梦山	屋被炸毁	十五元

東陽縣 東峴巷 鄉鎮春耕賑款清册

中華民國三十年 月 日

保甲戶次	災戶姓名	被災情形	受賑等級	賑款數額	領款人蓋章	證明人蓋章	放賑員蓋章	備攷
胡村	胡桐茂	房屋被炸毁妻炸傷		十四元				
仝	川荣	被炸傷		五元				
大岑下	卜有水	仝上		十元				
仝	卜銀蓮	仝上		十五元				
仝	卜根植	仝上		二十元				
仝	周奎水	妻炸傷屋被炸		十五元				
水閣	俞人運	被敵戳死		十元				
八字前	陳海林	被戳傷		十元				
烏竹岑	蔣小娜	仝上		十五元				

楓樹下	俞學朝	屋被焚二間	五元
烏竹岑頭	周之大	被炸傷	二十元
上湖宅	吴土木	被戳傷	十元
石棲塘	吕銀高	夫婦二人受傷	二十元
仝	吕蘭	被槍轟死	二十四元
新屋	金海宝	被彈而死	十五元
水閣庄	趙登教	身受彈傷	十五元
懷魯	馬景海	傷重後死	十元
仝	致海	被敵轟傷	五元
陳塘下	葉世惠	被槍殺	三十元
仝	劉倉娜	被槍傷	二十元

八

東陽縣吳巢鄉鎮春耕賑款清册

中華民國三十年　月　日

保甲戶次	災戶姓名	被災情形	受賑等級	賑款數額	領款人蓋章	證明人蓋章	放賑員蓋章	備攷
梓村	葉潘香耿	被炸傷		十五元				
金樓園	許汝金	被擄傷		五元				
仝	友生	仝上		五元				
仝	三元	仝上		五元				
石馬	王財元	本人及子均刺死		二十元				
仝	王樣荷云	被刺傷		十元				
仝	葉吳常達	仝上		十元				
仝	葉宗蘭	仝上		五元				
仙姆	俞李香	被殺死		十五元				

仝	滿土	仝上		二十五元	
下馬柴	吳友文	仝上		二十五元	
横塘	郭庭芝	仝上		二十五元	
後周	宅念芳	被打傷		十五元	
仝	正祭	被殺死		二十元	
仝	正蘭	被打傷		四元	
仝	宅吳香迎	仝上		五元	
沙塔頭	宅金法	被刺死		二十五元	
上宅	和芳	仝上		十五元	
仝	林栖	子被殺死		四元	此户一願願已收回
仝	宅杜芳卿	被重傷		四元	

006 027

東陽縣 鄉鎮 春耕賑款清冊 吳吳宪

中華民國三十一年 月 日

保甲戶次	災戶姓名	被災情形	受賑賑款等級數額	領款人蓋章	證明人蓋章	放賑員蓋章	備攷
楓塘下	祝元金	屋及財物被焚	二十五元				
上宅	宅經賈	被敵殺死	二十五元				
仝	宅子福	母被敵打死	十元				
義店	義德才	被敵殺死	二十元				
上宅	張炳炎	仝上	二十元				
楓塘下	祝元浩	被焚雜物及屋三間	二十五元				
仝	元禎	房屋及雜物被焚	十五元				
仝	天寿	仝上	十五元				
仝	元水	仝上	十元				

朱村	朱良田	被炸死		二十五元
吳塘	周朝富	被戳死		二十元
上宅	宅英法	被打傷		五元
楓塘下	祝元滿	被焚屋一間		五元
吳塘	王養武	被刀傷		十五元
石宅	石德土	被槍殺		二十元
仝	李小牛	仝上		二十元
周宮	張喜林	屋焚完		二十元
仝	杜倫金	仝上		十元
仝	杜天福	仝上		二十五元
仝	張孝本	屋焚完本人焚死		十五元

東陽縣兵吳忠鄉鎮春耕賑款清册

中華民國三十年 月 日

保甲戶次	災戶姓名	被災情形	受賑等級	賑款數額	領款人蓋章	證明人蓋章	放賑員蓋章	備攷
楊溪	王室昌	被敵殺死		二十五元				
周官	杜進叙	屋被焚完		二十元				
仝	杜小苟	仝上		十五元				
仝	杜叙桷	仝上		十五元				
仝	何養武	仝上		二十元				
仝	杜桷喜	仝上		十元				
仝	杜桷其	仝上		十元				
船埠頭	楼光水	被殺死		十五元				
周宅	桂倫朝	屋被焚完		五元				

仝	張炳芑	仝上		十元
溎塘	任世法	被敵戳死		十五元
仝	明海	仝上		二十五元
仝	金其	仝上		十元
仝	茂法	仝上		二十元
獅山杜	杜秀爐	仝上		十五元
仝	李培	仝上		十五元
周宕	張喜明	屋根焚完		二十元
仝	杜叙方	仝上		十五元
仝	李茂	仝上		十五元
仝	杜徐芝卿	仝上		十五元

東陽縣 鄉鎮（吴巢急）春耕賑款清册

中華民國三十年　月　日

保甲戶次	災戶姓名	被災情形	受賑等級	賑款數額	領款人蓋章	證明人蓋章	放賑員蓋章	備攷
周宅	杜兆蘭	被焚屋一間		十元				
王坑	陳友星	被敵戳死		十五元				不願受賑退还
新楊塢	呂德考	子被槍死		十元				
仝	杜森法	夫妻二人均傷受槍傷		十五元				
仝	呂金火	妻被槍殺		十元				
盤陂塘	[redacted]	被姦淫傷		十五元				
周宮	杜倫喜	屋被焚完		二十元				
小唐表	沈東蓮	被敵槍殺		二十元				
前院	毛楣音	被患傷		十元				

十二

東富	張茂昌	被敵踏死	二十五元
郭宅	郭忠執	被炸死	二十元
仝	李金	被炸傷	十元
仝	郭卓且	本人及妻子女均死	十元
仝	琴木	本人炸傷妻炸死	十五元
仝	志遠	被炸死	二十五元
仝	經利	子被炸死	二十元
仝	桂木	女炸死子媳炸傷屋被炸	二十五元
仝	式川	孫被炸傷	二十二元
仝	趙文金	媳被炸死	十元
仝	郭本琴	仝上	十五元

東陽縣 鄉鎮 春耕賑款清册

兵災卷

中華民國三十一年 月 日

保甲戶次	災戶姓名	被災情形	受賑等級	賑款數額	領款人蓋章	證明人蓋章	放賑員蓋章	備攷
仝	郭内家	女炸死妻炸傷屋被焚		二十元				
仝	岩火	屋焚完母焚死		二十元				
仝	迎水	母及侄炸傷弟媳炸死屋被焚		三十元				
仝	志根	母被炸傷		十五元				
仝	震生	母子被炸死		十五元				
仝	景星	本人及妻炸死		十元				
仝	文謨	被炸傷		十元				
仝	中生	被炸死		十元				
仝	郭杜风丢	被炸傷		十元				

仝	郭棋	母被炸死	十元
仝	根水	母炸死屋炸倒	十五元
仝	武林	被炸傷屋炸完	十五元
仝	梦及	被炸死子炸傷	二十五元
仝	才義事	子被炸死	十五元
仝	郭品棋	被炸死	十五元
仝	昂	被炸傷	十五元
仝	滿貴	屋被炸妻炸死	十元
仝	方云龟	女炸死妻炸傷	十元
仝	郭章水	屋焚完	二十元
仝	根海	仝上	二十元

十三

00 030

東陽縣吳寧[illegible]鄉鎮春耕賑款清册

中華民國三十 年 月 日

保甲戶次	災戶姓名	被災情形	受賑等級	賑款數額	領款人蓋章	證明人蓋章	放賑員蓋章	備攷
郭宅	郭林青	屋被燒燬		二十元				
仝	汝生	仝上		十元				
仝	杜楼牡丹	仝上		十元				
仝	郭文教	仝上		十五元				
仝	志松	仝上		十五元				
仝	杜錦元	被炸死		二十元				
仝	郭秋友	屋被炸燬		十元				
仝	啞口	仝上		十元				
仝	朱典	仝上		十五元				

西

仝	郭武泉	仝上	十五元
仝	来方	仝上	二十元
仝	根土	仝上	十五元
仝	来火	仝上	十五元
仝	荣根	仝上	百十元
仝	金土	仝上	十元
仝	朝喜	仝上	十五元
仝	攝禾	仝上	十元
仝	毓秀	仝上	五元
仝	林法	仝上	十元
仝	友良	仝上	十元

906 031

東陽縣 春耕賑款清册

鄉鎮 兵災急

中華民國三十 年 月 日

保甲戶次	災戶姓名	被災情形	受賑等級	賑款數額	領款人蓋章	證明人蓋章	放賑員蓋章	備攷
郭宅	郭四荣	屋被炸燬		十元				
仝	服川	仝上		二十元				
仝	承垚	仝上		十元				
下黄	黄王松娜	本人被炸重傷未愈		三十元				
仝	黄岩法	妻被炸死		二十元				
	水球	妻炸死母炸傷未愈		二十五元				
湖溪	張胡忠	長子炸死		二十元				
仝	張嚴氏照	屋被炸完		二十元				
仝	張芝德	本人炸死		二十元				

十五

仝	夏成	屋被完	二十元
馬上桥	吕纯星	母被炸死	十五元
仝	張經華	妻被炸死	二十元
仝	吕徃径	仝上	十五元
仝	杯新	本人炸傷	十五元
下溪滩	志明	女被炸死	二十元
厦廓市	馬其禍	子被炸死傷	二十元
横店	馮秉音	被炸死	三十元
仝	何汝音	被炸傷	二十元
後峯山	金瑞林	妻子二人炸死	二十五元
仝	錦方	屋被炸完	十五元

東陽縣 鄉鎮 兵災急春耕賑款清册

中華民國三十年　　月　　日

保甲戶次	災戶姓名	被災情形	受賑等級	賑款數額	領款人蓋章	證明人蓋章	放賑員蓋章	備攷
後岑山	金志斗	母被炸死		十五元				
仝	身爐	子被炸死		二十元				
祝塢	周銀清	被炸死		二十元				
後岑山	金錦水	屋被炸完		十五元				
仝	頌冲	仝上		二十五元				
仝	義堂	仝上		二十元				
仝	宝星	仝上		二十元				
仝	声奎	仝上		十五元				
仝	声教	仝上		十五元				

仝	声溢	母妻被炸死		十五元
仝	相岳	被炸死		二十元
仝	金曹照凡	夫被炸死		三十元
何田口	何林清	屋被炸完		二十元
仝	春潮	仝上		十五元
下楼	徐李賀	被炸傷		二十元
仝	冬貴	仝上		二十元
仝	松德	仝上		二十五元
前張	張雪照	妻及女均炸傷		三十元
西櫂	楼標富	被炸傷		二十元
仝	德金	妻被死		二十五元

033

東陽縣 吳寧鄉 鄉鎮春耕賑款清册

中華民國三十 年 月 日

保甲戶次	災戶姓名	被災情形	受賑等級	賑款數額	領款人蓋章	證明人蓋章	放賑員蓋章	備攷
仝	楼宗法	妻及子炸死屋炸完		三十元				
仝	寿高	屋被炸母炸死		十五元				
仝	宗義	屋被炸妻炸死		二十元				
仝	相品	屋被炸女炸死		十五元				
仝	宗明	屋被炸本人受傷		二十五元				
前張	張章品	被炸死		三十元				
西耀	楼允文	屋炸完弟及子炸死		三十元				
前張	張文彬	子炸傷		十元				
夏溪	楼法洪	被敵殺死		二十元				

上杜姗	陳祥教	仝上		二十元
船家	吳銀土	仝上		十五元
仝	錫荣	仝上		二十元
仝	昌法	仝上		十元
鬥鷄岩	王德高	被炸死		十元
黄田坂	蔣金才	屋被炸完		十五元
仝	陆垂堂	仝上		二十元
仝	蔣三	妻炸死		二十元
仝	李楠	妻及子炸傷		十元
仝	戴倫	孫被炸死		二十元
仝	錫昌	屋被炸妻压傷		二十元

034

東陽縣 吳災卷 鄉鎮春耕賑款清册

中華民國三十年　月　日

保甲戶次	災戶姓名	被災情形	受賑等級	賑款數額	領款人蓋章	證明人蓋章	放賑員蓋章	備攷
仝	蔣銓星	屋被炸完		十五元				
仝	鴻中	女被炸死		二十元				
仝	朝端	妻炸死		十五元				
仝	流法	屋被炸		十元				
仝	銓丁	子炸死妻炸傷		二十元				
石盆	吳學奎	人被炸傷屋被炸		十元				
仝	學昌	女被炸死		十五元				
仝	汝德	女被炸死屋炸一間		二十元				
仝	學傑	媳被炸傷		十五元				

仝	春水	妻手炸傷		五元
花墩塘	應朱奎	子炸死		二十元
石塔頭	方章楠	屋被炸完		二十五元
寺塔頭	學棠	嫂炸死妻重傷		二十五元
岺下街	王宜彦	伯母妹炸死屋炸完		二十元
岺下	胡正球	被炸傷		二十五元
仝	小楠	屋被炸完		二十元
岺下街	梓金	女被炸傷		二十五元
岺下	方胡氏	屋被炸完		十五元
林頭	何茂告	屋被炸 母受傷		二十元
仝	何梓昌	仝上		十五元

東陽縣　鄉鎮　春耕賑款清册

兵災急

中華民國三十年　月　日

保甲戶次	災戶姓名	被災情形	受賑等級	賑款數額	領款人蓋章	證明人蓋章	放賑員蓋章	備攷
仝	何秉唐	屋被炸母炸死		三十元				
西山千	厲東木	妻及子被机槍傷		二十元				
仝	和仁	被炸死		二十元				
西北鎮	吳友成	房屋全部被炸		三十元				
仝	韋和寅	仝上		二十元				
仝	電蔣保南	仝上		十五元				
東南鎮	周洪仁	在郭宅炸死本人及媳孫二女四人屋被焚		三十元				
西北鎮	張世昌	本人在南午巷炸死		二十四元				
東南鎮	壽奎	房屋被焚		二十元				

西北鎮	樓炳元	仝上	十元
仝	張世教	仝上	二十元
東南鎮	吳森度	屋被焚本人驚死	二十五元
仝	友廷	房屋焚燬	十元
仝	友星	仝上	二十元
荒山	張吳順冬	机搶射死	二十五元
仝	張顯生	子被炸死	二十元
屯宅	屯佩棋	母叔炸死	二十五元
仝	屯李向娥	屋一部被炸	十元
仝	屯念奕	屋被砲彈炸燬	十元

以上共計領賑災户三百七十六户

發給賑款五千九百八十二元

楼石氏关于丈夫被日军杀害请予发放赈款致东阳县政府的呈（一九四一年十月）

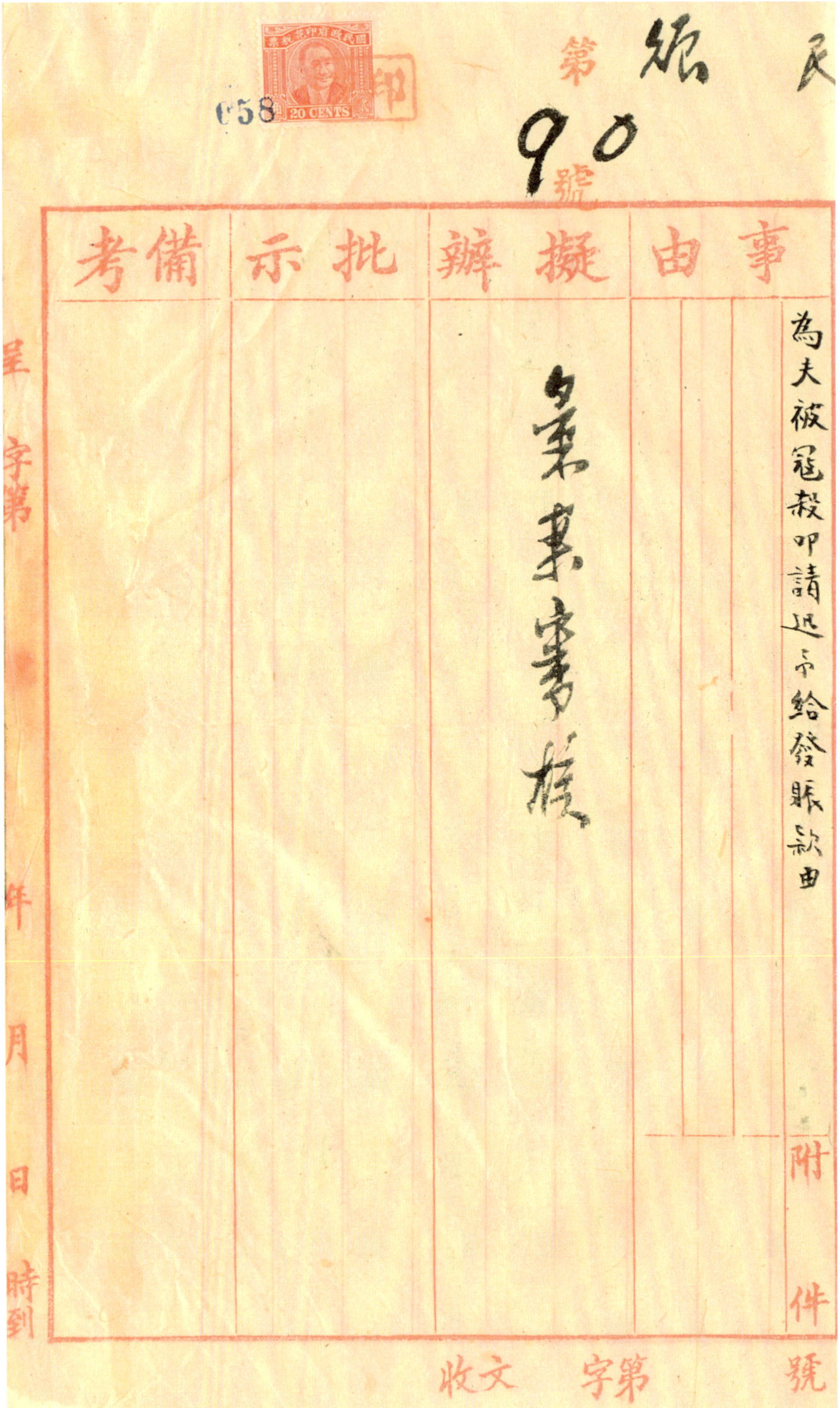
058

20 CENTS

民 纸 第 90 號

事由	擬辦	批示	備考
為夫被寇殺叩請迅予給發賑款由	彙案審核		

附件

收文 字第 號

呈 字第 件 年 月 日 時到

具呈人　樓石氏鳳仙　年二三歲　住四都鄉十一保船埠頭村

為丈夫被敵刺死婆老兒幼生活艱難叩請給發賑款事切氏夫樓光水于五月十四日在上盧市寇兵突至氏夫樓光水不幸遭擒氏夫不從寇即以刺刀刺死

曾蒙

鈞府派員到地發放急賑款項在案查第二次賑款

鈞府亦已分批派員下鄉發賑但氏並無分文受賑氏家貧如洗婆老兒幼生活艱難迫不得已備文呈請

鈞府迅賜賑款以救蟻命不勝感德之至謹呈

東陽縣縣長孫

具呈人　樓石氏鳳仙

中華民國三十年十月日

東陽縣三十年五月中間日寇竄擾災戶損害調查統計

東南鎮——調查員胡文瑞

第一保街東十戶內公常九戶 待賑者八戶
第二保街東十七戶 待賑者九戶
第六保街東八戶內常廟九戶 待賑者二戶
第七保街南五十四戶 內租賃店戶居多 待賑者二十七戶
第八保街南廿九戶 內商店居多 待賑者十七戶
縣黨部 縣中學 城隍廟損失未詳

以上受災共一百二十八戶

房屋被敵機炸焚三百八十九間半

家內財物及房屋合計損失國幣八十二萬六千九百元

三十年五月十六日敵寇由上盧砲擊數十發彈落城內開花後再以飛机狂炸

燃燒彈八枚未開花者三 炸彈四十枚 其他房屋受砲彈炸彈倒塌乱碎牆倒損失輕微不勝枚举

西北鎮——調查員張守豫

第一保至第四保西街

以上受災者四十九户 内公常一户

房屋被焚者一百四十一间

被炸毁者三十一间

死 男三 内一人係又十四都十五保四甲住民
女一

家内財產及房屋炸焚合計損失國幣約四十萬餘元

敵机所投彈以本鎮第二保最多計投八彈六彈落空地第四保落一彈在空地第一保上西街被焚房屋係燃燒彈投下

087

一都鄉——調查員盧延漢

第一保陳宅衙 盧宅 13户 第二保盧宅七户 第三保盧宅弍户 第四保盧宅九户

第五保上山亘 白鶴殿 大门堂 大王下 杜唐 共卅户 第十三保金宅 祠堂 三户 第十四保磨車埠十叁户

以上各保共計受災七十五户 縣蘇小學被破壞甚多件

因國軍第七七師李國一七八師林國過境駐紮，敵軍由上盧炮击，地乘机搶掠兵器財物及敵軍炮擊損坏建築物約共計損失國幣[illegible]千七百卅元

各户並待總核

二都鄉——調查員盧惜

第三保东埠亘六户 第二保潭店九户 第七保華店五十八户

第八保楓塘下 沙墩頭 上盧 弍百壹拾户 第九保上盧弍百廿弍户

第十保周宅卅二户　第十一保周宅卅五户　第十二保石宅十四户

第十三保仙山十八户　第十四保上梅社（系巍山乡）卅四户　第十五保船岩、理岩、浮岩、碣岩、践岩、黄坭坪五十八户

以上各保共计受灾者四十一户

被敌机炸死廿人　伤五人

房屋被焚毁八十八间　并被敌军抢劫及敌兵将掳掠民家衣物

衣服器具等甚多，合计约损失国币叁拾叁万九千四百元

二、东部敌军于卅三年五月六日窜据三日二夜，奸淫掳掠烧杀情至为惨重

三保部乡——调查员卢恪

第十保下更楼五户　第十一保西耀（前张、后张）二十四户　第十二保祥塘十三户　第三保

和堂卅八户　第十四保和堂五户

088

以上各保共計受災者八十六戶

被敵機炸斃十四人　傷者五人

房屋被炸　焚燬十間
　　　　　毀損卅五間

衣物糧食及家内器具財物及其他民家財物被敵兵掠取者共計值損

失國幣七萬六千一百五十五元

四都鄉——各保長查報

第一保福石口卅戶　第四保桐坑五十弍戶　第五保十六戶

第六保張厝寨十八戶　第十弍保獅山杜五十弍戶（殺一 傷四）　第十三保源塘山百叁十五戶（殺五人）

第十四保（未據查報）　第十五保山頭杜百〇六戶 又焚燬一所 共焚一戶 拉殺三人

以上各保除十四保未據查報外共計四百十叁戶 又焚燬一所 共焚六戶

被敌枪杀九人　打伤四人

民家被敌军抢掠财物占多约共计损失国币拾玖万七千四百四十元作

大郡乡——调查员卢金林　大郡乡公所

第一保彭村廿三户　第八保蟠松二十户　第十一保金鸡墩王托塘油麻马塘旧上宜

西兰大仙花桥直七十户　第十弍保西梅派原下马塔横塘王下山五十弍户

第十二保西涧罗塘头里高内罗宅户　第十五保后周卅三户

以上各保受害者计三千弍户

被敌人杀死五人　惊死一人　伤四人

被敌抢掠财物损失共计约值国币叁万四千〇八十元

089

七都鄉——楊富文

第一保石馬一百廿五戶 第二、三保王村（二、三保共計二百廿二戶，人數共計八千九百人，全村均被遭擾，不能逐戶填報，財物損失以萬元之總估計約在三千餘萬）第四保象羅二戶 第五保楂桐八戶 第七保金櫻園四戶 第九保水閣村二戶 第十保水閣庄五戶

第十一保八字社一戶 第十二保營下楓樹下十二戶 第十三保湊塘下石樓塘巍山十二戶 第十四保懷魯卅八戶 第十五保西坑路一戶

以上各保除第二、三兩保無詳列保戶外，共計受災者弍百十戶

被敵殺死民眾十人 傷十五人

被敵掠財物總計萬五百千餘元

八都鄉——調查員王叔仁

第六保地塘坞四户 第十九保宋屋一户 第十保宰庄一户

以上共计受灾者卅户，被敌军抢掠财物约计损失国

币弍千五百余元

九都乡——吴世范 甘

第一保大里 五十四户 大学校一所 待赈者廿七户

第二保大里 五十五户 待赈者廿九户

第五保双牌 南岭 士林下 山草武 卅户 待赈者廿八户

第六保士林下 十八户 待赈者十五户

以上各保共计受灾者四百四十六户，内待赈者一百四十九户 又有小学一所

被过境国军散兵游勇抢掠财物约计损失国币壹万九千三百卅八元

◎調查員趙之凱報告

敵寇自四日起由抄截我軍作戰地區大半在東陽南部鄉，該鄉山岑重疊，我軍逐步突圍，但不被殲滅，寔為僥倖萬分。敵寇主力在楓橋至西各路窜襲部隊由此最後均集中于此，有四萬餘人

1、由茅邊進上虎穴一部分至石馬坑、蔣家岑、書度、羅店出鶯鸞岑

2、由出嵩經怀鲁至古岬頭，一部經高竹岑下至羅店出鶯鸞岑。

3、由古岬頭至白溪過山經岑出大爽至楓樹腳

4、由嶁北園過李兒岑至潘郭書度羅店出鶯鸞岑。

我軍犧牲最慘烈者(1)石宕至陳鸡岩兩處，一四八師迫擊炮連約百餘名被炸死。(2)石馬坑一帶(3)石坪至一帶(4)古岬至一帶

我軍撤退秩序紊亂原因：(1)懼怕敵機狂轟，(2)拉漢奸佔挑夫嚮導(3)各部隊無聯絡，(4)兵士無戰鬥意志。(5)不信任當地民眾(6)兵士飢疲只顧逃命(7)指揮不靈，隊伍密集。

十三郝乡——调查员

第一保林头十五户　第三保西山下七户

第四保楼村区二户　第六保上郝塘子涧坞陈大坞五户

第七保歌山十四户　第八保象塘八户　可自给

第九保夏楼四户　全自给　第十保夏楼五户　内待赈三户

以上各保灾失共五十户　炸毁房屋五十间　死三人　伤六人

迭次被敌机轰炸及敌兵抢劫财物约共计损失国币贰万千余元

第四保长供给敌兵食米五百斗余斤

第二青照堂先后被敌机中弹六枚　炸毁房屋五间

十三保郝乡各保被炸损失约计一千贰百余元

歌山堂楼（古江路碉楼）合并甚数县区壹及难民抢运损失数未据查报

十三都乡——调查员赵之凯

古删里之伪农民九人（吴炎林等）家均急待急赈

〃保长李林達勇于任事不畏匪被敌掳出后终遭惨杀（家贫）待赈

〃农民二人被杀家贫待赈

〃四农民被抢掳（家贫）无可谋生者八户人（损失四千三百余元）亟待赈济

尚武宅〃〃死一人家贫待赈

〃之伪四人家贫待赈

〃被抢去财物共不下[illegible]待赈者弍户

西王〃〃〃被敌掳杀身死者四人家贫待赈

〃伪三人家贫待赈

又被敌军掳掠十户，损失财物一千万余元

沙田：二人、杀死洪人，家均负伤狠

又伤五人 全

实害与西王相同，惟房被抢一空之急待救济

流和塘：一人被害二户，内死小孩一人，伤二人，会和耕牛被抢去一空者

以上共受害者五十七户，内待救者五十三户

共死廿人，伤损者众，财物耕牛损失五千叁万余元

十四都乡——调查员赵之凯

东岘、乌竹岺、看茅共三户。甲丘七户，李宅坞一户，路口、傅宅岺头九户。岩曲七户。

徐家五户，小爽一户，大爽卅户。山红岗鞋二户。寺前十一户，苏州一户，丁宅不户。书

092

十七都乡——

仙之陵、白溪、后坂、夏岙十六户

石埠底十五户

九保银下山四户

西直岙口四户

以上共卅九户，待赈者卅玖户

炸死者十人　吓死一人　伤者一人

被掳生死未卜者三人

被杀牲畜

被炸屋五间

被抢其他财物　共计五千元之谱

夏四户，横村二户，蕉岙岙十八户，牛青岙里一户，老顶坞二户，里西坞四户

雷山二户，石岩山一户，老虎岙里三户

以上各村受灾者一百廿玖户，至为惨重，内待赈者廿七户

被敌杀死者廿三人　内一人吓死一人淹死

被敌击伤者十二人

房屋被炸毁焚毁廿七间及被敌抢劫财物共约计损失国币

壹万零六百八十五元

十八都乡——调查员沈鸿钧

第一保蒋村桥八十四户又小学一所，第四保塘莲湖村八十户又小学一所

以上二保受灾者一百六十四户又小学二所，待赈者一百四十四户

死四人 伤一人

被敌抢掠材物统计约值损失国币五万四千九百〇八元五角

二十都乡 —— 调查员赵之凯

大路下廿四户 庄宅一户 上王四户 上卜宅一户

湖上乡村吴宅廿户

死一人 伤四人

房屋被敌机炸毁卅一间 被敌焚毁三间 及其他财物被

掠约共计损失八万八千贰百余元

东郑大路下最为惨重 投弹十八枚 毁屋廿余间 又炸死江西商人数名

象岗南山路旁投弹六枚 死车夫二名 毁茅屋二间 前周田间投弹四枚

二三都鄉——調查員沈昆初

第四保流嶺四十六户 第七保垂村二户 第八保上条二户

第九保柏村五户 第十保（關村）十二户 第十一保（新宗）二户

第十二保（桂眠）下二户

以上各保共計受害者七十二户

被敵機炸死二人 傷七人

被敵機炸毀房屋十五間并有被過境軍隊搶劫財物損失約計

國幣一萬三千三百八十元其他小數損失甚多尚不列入

三四都鄉——

第二保□胡村 達□下 七秩塘 下山塢 金塢 □□户 第一二保 曲塘 胡

二四P 第四保金銅路 捷溪土豪被敵搜劫財物 損失六百元

二五P 第三保西營十五户 死十八人 傷四人 炸屋不詳

093

宗塘、倘田、栗樹園、徐宅廿弍户，第四保檀路、居張園七户，第八保塢口、塢坤、木衙橋十七户

以上各保村受災者五十二户，待賑者五十弍户

均係過境敵軍游勇搶劫食糧衣物等約計損失國幣弍萬弍千五百廿元之

三八都——

第八保五户，被國軍過境七九三五二師士兵搶去豬肉雞鴨等物約計國幣三百廿元之，又本保被75師223團王團長借去米弍百廿四斤，收據一本

三九都鄉——

又保各户被該兵搶去雜物約計國幣八千元之

094

第六保共六十户

被敌机炸毁屋三间

被过境国军拆去杂料材物

共计损失约洋弍千四百余元

四十都乡

第五保郭宅廿户　第六保郭宅三百廿九户又岩第一户　第七保郭宅十八户　第十保下黄村六户　第十二保华塘下十四户　第十三保花台柳塘八户　第十四保楞塘村一户

以上各保受灾共三百九十七户内出第一户　待振共一百四十六户

被敌机炸毙辛人　炸伤十人

共屋被炸毁弍百十九间　计损失国币拾弍万四千五百元

被过境国军掠劫财物损失约计国币十二万六千八百零四元

四十一都乡

第五保湖溪九户 第六保湖溪十二户新屋十五户 第七保

马上桥十二户 第八保南塘八户 第十保梅树塔七户

贤岙保受害共计三户 待续共四十五户

被敌机炸毙五人 伤二人

毁屋十一间 被散兵游勇掠劫财物共约计损失国币一万

十三百十五元

四二都乡

第三保东屋十九户 第四保后周三户 第六保壮楼七户

以上各保共计受灾廿九户

被过境国军湘勇抢去民家财物约计损失国币二万三千百廿元

四三都乡

第一保后山岸 第二保后山岸十七户 第三保罗鸟岗廿户 第四保八竺昂山岗桥头岗廿五户 第五保梅岗四十户 第六保自古塘七户

第九保南上湖十户

以上各保受灾者一百廿户 待赈者四十一户

被敌机炸毁房屋十间 被过境国军抢劫财物约计损失国币三万九千[illegible]百[illegible]元

四五都乡——调查员张希琴

第一保上湖田、上湖里十贰户　第二保横店山百卅七户　第三保郭宅、新屋、雅堂十二户　第四保揭店五十七户　第五保二户　第八保缘溪廿贰户　第十一保石龙桥十三户

以上各保共计受灾者三百五十三户　续编第十四里

被炸死二人　伤一人

被过境国军散兵抢劫民家衣物财物约共计损失国币七万二千一百七十六元二角

四六都乡

第十四保冯山坞五十四户（又十六户一所）　被敌兵抢去财物约计六千八百四十七元　又正直寺部队借去米六百四十斤

第十三保蔷竹岙、何田口廿四户（内续编廿三户）　死一人、炸屋五间、财物损失四千九百十六元

096

第十四保—石岑山五十四户（又公帑贰户）内被焚廿贰户 炸毁屋十间 及其他财物损失—万六千五百八十八元

各户伤害未计六十七石廿斤

第十五保石岑山四十五户内被焚者卅九户 死九人伤三人 炸毁屋廿四间及其他财物 共损失三万八千九百五十八元

各部队征去米三千五百卅斤

以上两保受灾者一百〇十五户（又公学二所 公堂贰户）

炸死十人　伤三人

炸毁屋四十一间 牛四头 其他衣服器具 抢去财物共约计损失六万七千五百五十元

四十七都—

第二三保王坑壹宅共五户　第十二保下楼、秀溪、鱼库、岩弄、水下坑共计卅六户（又小学一所）

以上共计受灾四十一户（又小学一所）

四十八都乡—

均系过境国军之散兵抢去 约计损失七千四百八十四元

第九保千祥九户　第十三保丁宅九户
以上之村十八户被敌兵抢掠约计损失一千五百卅八元
五十都乡——
第一保裡村廿三户　第二保东湖十弍户　第三保陆杏桐殿五青卅六户
以上共计七十一户
保安团军部兵抢去财物食物约计损失一万三千八百五十四元
五十一都乡——
第三保下东陆、第七保田心共五户
前过境部兵三五师第三团士兵拿去谷物衣物共约计损三百五十弍元
又一、二保保长损失指挥部兵费九百余元　乡长家被抢损失洋五千元

五二都乡

第一保南湖　廿三户　第八保陈宅　廿户　第九保陈宅　十五户

第十保傅宅　卅九户　第三保东湖　廿户　第四保东湖　五十五户

第五保下屠　十四户　第十一保仁道门　十六户

第十二保沙城头　四十八户

以上共计四百四十四户　内待续者一百〇三户

均系过境国军散兵乘机抢劫民家财物约计损失国币七万

六千三百四十一元

五三都乡

第一保南伦　十九户　第二保湖田　十七户　第九保柏塘　十一户

第十保官桥十二户　第十一保官桥九户　第十二保官桥三户

第六保北宅北面山下徐廿三户　第五保忠信堂六户

以上共计九十九户　待续者卅九户

被过境之日寇军及大部队士兵乘机抢劫财物约计损失国币三

万七千五百余元

被敌兵打死挑夫舒孝全一人系由塘部人

被敌兵殴伤四人

五四都乡　调查至龚静陂

第二保琴堂十三户　三保下午堂三塘口七户　四保米塘头一户　六保下源三户

第八保莲花庵二户

098

五六都鄉

第六保下泉街南屬共六十七戶

被敵兵游勇搶劫財物約計損失貳萬七百卅元

以上共計廿五戶　待振者五戶

被敵機炸死貳人　傷貳人

被炸毀房屋貳百間

被敵兵槍殺一人

被敵搶去財物約計損失國幣一千二百卅元

五五都鄉

第三保下徐文上
第四保月塘后庄
五十戶　待振者十二戶

以上受災者七十戶　炸死男女七人

炸毀房屋十間　牛一頭　家俱雜物難以盡計　共計損失約值

國幣四千八百九十五元

五七都鄉

第二保瑶林、義堂、芭竹、前塘五十九户　第三保下橋十八户

第七保環住十六户　第十四保麻車十三户

以上共計一百〇六户　待賑者六十七户

保內遭敵兵乘机搶掠財物約計損失國幣貳萬六千八百五千元

五十都鄉——調查員蔣勤森

各保損傷敵兵搶去衣貨約計損失國幣四千元

五十九都鄉——仝

各保損傷敵兵搶去衣貨約計損失國幣四千八百九十元（炸毀廣仁祠）

六十都鄉——調查員蔣勤森

黄田畈（遭受火災）卅七户　待賑者十二户

099

被敌机炸死六人　伤五人
炸毁屋卅间
共计损失五万贰千四百元

六一都乡——
第六保黄户陈吴氏二户　待振
被敌抢去财物约损失国贰千元

六二都乡——
石塅　宋儒　共受灾十贰户　待振十二户
被敌机炸毙一人　伤六人
房屋被炸毁五间约计损失国币七千四百廿元

六三都乡——

第五保新街五户　第八保岭下七户　第十一保寺塘里四户

第十保雅坞堂一户　第十二保董牌一户　第十五保下楼三户

以上各保受灾者廿一户

被敌机炸毙妇女七人　伤三人

炸毁房屋四十七间及家下物件共计法币三万三千余元

六五都乡——赵侠乡

芦山张宅等三户　待鱼塘等二户

被敌机炸死男一女一儿童二

炸毁房屋二间　平屋二间

100

該村敵機共投彈三枚一落塘一落豬舍倒無損失其餘一彈

炸毀村中之房屋計損失貳千餘元

大石都鄉　〡　趙伊鄉

第九保　錦塘　〡　卅四戶內待賑者廿六戶　屋與家物全焚燬損失約計卅貳萬五千六百元

死五人傷三人

第十六保　青山頭　〡　十六戶內待賑者八戶　死一人傷一人　被敵搶掠財物損失貳千四百四十元

第十三保　塘下　〡　八戶　被敵搶掠財物損失玖百玖十元

第十五保　對塘隴　十九戶內待賑者十七戶　被敵搶財物損失貳萬五千元

第十一保　西樓　全村供給國軍食米肆千斤計價肆千元又柴油

壹擔約計四千萬元

以上共受災者七十七戶　內待賑者五十一戶

死六人　伤四人

锦坑岙屋被焚七多未检详报及其他各保共计财物损失约值

国币念六万〇三百十元

六七都乡——调查员卢英卿

第一保七户　死二人　损失八千五十元　内待振六户

第二保陈村　廿五户死一人伤三人　损失三千九百六十元　内待振者十一户

第三保杨店、大寒里、理塘　四十一户　死五人伤一人　损失六千叁百六十元　内待振廿二户

第四保光岭周、大田村　卅五户　死九人　损失玖万〇八百十元　内待振者廿玖户

第五保十五户　死五人　损失一千八百元　内待振者十三户　其余被难兵抢掠财物约计四万一千六百元

第六保光岭周　卅七户　死十三人伤一人　财物损失九万四千八百元　内待振者十四户

101

第七保金山坞四十四户 死三人 损失七万三千〇八十元 内待振者十一户

第八保北塘三（十）四户 遭乱兵抢去损失财物约计五千元

第十保水打形三户 死三人 损失未报告

第十一保宇加湖十八户 死四人 财物损失四千〇八十元 内待振者四户

第九保下田畈古塘水打形（□百四十户）死贰人 损失四万一千三百五十七元 内待振者五十贰户

以上共计灾民三百九十七户 内待振者一百五十三户

共惨死者四十七人 受伤者五人

房屋被焚及其他财物损失约计合五万一千四百七十元

廿八都乡——调查员 蔡人和

第五保东富小角坞四十贰户 内待振者卅户 损失八千八百十元

第七保王坑五十三户 全待赈 死七人 伤二人 损失叁万五千〇〇元

第八保蟹蛟塘、新揭塘、卢庄八十九户 内待赈者八十户 死一人伤三人 损失九千[illegible]廿八元

第九保王耀塘、下萧、周店五十九户 损失贰万〇五千元 内待赈者五十三户

第十保茅蓬、旧杨、武上、屋井、至侃[illegible]〇户 全待赈 伤一人 损失一万四千九百元

第十一保上徐、曹廿户 被抢 损失八千四百九十元 内待赈者八户

第十二保塘义十一户 死二人 损失[illegible]四千三元 内待赈八户

第十三保蔡园八户 死 全待赈 计损失五万七千元

以上各保共计受灾者三百〇四户 内待赈者三百户

死十人 伤五人

全乡 损失约计拾万〇肆〇元

共[illegible]

五千贰〇[illegible]户

[illegible]

死[illegible]人 伤[illegible]人

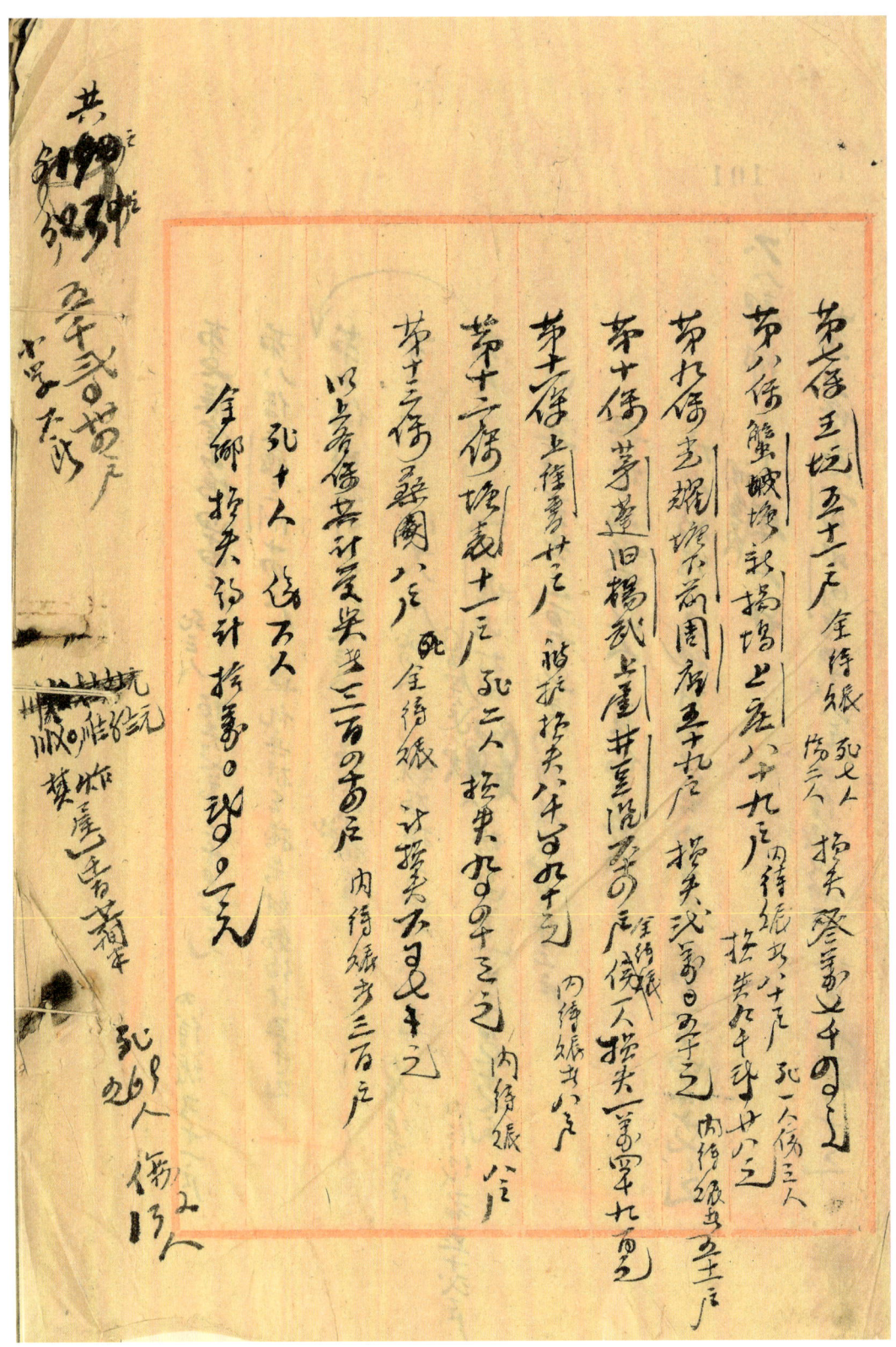

叶京葵关于领取中央执行委员会抚恤委员会发给叶汝惠恤金的领结（一九四二年七月）

055

領結

東陽七都鄉十三保二甲八户

具領結人浙江省東陽縣七都鄉十三保第二甲第八户葉京葵今向

中央執行委員會撫卹委員會領得黨員葉汝惠因抗敵被害經中央核准四等年卹金四百五十元卹令一紙决無冒領情事所具領結是實謹呈

中央執行委員會撫卹委員會

具領人葉京葵

保證人越字叁玖壹伍柒號党員葉游乾

越字零弍伍叁零叁號党員徐從銘

中華民國卅一年七月　日

东阳县五十二都石舍塘村包樟炉等人关于房屋家产遭日军焚毁请求免纳本年田赋并给予救济致南马区署的呈（一九四二年九月）

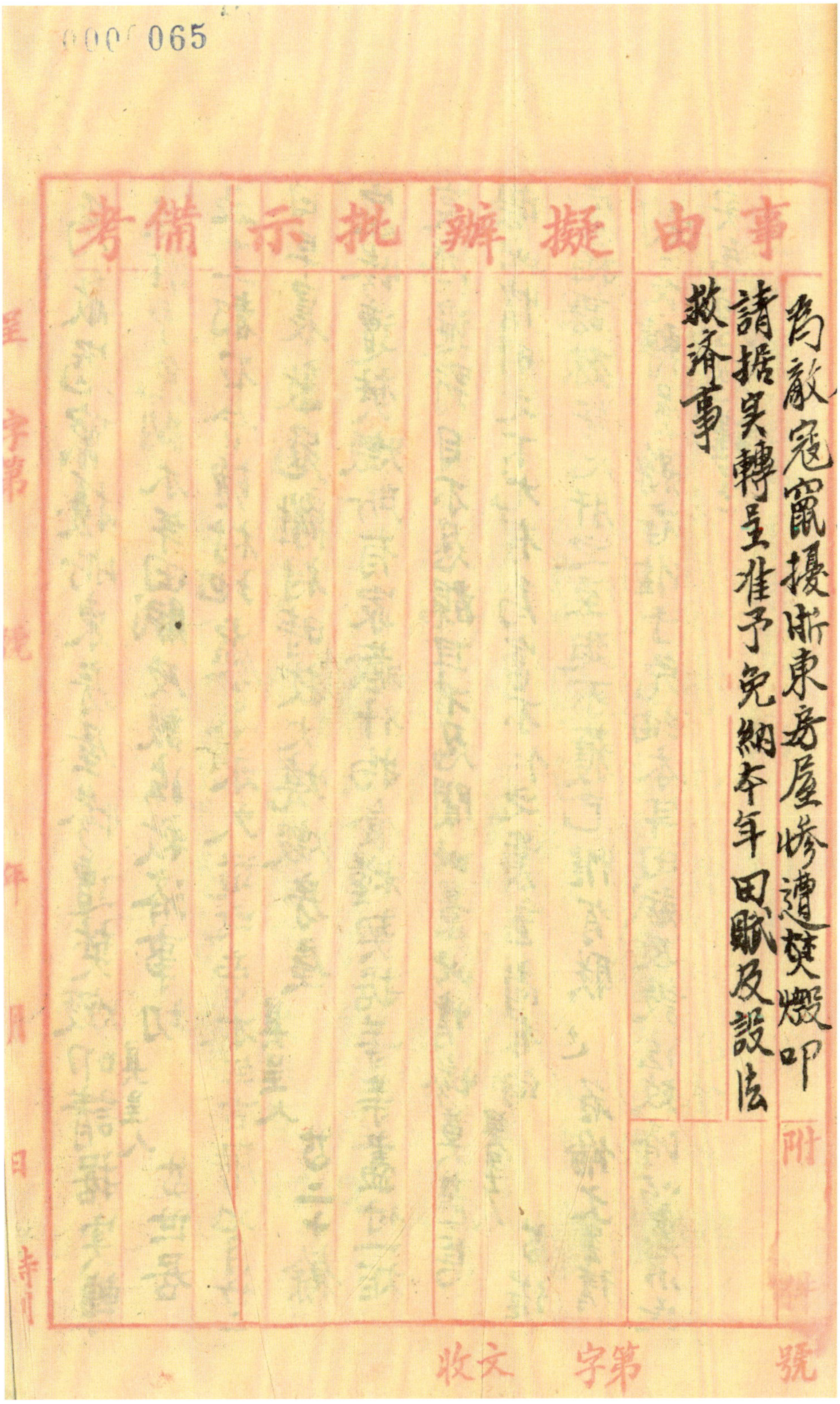

0000065

事由	擬辦	批示	備考
為敵寇竄擾浙東房屋慘遭焚燬叩請据実轉呈准予免納本年田賦及設法救濟事			

收文　字第　號

為敵寇竄擾縣東房屋慘遭焚燬叩請據实轉
呈准予免納本年田賦及設法救濟事切 具呈人 等世居
五十二都石舍塘村地處東永大道之旁本年古曆七月廿二
日早晨敵寇離村時放火燒燬房屋 具呈人 等二十餘
家慘遭焚燬所有家藏什物食糧契據等等盡付一炬
哀鴻遍野目不忍覩耳不忍聞此景此情慘莫甚焉
際此情形之下尤有為富不仁之業主尚有向 具呈人 等催
索租課殊令心肝之至迫不獲已惟有聯 名備文呈請
鈞長轉呈縣府准予免納本年田賦及設法救濟以惠小民
实為恩感謹呈

0006066

東陽縣南馬區區長 郭 鈞全

具呈人 色樟炒 色樟興 色金法

色義富 色樟榮 色金富

色聿成 色和法 色和雪

色海水 色聿林 色安良〇

色聿同 色華喜 朱逢叶

朱明听 朱明倫 朱延福〇

朱延才 廿 朱明蘆〇 朱延有 十

朱先丁 朱馬蘇音

中華民國三十一年九月　日

东阳县私立画溪小学关于报送「五一九」事变中被日军损毁公物调查表致东阳县政府的呈（一九四二年十月十日）

存

案存

廿一.十.九

026

事由　遵呈造交
東陽縣政府及附屬各機關五一九事變損失公物
調查表祈鑒核由

案奉
鈞府訓令祕字第一七九三號内開　案查此次事變
本縣境内遍遭敵騎蹂躪各機關公物損失甚鉅本府
為統一調查起見特製定調查表一種合亟令仰於文
到一星期内填送為要等因
查本小學於五一九事變之中損失公物甚鉅茲已遵照
鈞府所製定之格式填就並備文呈送仰祈

鑒核 謹呈

東陽縣政府

東陽私立畫溪小學校長王人愛

中華民國三十二年十月 十 日

計呈送東陽縣政府及附屬各机關五、一九事變損失公物調查表一份

東陽縣政府及附屬各機關五一九事變損失公物調查表

科室名称	物品名称	數量	單位價值	總值	損失地点及經过情形	備考
校長室	西式交椅	一把	五十元	五十元	五月十九日下午	各種物品
	办公桌	一張	二百元	二百元	一時許敵兵一股約	價值均照
	時鐘	一具	一百五十元	一百五十元	千餘人（係從東陽	現時計算.
事務室	書桌	一張	二百元	二百元	城内闖出）宿營王	
	大櫥	二個	一五○元	三百元	塲頭本小學高級	
	銅錢櫃	一個	一百元	一百元	部即為敵之大本營	
	缸甏	四口	三十五元	一百四十元	停有敵軍數百名	
	食米	五担	二百元	一千元	五、六年級二個教學	
	銅版	一塊	八十元	八十元	室·大礼堂及學生	

	臘紙	五十張	一元	一百元	寢室等數處均為
	松边紙	二把	四十五元	九十元	敵兵臥塌。教學室
	教學用具			四百元	圖書室辦事室及事
教室	床架	四副	四十元	一百六十元	移室中所有桌凳
	床板	四副	廿五元	一百元	箱櫥等一概抬出室
圖書室	小學生文庫	二百本	五元	一千元	倒係翻在大井中書籍
	報章雜誌			三百元	文具碗盞及其他
儀器室	試管	五只	五元	二十五元	什物均任意拋棄在
	漏斗管	一只	二十元	二十元	地上桌凳床架箱
	三稜鏡	一枚	四十元	四十元	櫥等油漆器物毀壞
	透鏡	二枚	十元	二十元	裂為燃料。門窗牆

	寒暑表	一個	十五元	十五元	壁螱七歪八。敵
	硫酸	一瓶	三十元	三十元	人蓄意破壞我物
	漂白粉	一包	二十元	二十元	質消耗我國力
體育室	籃球	一個	一百五十元	一百五十元	於此可見一斑 6
	排球	一個	一百元	一百元	當翌晨隊伍閲
	喇叭	二把	九十元	一百八十元	拔動身之際食米
	童軍棍	五十根	一元	五十元	及各種校具被鄉
會議室	玻璃架	八個	十元	八十元	民搶(乘机)取亦復不少
教學室	双人桌	二十六張	三十元	七百八十元	損失之大總計時
	圓凳	七十一條	五元	三百五十五元	值約八千元(餘)本校
	四尺凳	十四條	七元	九十八元	辛苦經營十餘

	黑板	一塊	五十元	五十元	年今一旦遭此浩
整潔處	大鏡	一枚	八十五元	八十五元	劫可勝浩嘆！
	面盆	二個	二十元	四十元	
勞作室	鋤頭	二把	卅元	六十元	
	鋸	三把	三十五元	一百〇五元	
廚房	鍋	二口	九十元	一百八十元	
	碗盞	四十只	二元	八十元	
	水桶	二隻	二十元	四十元	
	豬	二隻	五百元	一千元	
	鐵器			八十元	

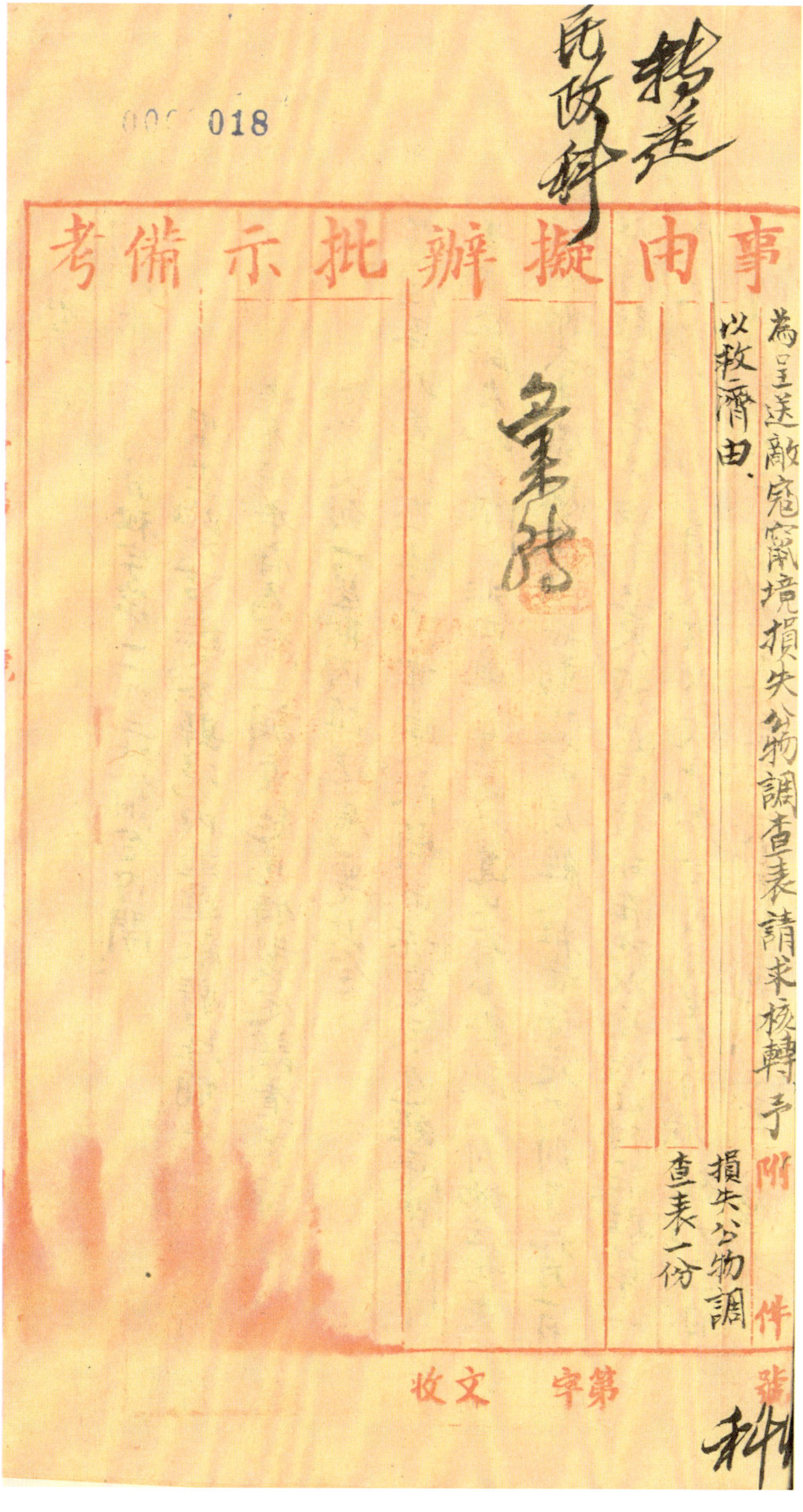
000018

轉送民政科

事由	擬辦	批示	備考
為呈送敵寇竄境損失公物調查表請求核轉予以救濟由			

附件：損失公物調查表一份

收文 字第 號

东阳县南马区五二都乡第十三保国民学校关于报送公物损失情况致东阳县政府的呈（一九四二年十月三十日）

案奉

鈞府本年十月四日秘字第二一九三號訓令內開：

案查此次事變，本縣境內迭遭敵騎蹂躪，各機關公物損失甚鉅，本府為統一調查起見，特製定調查表一種，合亟令仰於文到一星期內填送為要。此令！

等因。奉此，查此次（五·一九）事變，敵騎由嵊竄永，途經東陽防潭，幸職校所在地之稚村，非四通八達之孔道，只有少數敵人到地拉担夫，頃刻即去，未蒙騷擾。誰知動盪時局，經久粗告安定，而到了九月一日，突有敵軍數千由永返東，經過職校所在地以及附近村莊駐紮一晝夜，公私財物之損失難以數計。奉令前因，理合將職校九·一日敵騎竄境之損失物品填表具報，藉資統計，而便核轉，予以

救濟。謹呈

東陽縣縣長孫！

計呈九、一日事變損失公物調查表一份

南馬區五二都鄉第十三保國民學校校長駱紹箕（印）

中華民國三十一年十月卅日

19 . 20

東陽縣政府及附屬各機關五一九事變損失公物調查表

科室或機關名稱	物品名稱	數量	單位價值	總值	損失地點及經過情形	備考
五三都鄉第十三保國民學校	萬本全圖	一幅	約一〇元	一〇元	校內遺失	
	各種教科書	四部	約一〇〇元	一〇〇元	校內散失	
	各種圖書	多冊	約一〇〇元	一〇〇元	校內散失	
	總理遺像	一幅	約四元	四元	校內遺失	
	書箱	一座	約廿元	廿元	校內破碎	
	鋼板	一扇	約一〇〇元	一〇〇元	校長家內遺失	現在借用
	時鐘	一座	約一五〇元	一五〇元	校長家內遺失	現在借用
	跳高架	一對	約四元	四元	校內焚燬	
	床板	一鋪	約三〇元	三〇元	校內焚燬	

校門四扇約三〇〇元 一二〇〇元 校内焚燬

东阳县六十七都乡代用中心学校关于「五一九」事变中学校公物损失情况致东阳县政府的呈
（一九四二年十一月二日）

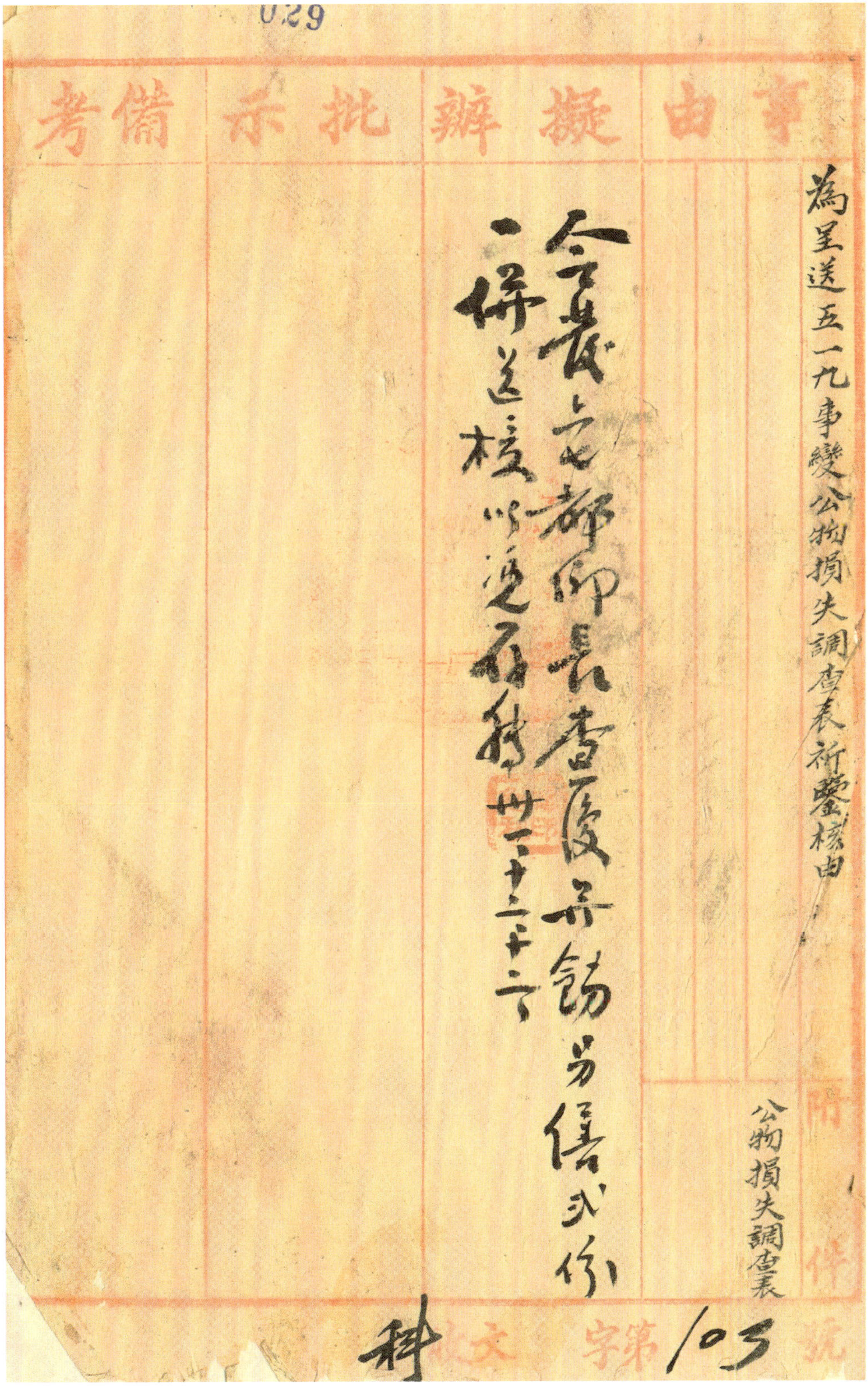
029

事由：為呈送五一九事變公物損失調查表祈鑒核由

附件：公物損失調查表

擬辦：令六七都鄉長查覆并飭另繕式份一併送核以便存轉 卅一 十一 十二

批示：

備考：

科 文 字第103號

附：东阳县六十七都乡代用中心学校「五一九」事变损失公物调查表

竊屬校於五一九事變發生因敵騎倉卒竄至師生逃亡不暇所有校教具办公用品教職員食米等均不及妥為收藏致遭寇刼損失頗鉅遵令填造公物損失調查表理合備文呈送

鈞府仰祈

鑒核

謹呈

東陽縣政府

東陽縣六十七都鄉代用中心學校校長王澤令（印：王澤令印）

東陽縣六十七都鄉代用中心學校五一九事變損失公物調查表

物品名稱	數量	單位價值	總值	損失地點及經過情形	備考
分部校名牌	一	四元	四元	分部門口被敵毀	

連椅單人桌	二八	一〇·〇〇	二八〇·〇〇	分部教室被敲毁
黑色双人課桌	二一	九·〇〇	一八九·〇〇	本部教室被敲毁
黑色單人課凳	三五	一·二〇	四二·〇〇	仝
大黑板	一	三〇·〇〇	三〇·〇〇	分部教室被敲毁
小黑板	三	一五·〇〇	四五·〇〇	分部教室本部教室被敲毁
办公桌	二	一六·〇〇	三二·〇〇	办公室被敲毁
圖表架	五	四·〇〇	二〇·〇〇	办公室被打毁
書橱	二	一八·〇〇	三六·〇〇	办公室一校長室一被打毁
蠟紙	四七	一·五〇	七〇·五〇	办公室書廚被擄（擄者係敵寇或乱民未能指实下均同）
京方紙	一五三	〇·一五	二二·九五	仝
双文紙	四五	〇·一二	五·四〇	仝

信紙	七五	〇.〇四	三.〇〇	校長室書厨被擄
信戸	三八	〇.〇八	三.〇四	仝
作文簿	六二	〇.三〇	一八.六〇	仝
日記簿	四八	〇.四〇	一九.二〇	仝
瓷茶壺	一	五.〇〇	五.〇〇	办公室書厨被擄
瓷茶盃	八	〇.八〇	六.四〇	仝
青邊飯碗	五	一.〇〇	五.〇〇	炊室菜厨被擄
高脚碗	四	二.〇〇	八.〇〇	仝
洋花大碗	二	二.〇〇	四.〇〇	仝
洋花点心碗	五	一.五〇	七.五〇	仝
瓢羹	五	〇.三〇	一.五〇	仝

双鈕小鉄鍋	一	六.〇〇	六.〇〇	炊室鍋灶上連蓋被擄
帆鉄鍋	一	一三.〇〇	一三.〇〇	仝
大笊篱	一	二.〇〇	二.〇〇	炊室被擄
菜籃	一	一.〇〇	一.〇〇	仝
鉄鎖	二	二.〇〇	四.〇〇	二書厨上被打毀
米鐧	一	一二.〇〇	一二.〇〇	校長室被擄
食米	八五斤	二.〇〇	一七〇.〇〇	仝
窗檽	六扇	九.〇〇	五四.〇〇	本部第二教室及办公室被打毀
板壁	二處	一六.〇〇	三二.〇〇	校長室办公室被打毀
合計			九二三.〇九	

中華民國三十一年十一月二日

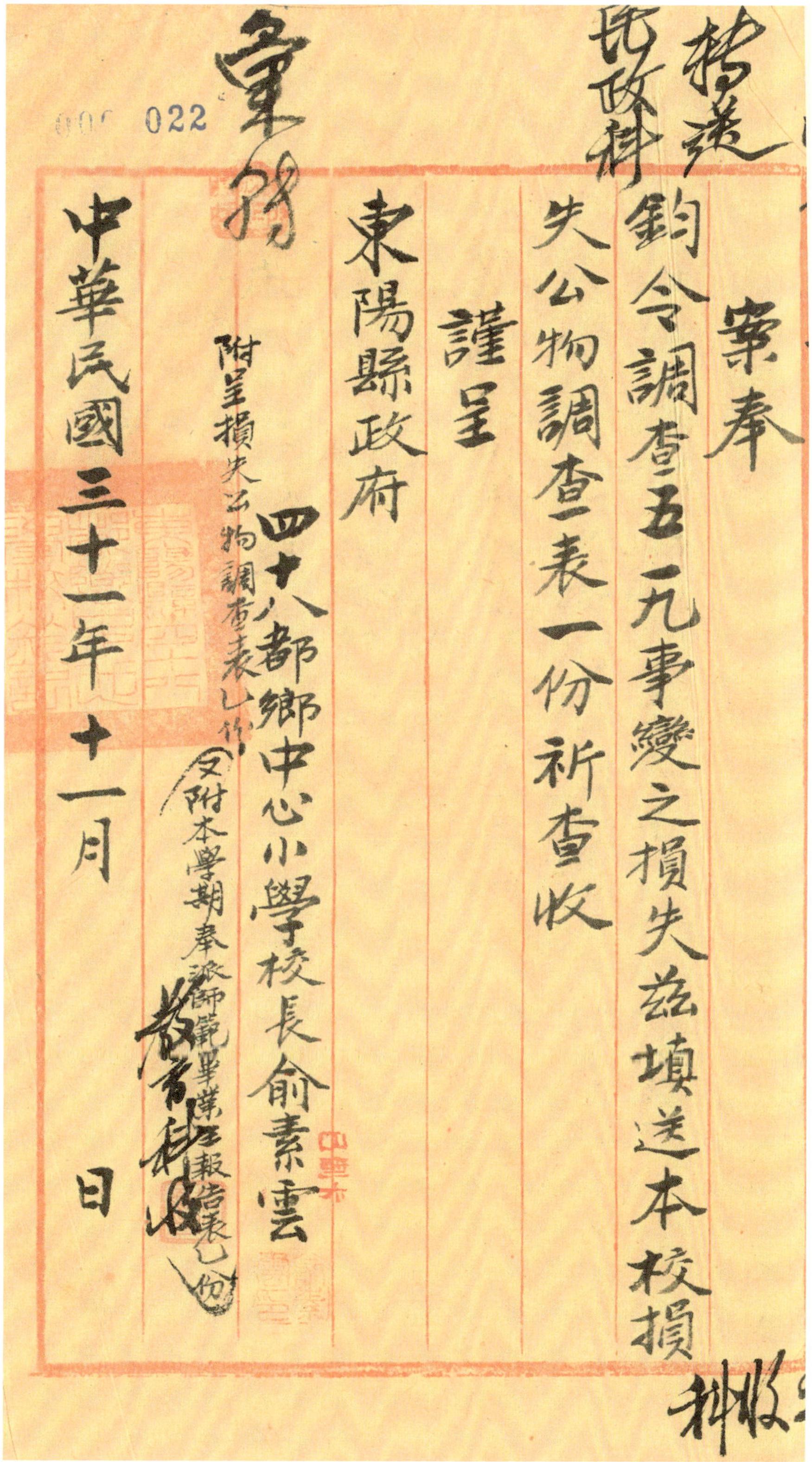

案奉
钧令調查五一九事變之損失兹填送本校損失公物調查表一份祈查收

謹呈

東陽縣政府

四十八都鄉中心小學校長俞素雲

附呈損失公物調查表乙份（又附本學期奉派師範畢業生報告表乙份）

中華民國三十一年十一月　日

轉送民政科

案存

科收

附：东阳县政府及附属各机关「五一九」事变损失公物调查表

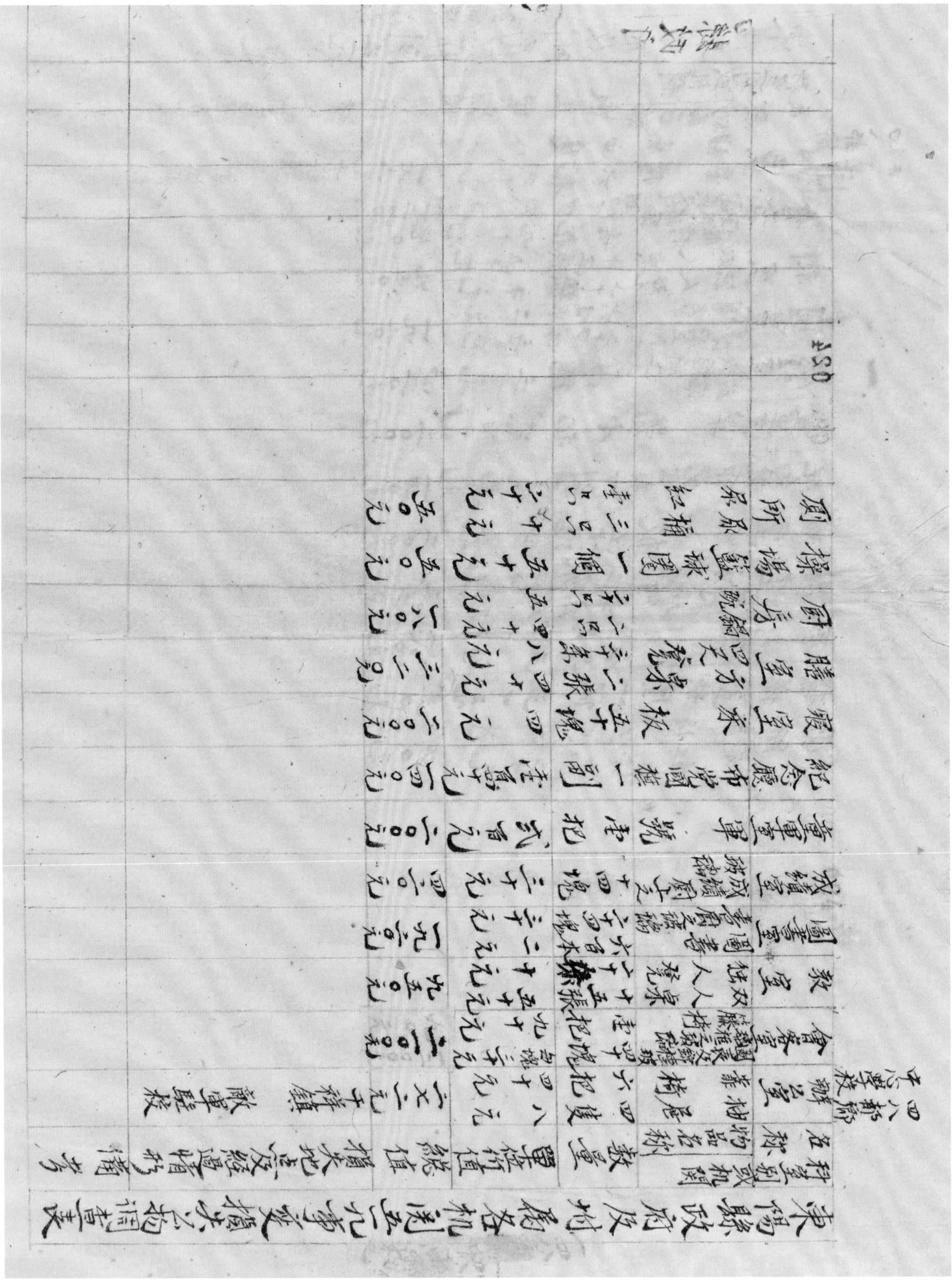

東陽縣政府及附屬各機關五一九事變損失公物調查表

四八都鄉中心學校

科室別或機關名稱	物品名稱	數量	單位價值	總值	損失地點及經過情形	備考
辦公室	抽屉	四隻	八元	二七二元	千祥鎮 敵軍駐校	
	靠椅	六把	四十元			
會客室	圖表及鏡框之玻璃	四十塊	每塊三十元	二一〇〇元		
	籐椅	壹把	九十元			
教室	双人桌	十五張	五十元	九五〇元		
	独人凳	二十條	十元			
圖書室	圖書	六百本	二元	一九二〇元		
	書廚之玻璃	二十四塊	三十元			
成績室	成績廚上之玻璃	十四塊	三十元	四二〇元		
童軍室	童軍號	壹把	弍百元	二〇〇元		
紀念廳	布党國旗	一副	壹百四十元	一四〇元		
寢室	床板	五十塊	四元	二〇〇元		
膳室	方桌	二張	四十元	三二〇元		
	四尺凳	二十條	八元			
廚房	鍋	二只	四十元	一八〇元		
	碗	二十只	五元			
操場	籃球圈	一個	五十元	五〇元		
廁所	尿桶	三只	十元	五〇元		
	尿缸	壹只	二十元			

东阳县五六都乡第三保关于连遭日军抢掠与水灾民散财空请给予救济致东阳县政府的呈

（一九四二年十二月九日）

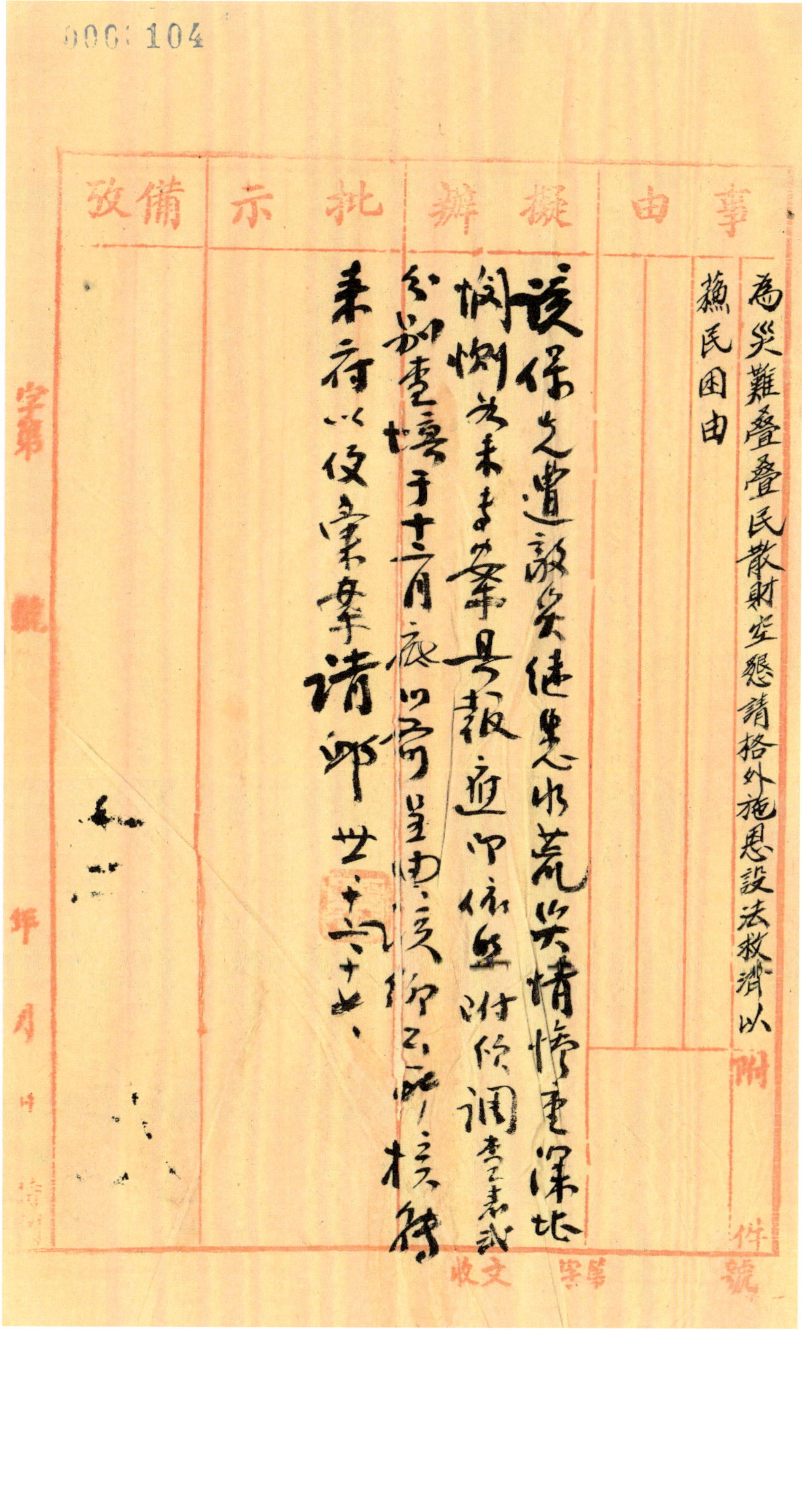
0001104

事由：為災難疊疊民散財空懇請格外施恩設法救濟以蘇民困由

擬辦：

批示：該保之遭敵災徙患水荒災情慘重深堪憫惻為未來案具報並仰依照附件調查表式分別查填于十二月底以前呈由[illegible]核轉

來存以後[illegible]案請鄉

備致：

附件

字第　號

年　月　日　時

收文　字第　號

竊屬保（即南馬）地處通衢客民雜居商業頗稱發達不幸農曆四月間被敵蹂躪先後燒燬房屋四百餘間住民百餘户未燬者雖有三分之一亦被擄掠一光種種慘狀言之心酸孰意人禍未靖天災又至於六月十一日洪水泛濫平地深高數丈不獨災民修造之草屋被其飄流即未燬之牆屋盡被倒坍田地被其冲淤稻禾被其淹沒較之敵難為尤甚是以雖歷半年之久而保內恢復之商店十無一二壯者謀食于他方客民迁回原籍者十居八九際此非常時期且地居前方戰線駐紮軍隊不時征工征糧已較他保為過重 職等 非不努力從公其如民散財空為此聯名叩請

鈞長察核体卹災黎格外設法周濟以蘇民困實為公感
謹呈
東陽縣縣長 石

五六都鄉第三保保長吳載奎

附陳姆胡阿談

第一甲甲長吳加金 第二甲甲長吳俊森

第三甲甲長吳榮溜 第四甲甲長吳錫壽

第五甲甲長吳時奎 第七甲甲長吳年忠

第十三甲甲長吳載洪 第十五甲甲長陳瑞林

第九甲甲長吳榮三 第八甲甲長吳加才

中華民國卅一年十二月九

東陽縣湖溪區四四都鄉戰災調查表

民國三十一年十二月十七日

保別	姓名	家屬人数	被災情形 房屋間数	被災情形 約值財産	傷亡人数	被災地点	被災日期	備考
第六保	厲經金	大一 小三	楼屋三間 平屋一間	七千元	被敵擊斃一人	夏厲市	五月二十日	赤貧
	厲根相	大二 小二	楼屋二間	四千元			仝	赤貧
	厲榮火	大一	楼屋二間	四千元			仝	赤貧
	厲光榮	大三 小四	楼屋二間 平屋一間	五千元			仝	貧
	厲世真	大三 小二	楼屋四間	八千元			仝	赤貧
	厲金土	大二 小一	楼屋一間	二千元			仝	貧
	小娜	大二	楼屋一間	二千元			仝	赤貧
第七保	趙經炉				被敵擊斃	陳庄	五月二十九夜	赤貧

王金林	被敵殺斃	湖豆六 溪灘	五月二十九夜	赤貧

說明

一 以上被災情形業於五月二十二日呈報在案

一 戰災調查表未奉頒發依據軍事損失調查表式填報

一 所有軍事損失為數甚鉅尚未據各保詳細呈報擬復查後再行彙報

四都鄉鄉長沈毓芝

东阳县南马区警察所关于该所警察杀敌有功请予抚慰致东阳县战灾抚慰团的报告（一九四二年十二月二十日）

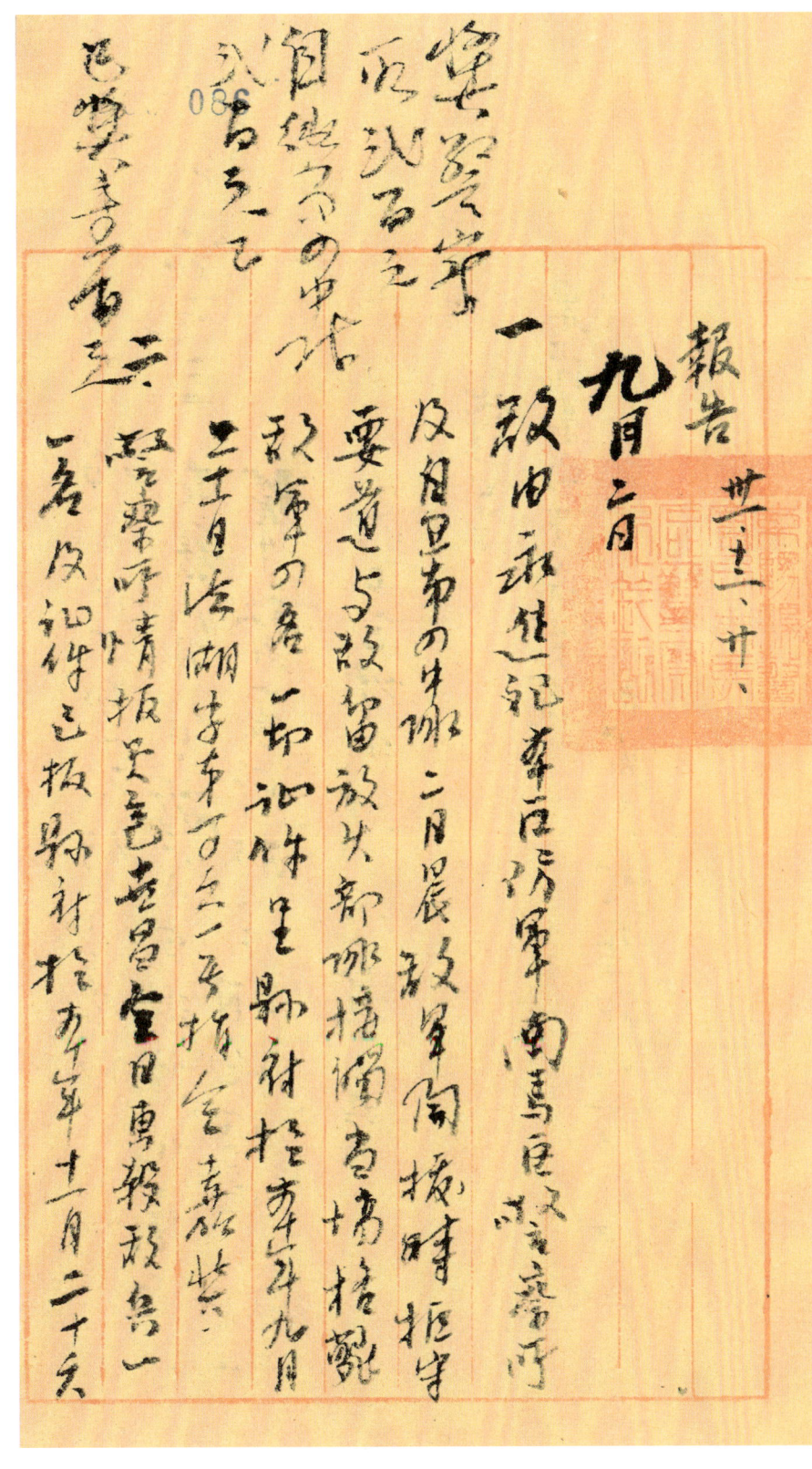

报告　卅一、十二、廿、

九月二日

一、敌由永康进犯本区[illegible]防军向马区[illegible]警察所

仅有巡官[illegible]二月晨敌军[illegible]时拒守

要道与敌留放火部队接触当场格毙

敌军一名，一部[illegible]鼎村，于本年九月

二十日在湖溪东方约二里指令[illegible]

二、据警察情报[illegible]当日[illegible]报敌兵一

一名[illegible]于本年十二月二十天

[illegible]

指令記大功一次併令嘉獎

給卹百元之二

右警八月八日破案由二班巡紀氣臣防

軍警察一案呼警長胡仕唯因公殉職

以上三項擬請撫慰之勞

謹呈

東陽縣戰災撫慰團

南馬區警察所長黃詠貴　代

060

東陽縣城區六四都鄉五一九事變損失統計表 民國三十一年十二月

保別	損失物品名稱	價值	備攷
第一保	黄牛一隻平屋五間犂耙格柵木板等	五二五〇元	
第二保	皮箱三隻布衣服什物等	一二、〇〇〇元	
第七保	黄牛三隻穀一〇〇〇斤布三十餘丈及被衣服等	一一、五〇〇元	
第八保	房屋一〇七間及米大麥衣服被布及家用什物等	七六〇、六六五元	
第十保	米一千餘斤房屋五間紅糖酒猪牛及家用什物	一二、六二五元	
統計		八〇二、〇四〇元	

061

东阳县城区六四都乡第一保住民五一九事变损失物品调查表

村莊 姓名	損失物品名稱	價值	損失地点及經過情形	備考
許月梅	黄牛一頭	壹仟弍佰元	家内被日軍所擄	
俞開泰	平屋伍間	叁仟元		
張秀金	簟簏	壹佰元		
張福根	格柵木板	伍百元		
吳友金	簟簏	壹百伍拾元		
許記元	簟簏	叁百元		

村莊姓名	損失物品名稱	價值	損失地點及經過情形	備攷

062

東陽縣城區六四都鄉第二保住民五一九事變損失物品調查表

村莊	姓名	損失物品名稱	價值	損失地点及經過情形	備攷
大坑	王萬根		壹萬餘元	家中什物被擄殆尽	
仝	徐希森	皮廂三隻又內藏布銀衣服	壹千餘元	家内被日軍所擄	
仝	王能海	衣服什物	壹千餘元	家内被日軍所擄	

村莊	姓名	損失物品名稱	價值	損失地點及經過情形	備考

063

東陽縣城區六四都鄉第七保住民五一九事變損失物品調查表

村鎮	姓名	損失物品名稱	價值	損失地點及經過情形	備考
珊湖里	黃新譜	夏帳二頂被一条皮袍一件煙筐斛等	壹仟餘元	家内被日軍所擄	
仝	黃朱欽	黃牛一隻	弍仟餘元	家内被日軍所擄	
仝	黃樟春	黃牛一隻	壹仟捌百元	家内被日軍所擄	
仝	黃洵木	小衫褲四套碧布千餘丈被一条	弍千餘元	家内被日軍所擄	
仝	黃立元	食足四百斤衣服	壹千餘元	家内被日軍所擄	
仝	黃章明	食足三百斤	七百元	家内被日軍所擄	
仝	黃慶林	食足四百斤衣服三套白布十餘丈	弍千餘元	家内被日軍所擄	
宅店	孫文顕	黃牛一隻	一千餘元	家内被日軍所擄	

村莊	姓名	損失物品名稱	價值	損失地点、及經過情形	備攷

064

東陽縣城區六四都鄉第八保住民五一九事變損失物品調查表

村莊	姓名	損失物品名稱	價值	損失地點及經過情形	備考
下嵐溪	黃洵行	國幣115元 土布八尺 褲二条	二一五元	由義烏開往東陽 四月十六日	
〃	黃洵考	花布二尺 鞋二双 雞三隻	一〇〇元	〃	
〃	黃慶明	米四十斤 棉褲一条 茶壺一把 國幣五十元	二一五元	〃	
外塢門	吳厚水	大麦卅斤 布衫一套 被絮一床	一三五元	〃	
〃	吳厚喜	洋傘一把 大麦五十斤	八〇元	〃	
〃	吳林木	布衫一套 大麦四十斤	七五元	〃	
〃	吳棠芳	套鞋一双 大麦十五斤	四〇元	〃	
〃	吳朱堂	大麦四十斤	四〇元	〃	
〃	吳樟星	套鞋一双 白米廿斤 大麦五十斤	一一五元	〃	
〃	吳厚法	大麦廿斤 白米十五斤	五〇元	〃	

村莊	姓名	損失物品名稱	價值	損失地點及經過情形	備考
西山	吳華貞	白米廿斤	、四〇元	於八月十四日由大元村出發至西山保寸五馬圩良田良擄掠	
〃	吳岩福	米五十斤 衣褲一套 鐵甑一副 方盆三隻	六〇〇元	〃	
〃	吳華利	市盆一双 白米廿斤	一〇〇元	〃	
〃	吳華炳	白米廿斤	四〇〇元	〃	
〃	吳華田	豆一百斤 米一百五十斤	三〇〇元	〃	
〃	吳厚俊	米十斤	二〇元	〃	
〃	吳華星	米一百廿斤 男衣二件	三二〇元	〃	
〃	吳華元	衣褲二套 長綢褲 二床布袋一双 米九十斤	四三〇元	〃	
〃	吳廣有	衣褲一套	二〇〇元	〃	

六四都第八保保長吳華甫

東陽縣城區六四新鄉第八保住民五一九事變損失物品調查表

村號	姓名	損失物品名稱	價值	損失地點及經過情形	備攷
徐村	吴荣昌	焚燬房屋五間	四〇〇〇〇元		
仝	朱開渭	焚燬房屋二間半	三〇〇〇〇元		
	吴樟炳	焚燬房屋二間	一六五〇〇元		
	吴朱音	焚燬房屋二間	九〇〇〇元		
	吴順六	房屋二間	一三〇〇〇元		
	吴宏木	房屋二間	一九〇〇〇元		
	吴福林	房屋二間	一一〇〇〇元		
	吴宏水	房屋二間	二一〇〇〇元		
	吴福球	房屋一間半	一一〇〇〇元		
	吴金水	房屋二間	二一〇〇〇元		

村莊	姓名	損失物品名稱	價值	損失地點及經過情形	備考
徐村	吳銀水	房屋一間	一三〇〇〇元		
	吳廣傳	房屋一间	五〇〇〇元		
	徐樟祝	房屋二间	一三〇〇〇元		
	吳宏火	房屋一间	一〇〇〇〇元		
	吳宏華	房屋二间	一一〇〇〇元		
	吳滿賢	房屋一间半	一二〇〇〇元		
	吳慶懿	房屋二间半	一七〇〇〇元		
	吳漨洪	房屋一间	一四〇〇〇元		
	吳東英	房屋一间	五五〇〇元		
	吳廣興	房屋二间	七〇〇〇元		

东陽縣城區六四鄉鄉第八保住民五二九事變損失物品調查表

縣 村	姓名	損失物品名稱	價值	損失地点及經過情形	備攷
徐村	吳廣銅	房屋一间半	七〇〇〇元		
	吳華良	房屋一间	一六〇〇〇元		
	吳宏豢	房屋三间	八〇〇〇元		
	吳金翠	房屋七间	四〇〇〇〇元		
	吳澤智	房屋三间	八〇〇〇元		
	吳朱祥	房屋二间	二〇〇〇元		
	吳宏昌	房屋二间	八〇〇〇元		
	吳樟瑞	房屋二间	八〇〇〇元		
	吳華星	房屋二间	一〇〇〇〇元		
	吳華庸	房屋一间	八〇〇〇元		

村莊	姓名	損失物品名稱	價值	損失地點及經過情形	備攷
徐村	吴柏榮	房屋二间	一四〇〇〇元		
	吴宏忠	房屋一间	一〇〇〇〇元		
	吴宏生	房屋二间	一七〇〇〇元		
	吴宏彬	房屋三间	二〇〇〇〇元		
	吴小南	房屋一间半	八〇〇〇元		
	吴宏圓	房屋五间	二五〇〇〇元		
	吴宏樂	房屋四间	二〇〇〇〇元		
	吴金木	房屋二间半	三〇〇〇〇元		
	吴華榮	房屋一间半	二五〇〇〇元		
	吴華甫	房屋四间半	六七三〇〇元		

000 067

東陽縣城區六四都鄉第八保住民五一九事變損失物品調查表

村別	姓名	損失物品名稱	價值	損失地点及經過情形	備考
徐村	吳華山	房屋三間	二三〇〇〇元		
	吳廣武	房屋三間	一五〇〇〇元		
	吳廣福	房屋二間	一二〇〇〇元		
	吳福喜	房屋前半	一〇〇〇〇元		
	吳廣文	房屋一間	八〇〇〇元		
	吳華法	房屋二間	一七二六〇元		

村莊	姓名	損失物品名稱	價值	損失地點及經過情形	備攷

東陽縣城區六四都鄉第十一保住民五一九事變損失物品調查表

村莊	姓名	損失物品名稱	價值	損失地点及經過情形	備攷
新庄	陳德林	國幣七十元		由麻車南田販来	
		又米十二斤 鴨子十个	洋五十元	〃	
〃	陳新弟	食米六百斤	洋五百卅元	〃	
〃	陳兼林	襟身一件	洋卅元	〃	
〃	陳炎棋	食米百斤	洋弍百卅五	〃	
〃	陳章財	農捉去一人 齐廿回家		〃	
〃	陳富英	鞋一双 熱水瓶一把	洋八十元	〃	
		單被一床 炒米粉十五斤	洋百九十元		
		紅糖七十斤 坛瓶二个	洋壹百七十五元		
〃	陳英煜	食米弍百斤	洋四百元	〃	

村莊	姓名	損失物品名稱	價值	損失地點及經過情形	備考
新庄	陳金珩	食米弍百斤	洋六百[illegible]元	由麻車南山崁來	
″	陳[illegible]婦	酒三瓶 衣服約数	洋五百八十元	″	
″	陳養婦	食米弍[illegible]斤	洋五百元	″	
″	陳新高	紅糖七十二斤 少麥粉卅斤	約洋壹百元	″	
		國幣六十二元		″	
″	陳新室	酒一瓶	洋六十元	″	
東山嶋	王德蘭	平屋二間 黃牛一隻	弍千元 八百元	日機硫磺炸彈損失	
		大豬一隻 器皿物件	四百元 六百元	″	
″	王德良	平屋一間 器皿什件	一仟元 五百元	日機硫磺彈損失	
″	王德清	食米百斤	弍百四十元	日軍搶去	

東陽縣城區六四都鄉第十保住民五一九事變損失物品調查表

村莊	姓名	損失物品名稱	價值	損失地点及經過情形	備考
缸窑	陳郭昭欽	木一百斤、鑊一口及雜物等	三百四十元	家内被日軍所擄	
東山塢	王樟水	平屋一间、高屋门面三间	一千五百元	被日機炸燬	
	王岳正	烧酒三十斤及衣服等	伍百元	家内被日軍所擄	

村莊姓名	損失物品名稱	價值	損失地點及經過情形	備考

東陽縣城區六四都鄉第十一保住民五一九事變損失物品調查表

村莊 姓名	損失物品名稱	價值	損失地点及經過情形	備考
陳中福	高屋六間	壹萬以上	五月廿日被敵機炸毀	
陳中林			五月廿日被敵機炸傷	
湯永明	高屋五間墻	貳千以上	五月廿日被敵機炸損	
韋阿寶	被裏	壹千餘	家內被日軍擄去	
王章奎	木板	弍百以上	家內被日軍擄去	
陶維養	圓桌	壹百元	家內被日軍擄去	
韋和蒜	木板	陸拾圓以上	家內被日軍擄去	

村莊	姓名	損失物品名稱	價值	損失地點及經過情形	備考

东阳县上卢区六四都乡一九四二年五月十一日被炸灾户报告表（一九四二年）

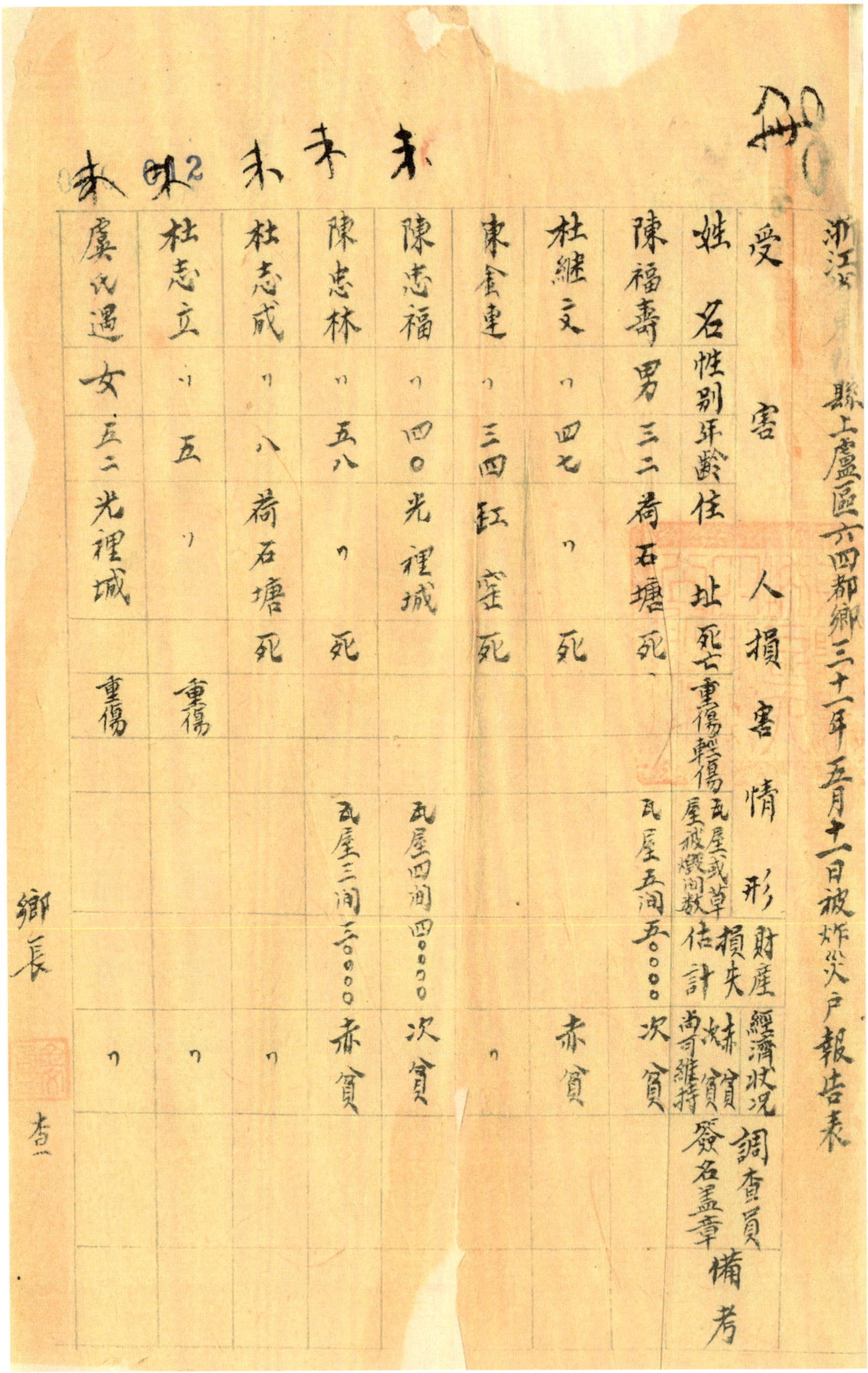

浙江省東陽縣上盧區六四都鄉三十一年五月十一日被炸災戶報告表

受害人姓名	性別	年齡	住址	損害情形 死亡	重傷	輕傷	瓦屋或草屋被燬間數	財產損失估計	經濟狀況 赤貧 次貧 尚可維持	調查員簽名蓋章	備考
陳福壽	男	三二	荷石塘	死			瓦屋五間	五○○○○	次貧		
杜繼文	〃	四七	〃	死					赤貧		
東金連	〃	三四	缸窑	死					〃		
陳志福	〃	四○	光裡城				瓦屋四間	四○○○○	次貧		
陳忠林	〃	五八	〃	死			瓦屋三間	三○○○○	赤貧		
杜志成	〃	八	荷石塘	死					〃		
杜志立	〃	五	〃		重傷				〃		
虞氏遇	女	五二	光裡城		重傷				〃		

鄉長

社姻

孫歷

東陽縣各都鄉三十一年份軍事損失清冊

都鄉別	保別	被災情形：房屋間數	被災情形：約值財產	被災情形：傷亡人數	被災地點	被災日期	備考
四二	二		四一、五〇〇元		梌石口	七月十日 九月七日	計二十六户
	一〇		六〇、一〇〇元	亡一	深塘里北 陳深頭	八月十三日 十月四日	計二十四户
	一四		三九、一六〇元		蒼前 夏具	六月一日	計十一户
小計	三保		一四〇、七六〇元	一			共六十一户
二三	一		三、五〇〇元		玠溪	九月廿日	計十户
	二		三、一〇〇元		玠溪	九月廿日	計六户
	三			傷二 亡一	胡村	五月十八日	計三户
	五		五、〇八〇元		大塘光	六月一日	計八户

	七			三四,五一四元	傷二 亡一	西塘後王 高坑	五月十九日 九月廿日	計四十四户
	八			七,五〇〇元	傷一 亡二	尚磐	七月十日	計九户
	九			七,四〇〇元	亡二	胡村	五月十九日	計十七户
	一〇	一八間	七五,〇〇〇元	五八,二〇〇元		胡村	五月十九日 七月十日	計二十九户
	一一			五〇〇元		庶家	五月廿日	計二户
	一二	三間	六,〇〇〇元	一三,二八〇元		新屋 巍山坪	五月十九日	計三十六户
小計	一〇保	二一間	七五六,〇〇〇元	一三三,一七四元	一一人			共一百六十四户
三一	四	五間	一〇,〇〇〇元	二五,〇五〇元		新宅	十一月十日	
	五	八〇間	一六〇,〇〇〇元	六五九,〇〇〇元		仝	仝	
	六	一三四間	二六八,〇〇〇元	八三九,四五〇元	亡二	仝	仝	

聚武 永富、墟

小計	保	間	元	元	傷亡	地名	日期	戶數
	七	一二六間	三五六〇〇元	六八一、二二五元	亡一	新宅	十二月十日	該村被災共有一百九十八戶，災情特重，業已專案呈報
小計 三二	四保	三四五間	六九〇、〇〇元	二二〇四、七二五元	三			
	三	一〇〇間	一三三五〇〇元	一六八九八〇〇元	亡一	徐宅	五月廿九日	（即古曆四月初七八兩日）請振在案。
三四	二	一九間	三〇四〇元	七〇、二三〇元	傷二 亡五	七秩塘	五月二十日	計七十戶
	七 二保	一九間	三〇四〇元	四三〇〇元 七四、四三〇元	亡一 八	張塘豆	仝	計六六戶 共七十六戶
小計 三九	一			五二、一〇〇元	傷四 亡七		仝	計三十三戶
	二			一六一、三〇〇元	亡二		仝	計三十二戶
	三	二一間	三六、〇〇元	一一六、〇〇〇元	傷三 亡一	三甲院	仝	計二十二戶
	四			一一二、〇〇〇元		橫錦	仝	計六戶
	五			二八、〇〇〇元		仟畴	仝	計三戶
	六			五四、八〇〇元		楓樹豆	仝	計七戶

收覆

三隊
前亭

	七			[illegible]八二六、一〇〇元	傷一 亡五	趙庄、上先苍、小石贝、黄户	五月二十日	計十六户
	八			二五三、二六〇元	亡二	蛟塘、龍虎、贝坑乏	仝	計五十四户
	九			二四〇、八〇〇元		郭上塢、木棉田畈	仝	計二十二户
	十			一八一、三四九元	亡一	白水口	仝	計九十八户
小計	一〇保	二一間	三六、〇〇〇元	一〇六、六二一九元	二六人			共二百九十六户
四九	一〇	二四間	七六、〇〇〇元	一六四、〇〇〇元	傷三	隔塘	五月廿二日	計十六户
小計	一	二四間	七六、〇〇〇元	一六四、〇〇〇元	三人			
四三	一	四五間	一六七、〇〇〇元	三二九、〇〇〇元		后山店	五月廿日	計十八户
	二	一七間	五五、〇〇〇元	三二四、八〇〇元		仝	仝	計七十二户
	四	五間	一〇、〇〇〇元	三七、七〇〇元	亡一	裡外山	仝	計十三户
	五	二間	二、〇〇〇元	八一、九〇〇元	亡二	樓店	五月十九日	計五十六户

163 1??

蕴韬

千祥

	六	一间	三〇〇元	三五,三七〇元	七二	烈光户、石嵌	五月二十日	计七十三户
	七	四六间	一六三,五〇〇元	六五,四九〇元		南上湖	五月十九日 五月二十日	计四十四户
	八	三五间	一三六,八五〇元	八四,三〇〇元	七一	道院、上张宅	仝	计三十九户
	九	四二间	四二,〇〇〇元	三一,五〇〇元		桥下街	仝	计十二户
小计	八保	一三八间	五九六,五〇〇元	九八九,九六〇元	六八			共三百廿七户
四七	九	五	三六,〇〇〇元	一二九,四一二元		下甘棠	五月廿四日	计八户
小计	一保	五间	三六,〇〇〇元	一二九,四一二元				共八户
四八	四				七一			计一户
	九				七二			计二户
	一〇				七一			计一户

二				亡三			計三户
二三				亡一			計一户
一三				亡五			計五户
一四	三三間	六六、〇〇〇元	四八、一〇〇元	亡二			計十七户
小計 七保	三三間	六六、〇〇〇元	四八、一〇〇元	一五人			共三十户
五〇 三	一九間	三三、五〇〇元	五一、〇〇〇元			五月廿日	計十三户
五				亡一	甲塘下	仝	計一户
八	一六間	一九、〇〇〇元	一四二、二〇〇元			仝	計八户
小計 三保	三五間	五二、五〇〇元	一九三、二〇〇元	一人			共廿三户
五一 一	五三間	一〇六、〇〇〇元	五三、〇〇〇元	亡一 被捕一	石馬	五月廿一日	計廿一户

防軍

	三				亡二 被捕一	下東陳	仝	計三户
小計	二保	五三間	一〇七,八〇〇元	五三,〇〇〇元	亡三人 被捕二			共廿四户
五二	一	五	一五,〇〇〇元		亡一		五月廿日	計一户
	二				亡一	油麻山沿	五月廿一日	計一户
	三				亡一	防軍	仝	計一户
	五				亡一	下磨	九月一日	計一户
	八	二五	一二五,〇〇〇元		亡七	防軍	五月廿日 九月一日	計十四户
	九	二〇	一〇〇,〇〇〇元		亡七	防軍東府	五月廿日	計廿六户
	一〇	二三	一二五,〇〇〇元		亡六 傷一	防軍後宅	五月廿日	計十五户
	一一	一八	九〇,〇〇〇元		亡二	大坡下	九月一日	計一户

	一三	四三	二一五,〇〇〇元			石含塘	九月一日	計廿八户
小計	九保	一三四间	六七〇,〇〇〇元		二七人			共八十八户
五三	六	一九	九五〇,〇〇〇元	一七〇,〇〇〇元	亡一	洛西	七月十日	計五户
	七	七六	三六〇,〇〇〇元	七一〇,〇〇〇元	亡一	仝	仝	計廿四户
	九	二	一〇五,〇〇〇元	八五〇,〇〇〇元	伤一 亡一	柏塔	九月十日	計十户
小計	三保	一六间	五八〇,〇〇〇元	九六五,〇〇〇元	伤一 亡三			共三十九户
五四	一四五八			一一,四〇〇元	亡三	米塘		計十四户
	六			三九,〇〇〇元	亡一			計一户
	七	一五	三〇〇,〇〇〇元	一五〇,九三〇元	亡四			計九十四户
小計	六保	一五间	三〇〇,〇〇〇元	二〇一,三三〇元	亡八人			共一百零九户

五五

一	三、三〇〇元	亡二	五月二十日	計七户
二	三九五、三五〇元		仝	計七十二户
三	九八、七七〇元		仝	計六十一户
四	一七二、七九〇元	亡一	仝	計六十三户
五	一二三、〇〇〇元		仝	計三十一户
六	六五、九〇〇元	傷一	仝	計三十七户
七	二六、二〇〇元		仝	計六户
八	一五、〇〇〇元		仝	計廿二户
九	四八、〇〇〇元		仝	計十户
一〇	三九、七二〇元		仝	計三十八户

[illegible] 大陽

	二			四四、五〇〇元			仝	計五户
小計	一二係			一〇三二、五三〇元	四人			共三百五十一户
五六	三	三一八间	一五七五六〇〇元	一〇九九、八〇〇元	傷一 亡五	南馬	五月廿日	計一百六十八户
小計	一	三一八间	一五七五六〇〇元	一〇九九、八〇〇元	六人			共一百二十八户
五七	一					葛府	五月廿五日	計八十六户
	三			二四、〇〇〇元	亡一	長畈	仝	計九户
	六				不明三 傷一	后杜	仝	計四户
	九			三六、〇〇〇元	不明二 亡一	安恬	仝	計十户
	一〇			四三、三〇〇元	亡一	仝	仝	計二十户
	一三			二四、〇〇〇元	亡一		九月廿一日	計九户

0001080

圭北

黄田畈

一四	一七五,五〇〇元	傷一 亡七	活龍口	八月廿日	計四十六户
小計 七保	三〇二,八〇〇元	一八人			共一百八十四户
五八 一	二五〇,〇〇〇元	亡一	陸宅	五月廿日	計一百四十八户
四	二〇,〇〇〇元		吴宅	仝	計百七十户
五	二五,〇〇〇元		黄店	仝	計四十二户
小計 三保	二九五,〇〇〇元	一人			共五〇〇户
五九 一 二	三七〇,〇〇〇元		梅岗 草茅舍	五月廿日	計一百二十户
三	二〇,〇〇〇元		上宅	五月廿日	計七十八户
四 五	二八〇,〇〇〇元		舊屋 新研	仝	百七十三户
六	三〇,〇〇〇元		紫微山	仝	六十八户

黄田畈

七	二九	四五○○○元	一三○,○○○元	傷四 亡三	青塘、占江	五月廿三	計八十七戶
八			七○,○○○元		天和林村	仝	五十戶
九			一九,○○○元		下陶店、下蒼	仝	三十五戶
一○			二三○,○○○元		山南、上國、下瑶塘	仝	八十九戶
一一 一二	五七	六五○○○元	五三五,○○○元	傷一	王凡	仝	一百六十戶
一三			八○,○○○元	亡二	南門、義烏、叁裡坑	仝	七十戶
一四 一五	三二	一六○○○元	五四○,○○○元	傷三	洪塘	仝	一百九十六戶
小計	一五保	二八間	五九○○○元	二二二六,○○○元	一一人		共六百八十七戶
六○	一六保	八四	二二六○○元	一五四三,○○○元	傷四 亡四	黄錢畈	五月廿	
小計	六保	八四	二二六○○元	一五四三,○○○元	八人			共三百廿三戶

查訖

六二							
一			七0,000元		上朱、田瓜園	五月廿	
二			四0,000元		隔溪、後宅	仝	
三			四0,000元		上鳩下村 上樓	仝	
五			八0,000元		王壠頭	仝	
六	四四	二00,000元	一三0,000元		仝	仝	
七			一00,000元		仝	仝	
八 九			四0,000元		仝	仝	
一〇 二	四三	二00,000元	七五0,000元		仝	仝	
一三			六0,000元	六二	仝	仝	
一四	一四	六0,000元	五0,000元		仝	仝	

受章

小計	一二保	一〇一間	四八、〇〇〇元	一二四三、〇〇〇元	六人			共五六八户
六三	四			一一、〇〇〇元	亡一	花墩	五月十九日	計四户
	五	一	五〇〇元	八〇〇元	亡一	嶺下街	仝	計二户
	六	三	一、六〇〇元	四〇〇〇元		嶺下	仝	計二户
	七	一四	七、一〇〇元	二六、八〇〇元	傷一 亡四	壽塔頭	仝	計十户
	八			二四、五〇〇元		橫塘	九月二日	計七户
	九			一〇、〇〇〇元	傷一 亡三	馬家、梧塘	十月廿九日	計六户
	一〇			一〇、〇〇〇元		溪南	九月二日	計三户
	一五	一	五〇〇元	三、〇〇〇元	亡一	溧塘、下樓	五月十七日 九月二日	計三户
小計	八保	一九間	九、七〇〇元	八九、三〇〇元	二人			共三十六户
	一三二保	一六九九間	六七八、三五〇元	一四八四、七四〇元	一七九人			五、一四一户

4011户

1803间 死138 伤39=177人

西関、

五

一	二八、三〇〇元		西河	九月廿四日 十一月十一日
二	二一、〇〇〇元 二〇、〇〇〇元		新下鄭 東王	五月廿七日 十一月九日
三	八五、七〇〇元		洪良	七月廿日
五	一八、五〇〇元		壽塘下	十一月五日
七	三、〇〇〇元		許宅	廿二一月十九日
十一	六、五〇〇元	傷一人	塘下	十一月廿日
十二	六、五〇〇元			十一月
十	六、四〇〇元		新屋 金垂壟	十二月廿四日
	二八七、九〇〇			

佑 元 150.52

国民党浙江省执行委员会关于要求填报因日军窜扰公私财物损失情况致东阳县执行委员会的指令（一九四三年一月八日）

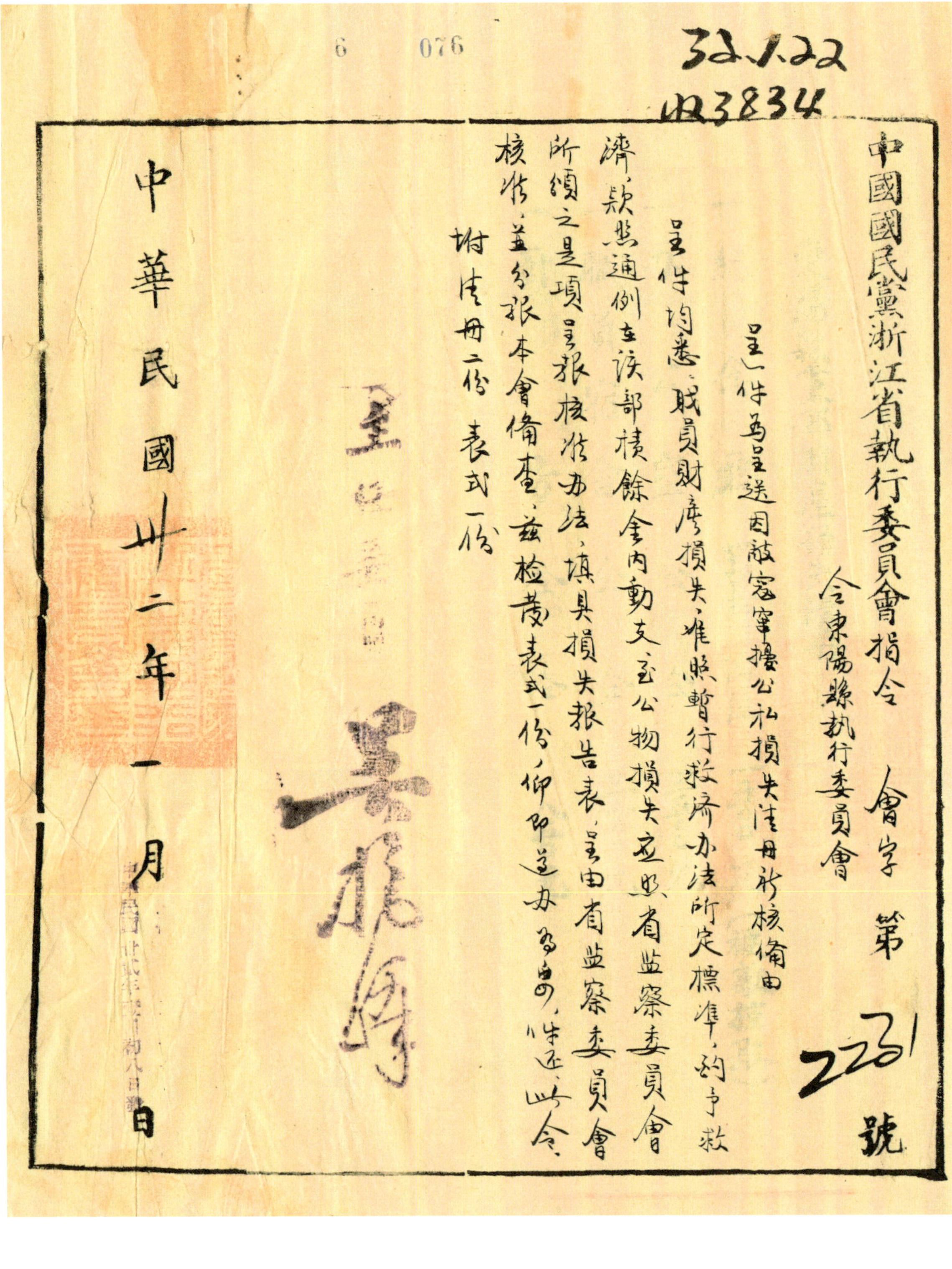

中國國民黨浙江省執行委員會指令 會字第2231號

令東陽縣執行委員會

呈一件為呈送因敵寇竄擾公私損失清冊祈核備由

呈件均悉。賊員財產損失，准照暫行救濟辦法所定標準，酌予救濟，款照通例在該部積餘金內動支。至公物損失應照省監察委員會所頒之是項呈報核准辦法，填具損失報告表，呈由省監察委員會核准，並分報本會備查。茲檢發表式一份，仰即遵辦為要。此令。

附清冊二份 表式一份

中華民國卅二年一月　日

東陽縣黨部財産損失清册

一　紀念廳　器具　價值　一五〇〇元（被敵掠取）

一　办公室　仝　仝　三五〇〇元

一　職員宿舍　仝　仝　三二〇〇元

一　厨房　仝　仝　八五〇元

一　社會服務處　仝　仝　四五〇〇元

一　民報社　仝　仝　二五〇〇元

一　黨員战時服務團　文具　仝　六〇〇元

合計　仝　一六六五〇元

附二：东阳县党部工作人员财产损失清册

東陽縣黨部工作人員財產損失清冊

中華民國三十一年十一月三日填送

姓名	職別	房屋	粮食	傢具	被服	飾器	家畜	現款	雜物	合計	備攷
趙貽泰	書記長	七六·〇〇〇	六五·七〇〇	三·六〇〇	一五·六〇〇		三二·四〇〇	三·五〇〇		一九六·八〇〇	被敵焚毁
李之畦	秘書		一〇·五〇〇		五·三〇〇	五·二〇〇		一·五〇〇	一·〇五〇	二三·五五〇	被敵偽掠取
祁濤	幹事		五·五〇〇	四·五〇〇	四·二〇〇			五〇〇		一四·七〇〇	仝
陳簡	執委		二·五〇〇	一·八〇〇	二·四〇〇					六·七〇〇	仝
吳靜睦	監委		二·〇〇〇	二·五〇〇	一·九〇〇					六·四〇〇	仝
韋祖明	錄事		一·六〇〇	二·〇〇〇	一·五〇〇					五·一〇〇	仝
鄭聖謨	幹事				一·四〇〇				四五〇	一·八五〇	仝
總計										二五五·一〇〇	單位元

东阳县教育用品消费合作社关于呈报遭日军焚毁财物损失清单致东阳县政府的呈（一九四三年一月三十日）

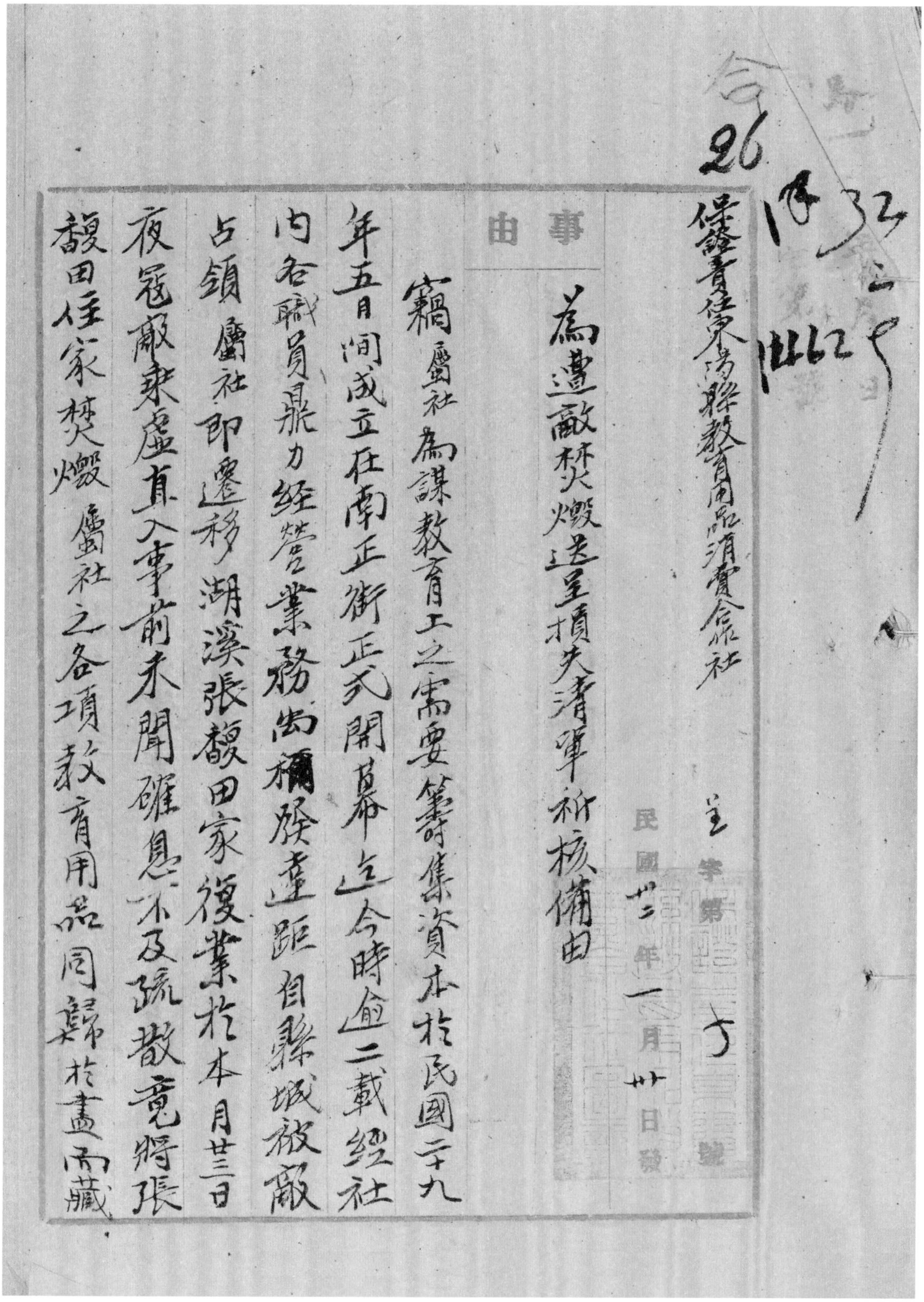

保證責任東陽縣教育用品消費合作社

呈 字第 號

民國卅二年一月卅日發

事由：為遭敵焚燬造呈損失清單祈核備由

竊屬社為謀教育上之需要籌集資本於民國二十九年五月間成立在南正街正式開幕迄今時逾二載經社內各職員竭力經營業務尚稱發達距自縣城被敵占領屬社即遷移湖溪張馥田家復業於本月廿三日夜寇敵來虛直入事前未聞確息不及疏散竟將張馥田住家焚燬屬社之各項教育用品同歸於盡而藏

在張炳光之鄰家內彩筆紙簿單據亦遭燬滅積二
年餘經營業務一旦燬滅殊屬痛恨除向東陽民報
聲明外理合附呈損失清單一份請求
鑒核准予備案實為公便謹上
東陽縣縣長 石

理事會主席韋和觀

「指令祈印寄湖溪慎昌號轉」

石治平关于湖溪遭日军焚毁房屋数百间请予赈济致浙江省政府的呈（一九四二年二月二十五日）

073

云和省政府主席黄、并转省党部主任委员吴钧鉴：（23）晚敌分三路窜扰南乡湖溪，烧毁民房数百间，经我自卫队分头截击，敌不支，于（24）晨向郭宅、李岭方向逃窜回敌巢。刻派县府职员抚慰，并详查损失。本县屡遭敌寇洗劫，灾民遍野，谨恳迅饬省振济会派员携款施放急振，以慰灾黎是望。假

石治平（盖）令叩

卅一、二、二五

东阳县政府关于报送一九四二年下半年灾祸情况致浙江省政府的呈（一九四三年四月十七日）

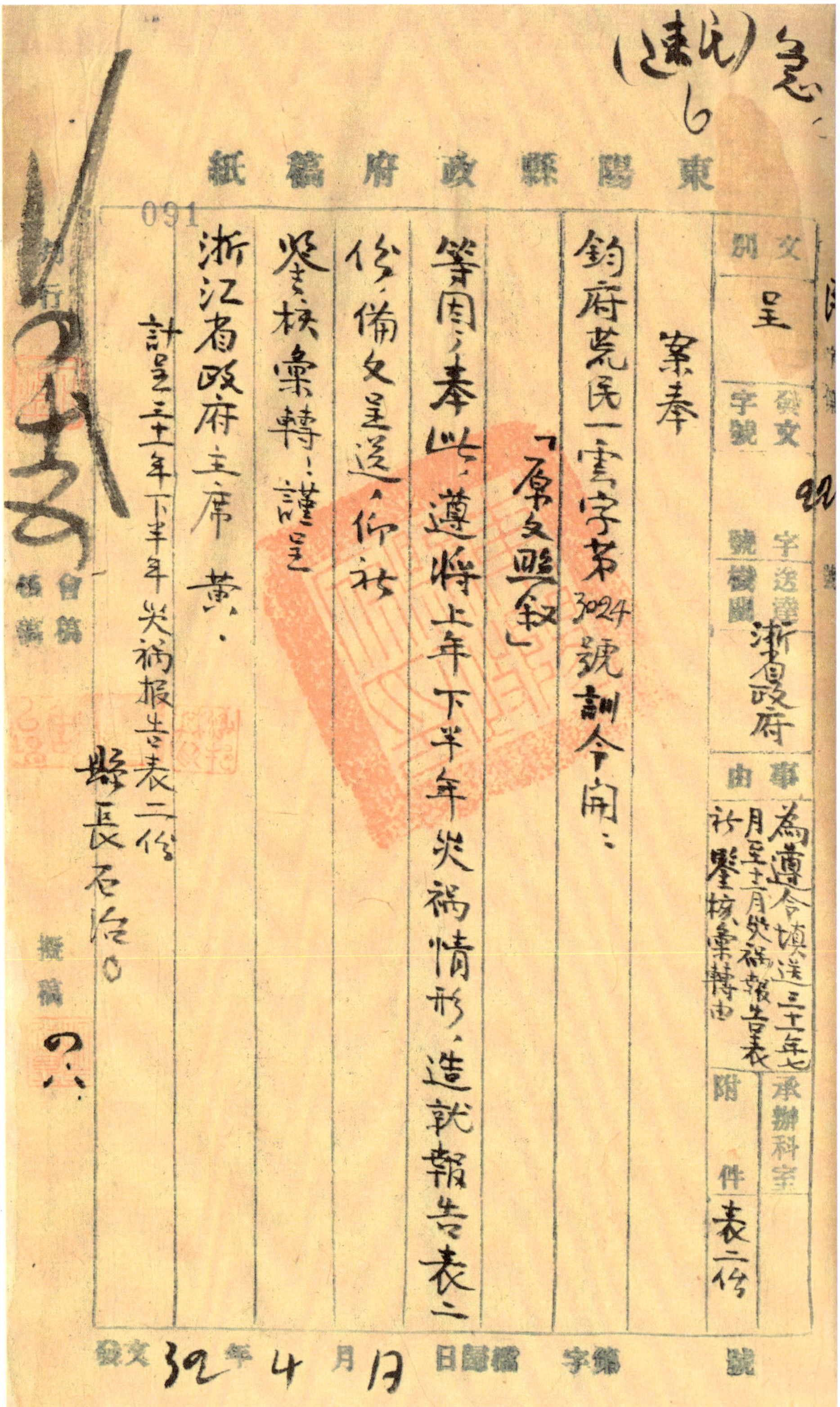

急

東陽縣政府稿紙

文别：呈

送達機關：浙省政府

事由：為遵令填送三十一年七月至十二月災禍報告表祈鑒核彙轉由

附件：表二份

案奉

鈞府荒民一雲字第3024號訓令開：

「原文照叙」

等因；奉此，遵將上年下半年災禍情形，造就報告表二份，備文呈送，仰祈鑒核彙轉！謹呈

浙江省政府主席 黄

計呈三十一年下半年災禍報告表二份

縣長 石治○

發文 32年4月17日

附：东阳县一九四二年七月至十二月灾祸情形报告表（一九四三年四月）

000 092

東陽縣三十一年七月至十二月災禍情形報告表

民國三十二年四月　日造送

被災地點	(一)戰災：四五、二三、三一、三四、五二、五三、五四、五七、五八、五九、六〇、六一、六三等鄉 (二)水災：二、四、七、十、十一、廿一、廿四、廿五、廿六、廿七、卅一、卅二、卅四、卅七、卅八、卅九、四〇、四一、四二、四三、四四、四五、四六、四七、四八、四九、五〇、五一、五二、五三、五四、五五、五六、五七、六一、六七等三十六鄉
災禍種類	(一)戰災　(二)水災
成災原因	(一)戰災：自去年五一九事變後，敵偽軍于七月間盤踞城區、李宅、巍山等區，又南馬區五八、五九、六〇、六一等鄉則係逼近義烏敵區，時遭敵寇燒殺搶掠姦淫等慘無人道獸行，以致造成自古未有之災難，迄今仍未稍減。 (二)水災：去年七月廿三日霪雨為災，山洪暴發，本縣南北二江沿岸附近房舍田地，悉成澤國，房屋變為平原，田地蕩成砂磧，財物漂浸，損失綦重，漂沒共遺。
損失	(一)戰災：除去年一月至六月業已呈報在案備外，至七月至十二月損失實況，據就調查所得，統計如下：1、焚毀房屋三百二十一間，約值國幣三百二十一萬。2、財產損失值三百七十六萬三千一百三十五元。3、人口傷七人，亡二十五人。上列數字，係僅就此間戰災地點各都鄉調查所得，至淪陷區尚無法查報者未列入。

實況	善後處置
(二)水災：茲將統計數字如下：1.房屋計六千一百五十三間、2.田地計二萬零五十六畝七分八厘六毫，3.傷亡人口計八十人、4.受災戶計一萬二千零十二戶	(一)戰災：由本府令飭縣振濟會發動全縣士紳組織撫慰團，携帶有關振款，已分別赴南馬湖溪等區鄉四出撫慰，並視災情輕重，分等分給振款。 (二)水災：經呈准動用積谷一千石，交田糧處主任分發受災各區鄉，計湖溪南馬二區各二百五十石，城區巍山二區各二百石，玉山區一百石，

东阳县五四都乡乡公所关于日军多次窜境抢劫请予救济致南马区署的呈（一九四三年四月二十日）

123

25

東陽縣五四都鄉鄉公所

呈

事由：為報告敵寇竄境搶擄情形祈　核設法救濟民生由

民國三十二年四月二十日發　字第　號

竊查去歲農歷十二月廿八日下午四時有敵寇三十餘人手提木壳槍步槍機槍等件到戝鄉第四五兩保朱塘村被搶去耕牛三隻並損失財物等項甚鉅又本年農歷正月廿三夜及二月初六夜有敵偽軍四五十人携有木壳手槍步槍機槍等件將戝區滄浪同波浪山等村包圍搜索當被搶去耕牛六隻并布帳被服鈔票等等損失不少（前已呈區彙轉核備在案）旋于古歷三月初十日上午十時有敵寇三四十人手携木壳槍步槍機槍等件又來朱塘搶劫被擄耕牛

一隻並擄損衣服物件法幣等項甚大今日復至陳塘村被搶去耕牛二隻及鋪蓋服物布疋絲棉鈔票等等不知其數至下午三時駐地后岑山吃飯晚間回營后趙如此竄境搶擄民以怨聲載道痛苦萬狀若再勿請設法救濟勢難保全民安則一切鄉務允難開展經查前情理合具報仰祈

鑒核予以轉府設法救濟以安民生實為公德兩便。

謹呈

南馬區區署區長徐

鄉長單佩瑀

一、該鄉被搶損失，查係實在，呈縣核辦請撥救濟。

六、六、六 拈吾兄愛

該鄉長辦理欠力，致使一再匪擾，應對鄉務未曾精勤。

徐啟

东阳县六四都乡第八保关于徐村遭日军焚毁民不聊生请予赈济致六四都乡乡公所转申上卢区署的呈（一九四三年五月二十五日）

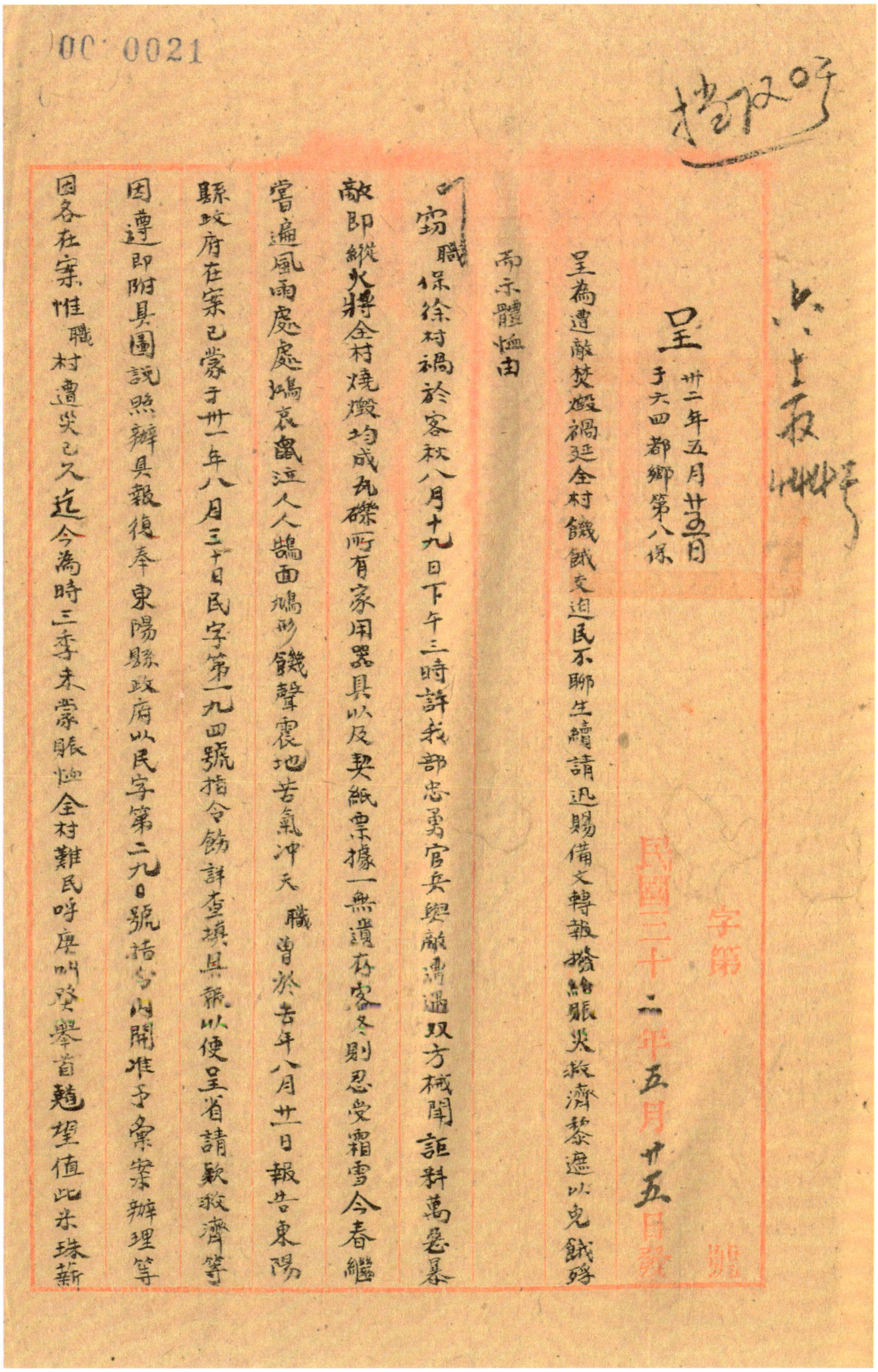
呈 卅二年五月廿五日 于六四都鄉第八保

呈為遭敵焚燬禍延全村饑餓交迫民不聊生續請迅賜備文轉報撥給賑災救濟黎庶以免餓殍而示體恤由

竊職保徐村禍於客秋八月十九日下午三時許我部忠勇官兵與敵遭遇雙方械鬥詎料萬惡暴敵即縱火將全村燒燬均成瓦礫所有家用器具以及契紙票據一無遺存客冬則忍受霜雪今春繼嘗遍風雨處處鳩哀嗷泣人人鵠面鳩形饑聲震地苦氣冲天 職曾於去年八月廿一日報告東陽縣政府在案已蒙于卅一年八月三十日民字第一九四號指令飭詳查填具報以便呈省請款救濟等因遵即附具圖說照辦具報復奉東陽縣政府以民字第二九〇號指令內開准予彙案辦理等因各在案惟職村遭災已久迄今為時三季未蒙賑恤全村難民呼庚叫癸舉首翹望值此米珠薪

桂各物昂貴青黃不接之際囊空如洗告貸無門思衣而不能遮其體思食而不能充其饑不啻斷火絕烟妻啼兒號駭人聽聞困苦之狀觸目傷心悲慘之形非筆能罄難胞均有絕食之危饑民不無餓殍之虞際此鉅艱勢將滅頂為迫不已為此附具表冊歷情續請

鈞長鑒核准予備文轉報迅賜撥給賑災極救饑民以免溝壑而示體恤不勝感恩之至

謹呈

鄉長 金 轉申

區長 金

附焚燬房屋財產調查表一份

第八保保長吳華甫 呈

東陽縣上盧區六四都鄉軍事損失清册

三十二年五月　日

保別	甲別	戶別	姓名	住址	軍事損失情形：焚燬房屋	死亡人數	財產約數	黃牛 水牛	大猪 小猪	其他	損失年月日	備攷
一保	一〇	五	許梅	大寺下			二三〇〇〇	黃牛一隻			卅.五.二十	
〃	三	一	李夢芳	祥竹			四〇〇〇〇				卅.五.廿五	
〃	七	十三	俞閑泰	西峴峯	拆毀七间		物品甚損失不知其數				卅.九.十一	係城內富戶寄藏物品
〃	六	五	張福根	塘沿	拆毀三间		五〇〇〇				卅.九.九	
〃	九	二	吳友金	照落塘			七〇〇〇				卅.九.十四	
二保	六	十三	王萬根	大坑	拆毀九间		廿餘萬				卅.十.八	
〃	五	三	王能海	〃			六〇〇〇〇				〃	
三保	一	二	金為寿	金村			二〇〇〇〇				卅.五.廿一	

三保	五	三	金欽公	金村			四0000		卅.五.廿一	
〃	一	五	金加珊	〃			一0000		卅.六.二	
〃	三	九	金欽敖	〃			三0000		卅.五.十三	
四保	七	一	盧秀社	閣村			二0000		卅.五.廿六	
〃	〃	二	盧秀堯	〃			二0000		〃	
〃	四	七	盧正澤	〃				大猪一隻	〃	
五保	六	二	任本昌	神道门			六000	水牛一隻 大猪二隻	卅.六.一九	
六保	八	八	陳福寿	荷石塘	炸燬五间	死一人	三0000		卅.五.十一	
〃	七	四	杜継文	〃		炸死一人			〃	
〃	〃	三	杜志玉	黄塘山			四000	大猪一隻	卅.五.一六	敵寇过境入家内擄掠

东阳县上卢区六四都乡公所关于呈报抗敌伤亡人士及军事损失清册致上卢区署的呈（一九四三年六月三日）

東陽縣上盧區六四都鄉公所呈

民國　二年六月三日發

號

事由：為呈報抗敵傷亡人士及軍事損失清冊各一份，祈鑒核轉，俾資撥賑撫恤救濟由：

竊查屬鄉自去年五一九事變以來，遭敵擄掠搶劫焚屋，騷擾不堪，其損失之浩繁，不可勝計，惟以第八保徐村為尤甚，該村去年八月十九日，我忠勇兵士與敵寇雙方擊戰於其地，被敵縱火焚燬全村房屋百餘間，均成瓦礫，適逢收穫時候，偶然衝突，人民皆逃避山坡，家內所有，一無遺存，今值青黃不接之際，米珠薪桂，告貸無門，該村人民之苦狀，殊為觸目慘傷，職派員業已調查完竣，理合附具抗敵傷亡人士及軍事損失清冊各一份，備文呈報，祈

鈞鑒核轉，俾資撥賑撫恤救濟，實爲公便，

謹呈

東陽縣上盧區署區長金

附抗敵傷亡人士及軍事損失清冊各一份

鄉長金文春

东阳县五四都乡乡公所关于报送抗敌伤亡人士清册致南马区署的呈（一九四三年六月五日）

001085

發

東陽五四鄉鄉公所　呈

38年6月17日收文第156號

事由：為查送抗敵傷亡人士清冊祈核轉請恤並備列入縣誌由

民國三十二年六月五日發

案奉

鈞署不列字第七九號電令：「飭查去歲事變迄今抗敵傷亡人士清業經縣府迭令催報在案，仰該鄉長遵限期查填送區彙案請恤。」等因；附發抗敵傷亡人士調查清冊表式一份。奉此，查本鄉抗敵傷亡因公殞命暨被敵槍彈殺死共計一十八人。奉令前因，理合列冊送請

鈞長核轉請恤，並備列入縣誌，以垂永久，實為公感！

謹呈

南馬區署區長徐

附具五四都鄉及五十三都鄉抗敵傷亡調查清冊二份

鄉長單佩瑞

擬存

六、六、

086

东阳县南马区五四都乡抗敌伤亡调查清册

民国三十二年六月七日造送

保甲别	伤亡人姓名	年龄	住址	伤或亡	伤亡原因	伤亡时间	伤亡地点	备考
一保五甲	单尚咏	三六	沧浪	亡	敌拉夫不从殴打伤亡	卅年农历七月廿六日	沧浪	伤亡时间均系农历
〃〃八甲	朱纯法	四二	新屋	亡	被敌强拉物[illegible]殒命	卅一年农历五月廿三日	义乌廿三里	
六保七甲	董森泽	四三	陈塘	亡	因公殒命	卅一年十二月廿日	湖南湘潭	
〃〃	何朝水	三三	〃	亡	抗敌殒命	卅一、九、十三日	湖南衡城消[illegible]转医院身亡	
六保五甲	严泽铭	四九	下湖严	亡	敌拉不从枪毙身亡	卅一、四、八日	后岩山汽车路	
四保十甲	陆贤兴	四三	来塘	亡	被敌强拉身亡	卅一、八、廿五	[illegible]	
〃三甲	张义同	四二	〃	亡	敌机炸弹身亡	卅一、九、十六	丽水	
〃四甲	张炳清	廿五	〃	亡	抗战阵亡	卅一、十	遂安	

四保十一甲	金良娥	五十五	米塘	工	被敌机炸死	卅一、四、廿五	后岑山
五保四甲	张崇辉	三十六	〃	工	被敌枪毙	卅一、四、廿八	岑塘
〃十甲	张昭虽	廿五	〃	工	因其头颈	卅一、六、十五	江西上饶
六保十一甲	董茂才		横下	工	被敌杀死	卅一、四、廿九	横下后山
七保十一甲	周金荣	五十六	城头	工	被敌枪毙	卅一、四、廿九	金华
〃十一甲	黄廷云	五十六	〃	工	〃	卅一、五、二二	城头殿前
〃〃	张冬福	八十八	〃	工	〃	〃	城头家内
七保甲	杜德香	二十五	厦源	工	被敌炸死	卅一年四月	永康县
〃六甲	杜有方	七	〃	工	被敌弹炸死	卅、四、十九	夏源村
九保十一甲	何天龙	六十	南官济	工	被敌捡去不从被杀死	卅一、七、二二	南官济溪滩

东阳县四都乡乡公所关于十五保被日军纵火焚烧损失惨重请予赈济致上卢区署的呈（一九四三年六月十六日）

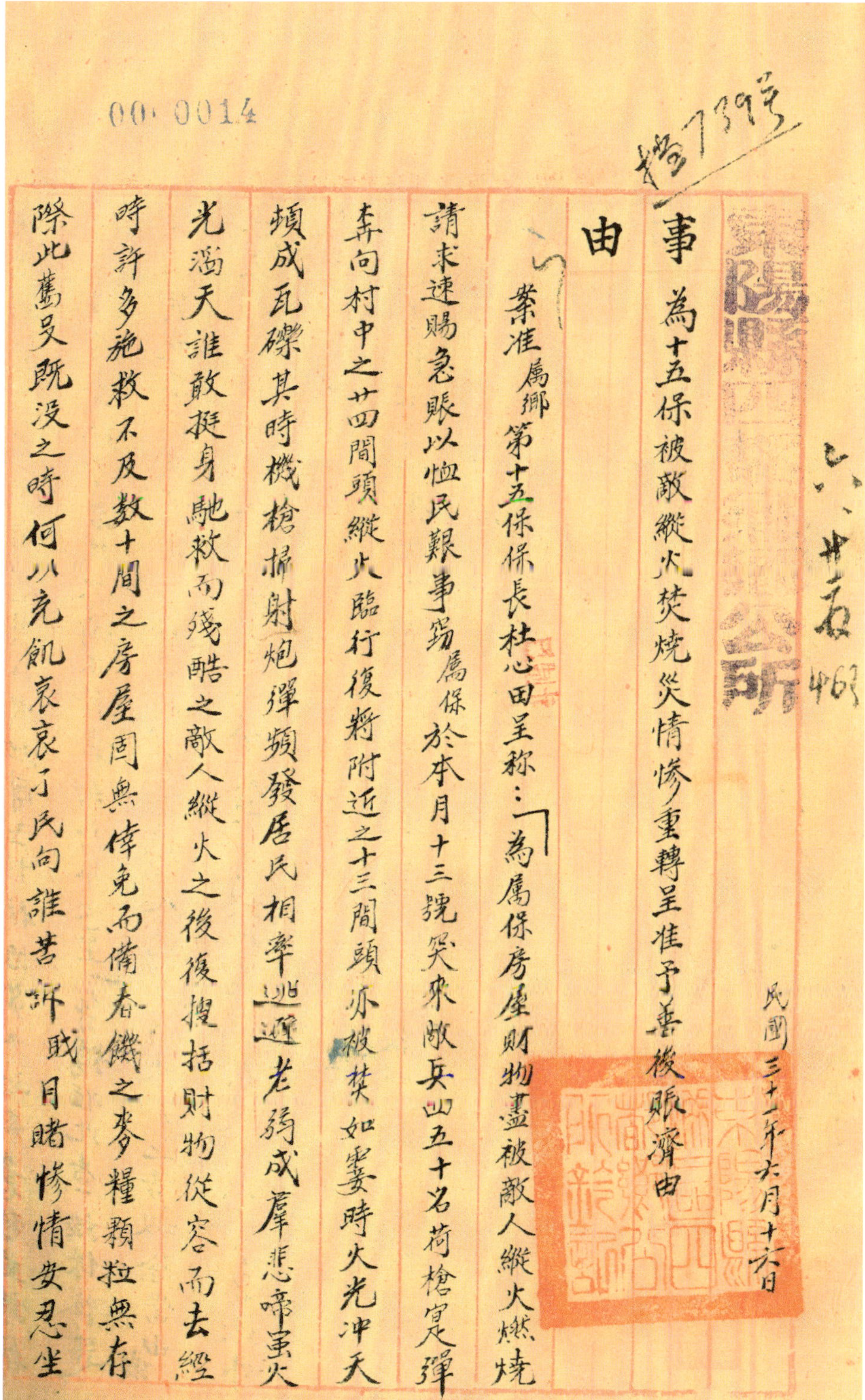

00·0014

檔739號

東陽縣四都鄉鄉公所

六．廿五

463

事由 為十五保被敵縱火焚燒災情慘重轉呈准予善後賑濟由

民國三十二年六月十六日

案准屬鄉第十五保保長杜心田呈稱：「為屬保房屋財物盡被敵人縱火燃燒請求速賜急賑以恤民艱事竊屬保於本月十三號哭來敵兵四五十名荷槍實彈奔向村中之廿四間頭縱火臨行復將附近之十三間頭亦被焚如霎時火光冲天頓成瓦礫其時機槍掃射炮彈頻發居民相率逃避老弱成羣悲啼寔火光滔天誰敢挺身馳救而殘酷之敵人縱火之後復搜括財物從容而去經時許多施救不及数十間之房屋因無倖免而備春饑之麥糧顆粒無存際此舊叉既沒之時何以充飢哀哀丁民向誰告訴職目睹慘情安忍坐

視曾請鈞長並臨察勘外用特並陳上情俯恤災民速賜急賑並請據
情轉達層峯賜予善後救濟不勝急切待命之至」等情准此查該保慘遭
敵偽焚燒不但災情奇重抑且損失甚鉅寔為空前未有之浩劫除當由職
與各職員前往察勘並撥發災米弍担着該保長配發災民以資急賑外
合急備文轉請
鈞長鑒核准予速撥的款賑濟以恤災黎並請分令各鄉本着惻隱之心予
以同情捐款救濟不勝企感之至」
謹呈
上盧區區長金
附被災損失調查表一份
四都鄉鄉長瞿克商

东阳县南马区署关于五四都乡被日军劫掠请予赈济致东阳县政府的呈（一九四三年六月十八日）

32

事由：为转呈五四都乡复又被敌伪劫掠恳请令饬自卫队及函商驻军会剿歼灭由

案据五四都乡乡长单佩瑞呈称：

“窃农历四月十八日上午十时，盘踞李宅及后赵之敌伪军六七十人，携带机枪、步枪等武器，到职居沧浪、同波浪、山上康、郎新屋等村大肆抢劫，当被抢去猪羊数十只，并蚊帐、被服、布疋、丝棉、铜锡器具、谷米、荳麦、酒肉、油盐等财物为数甚巨，并责成职与事务员家不能维持，不但财物抢罄，而门壁并家用瓶钵、盆碗等器具被捣毁一光。郎所保管本年度赋谷（陆佰余市斤）均被搬运，尚要焚毁全村房屋。赖老幼村民求拜，始免。此种惨状，不堪言诉。窃思职居第一保沧浪等地，距后赵路程十余里，与沦陷区交界地仅三里许，不时常竟屡次抢劫，有食者无食飢者更飢哭聲震地則在办理一切征募款項與從着手除損失清單另查補呈外理合報請鑒核予以轉府派員蒞勘体恤遭刼鄉保設法救濟並免各種征募款項實為公德兩便」等情據查所稱各節經派員查明實在除口頭慰勉並商由駐在本區戰時服務隊前往召開保民大會撫慰外理合轉請

鈞府鑒核並令飭自衛隊繼續不斷前往剿滅並商駐軍定期會剿想該匪偽軍不多當不難全部殲滅也！謹呈

東陽縣縣長石。

東陽縣政府南馬區署區長徐子政

戚福德关于对被日军占据房屋请赐声请书以保障事致东阳县政府的呈（一九四三年八月二十五日收）

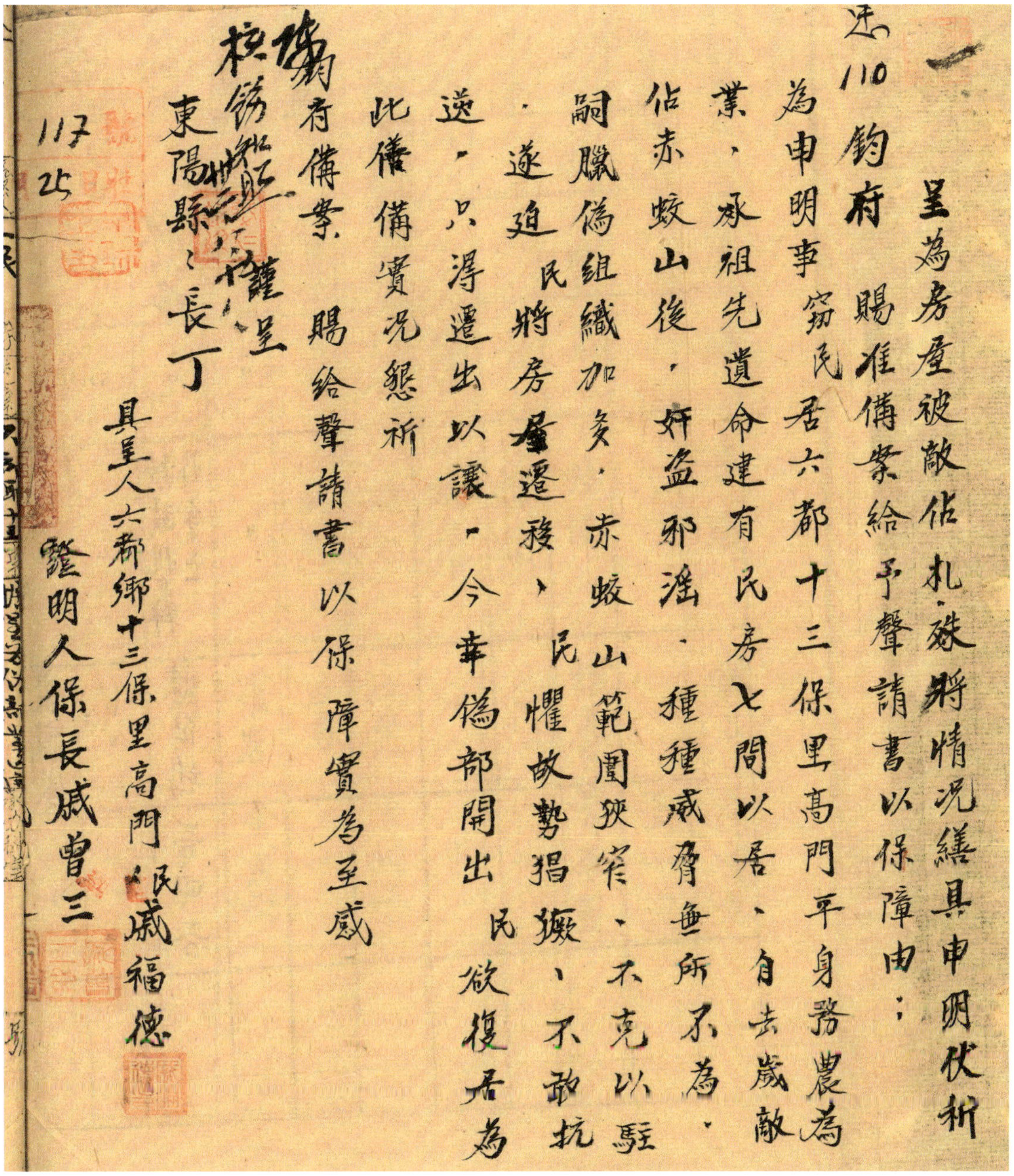
迁 110
117
25

呈為房屋被敵佔扎，殊將情況繕具申明伏祈
鈞府 賜准備案給予聲請書以保障由；
為申明事 竊民 居六都十三保里高門平身務農為
業，承祖先遺命建有民房七間以居，自去歲敵
佔赤蛟山後，奸盜邪淫，種種威脅無所不為，
嗣職偽組織加多，赤蛟山範圍狹窄，不克以駐
遂迫 民將房屋遷移，民 懼敵勢猖獗，不敢抗
違，只得遷出以讓，今幸偽部開出 民 欲復居為
此備 實況懇祈
鈞府備案 賜給聲請書以保 障實為至感
謹呈
東陽縣縣長丁
具呈人六都鄉十三保里高門 民 戚福德
證明人保長戚曾三

浙江省赈济会难民染织工厂关于要求证明浙东事变时财物损失情况致国民党东阳县党部的公函
（一九四三年八月二十九日）

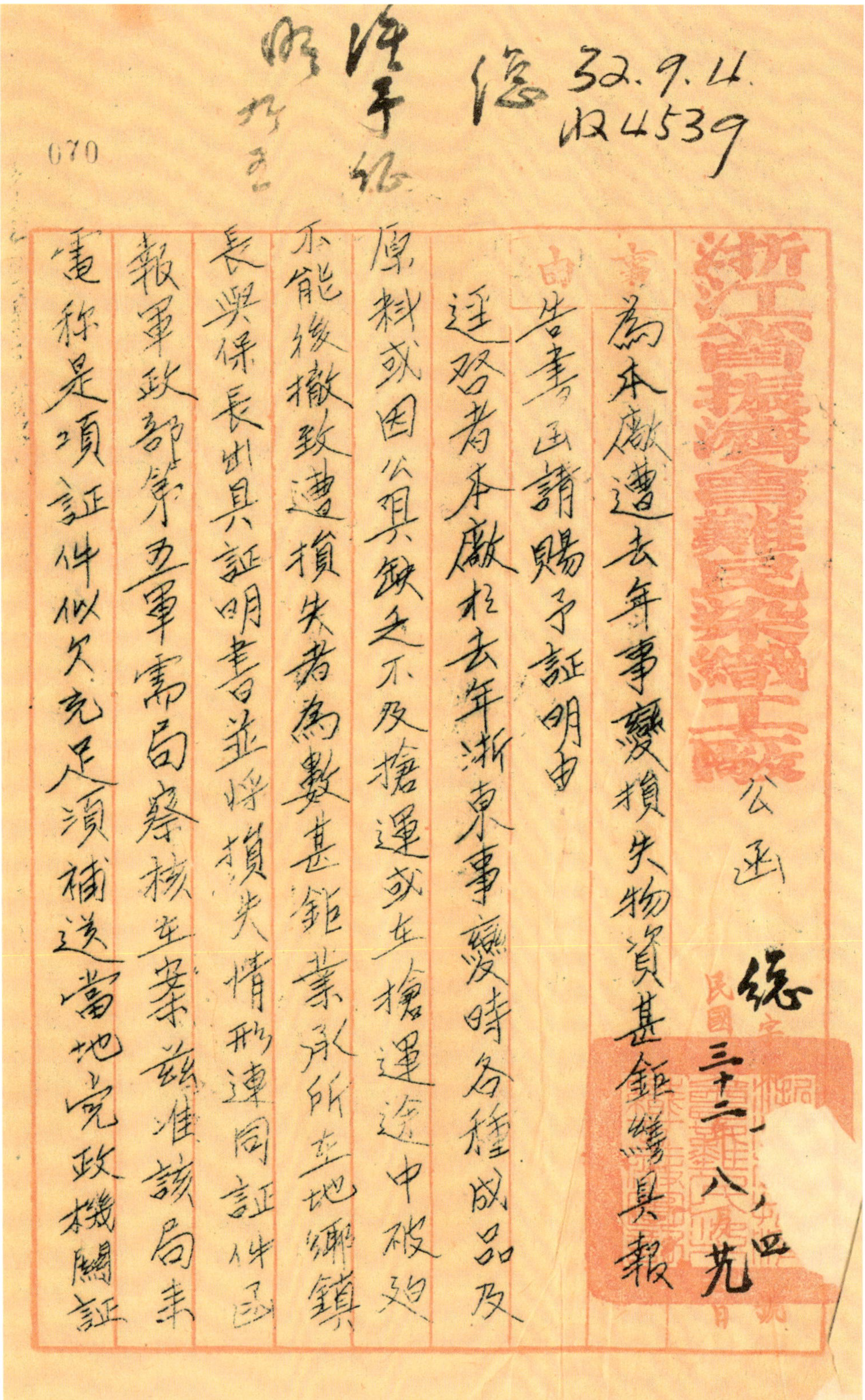
670
32.9.4
收4539

浙江省振濟會難民染織工廠 公函 總 字第 號 民國三十二年八月廿九日

事由：為本廠遭去年事變損失物資甚鉅彙具報告書函請賜予證明由

逕啟者本廠於去年浙東事變時各種成品及原料或因公具缺乏不及搶運或在搶運途中被迫不能後撤致遭損失者為數甚鉅業承所在地鄉鎮長與保長出具證明書並將損失情形連同證件函報軍政部第五軍需局察核在案茲准該局來電稱是項證件似欠充足須補送當地党政機關證

明書方為合理証件等由自當照办相應檢同損失報告書函請
貴部賜予証明並加盖印章俾完手續不勝感荷
此致
東陽縣党部

總經理 呂□□
副經理 黄人望

东阳县五五都乡第一保关于叠遭日军抢掠财务损失巨大请予减免临时经费及粮赋致南马区署的呈

（一九四三年九月一日）

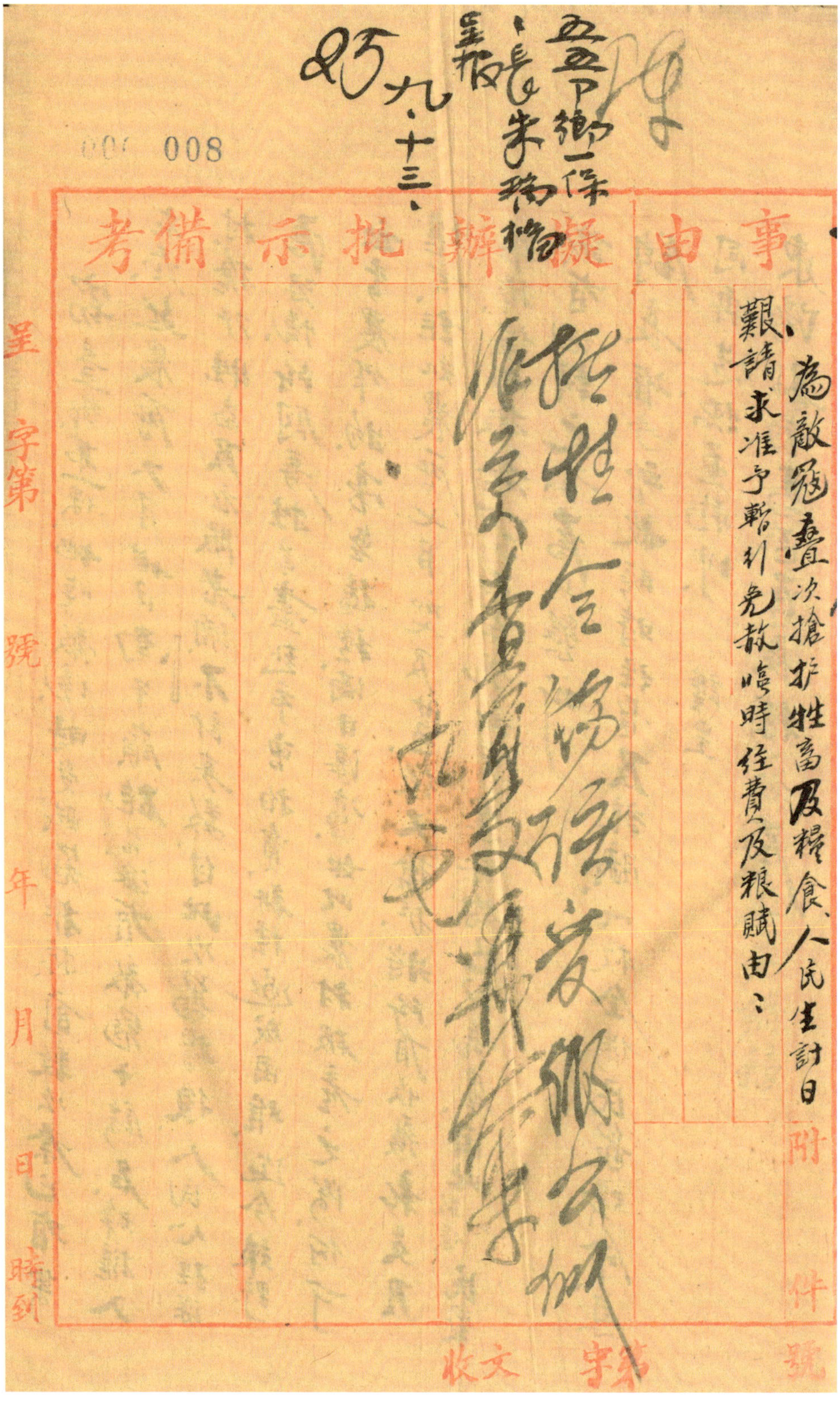
008

五五都鄉一保
九·十三

事由	為敵寇疊次搶劫牲畜及糧食，人民生計日艱，請求准予暫行免繳臨時經費及粮賦由。
附件	
擬辦	
批示	
備考	

呈　字第　號　年　月　日　時到

收文　字第　號

竊亞鄉第一保、地臨敵境、時受賊寇搶掠、前數次業已有案在卷、延農曆六月廿日、南竿嶺砲台派有敵寇十餘名、蜂擁入村、搶掠牲畜及衣服、老酒、不計其數、自此次騷擾後、人民心理深為恐慌、所飼養牲畜盡赴市曹拍賣、耕種遂成困難、近今遍野秋季農作物、毫無播種、滿目淒涼、如此農村破產之際、何可堪言、詎知農曆七月初七及廿五、復又搶掠、將所有收穫新麥及雜糧、俱以搬搶一掃而空、況秋季農作物已成荒虛、因此敝保民眾誠有絕糧之慮、為此懇祈

鈞長准予暫救臨時經費及糧賦、以救全保民眾蟻命、恩同再造、德亞乾坤、

謹呈

東陽縣南馬區區長徐公峯

00 009

具呈人王宅乡第一保保长朱瑞福

中華民國卅貳年九月一日

东阳县政府关于派员视察慰问难胞事致上卢区署的训令（一九四三年九月二十三日）

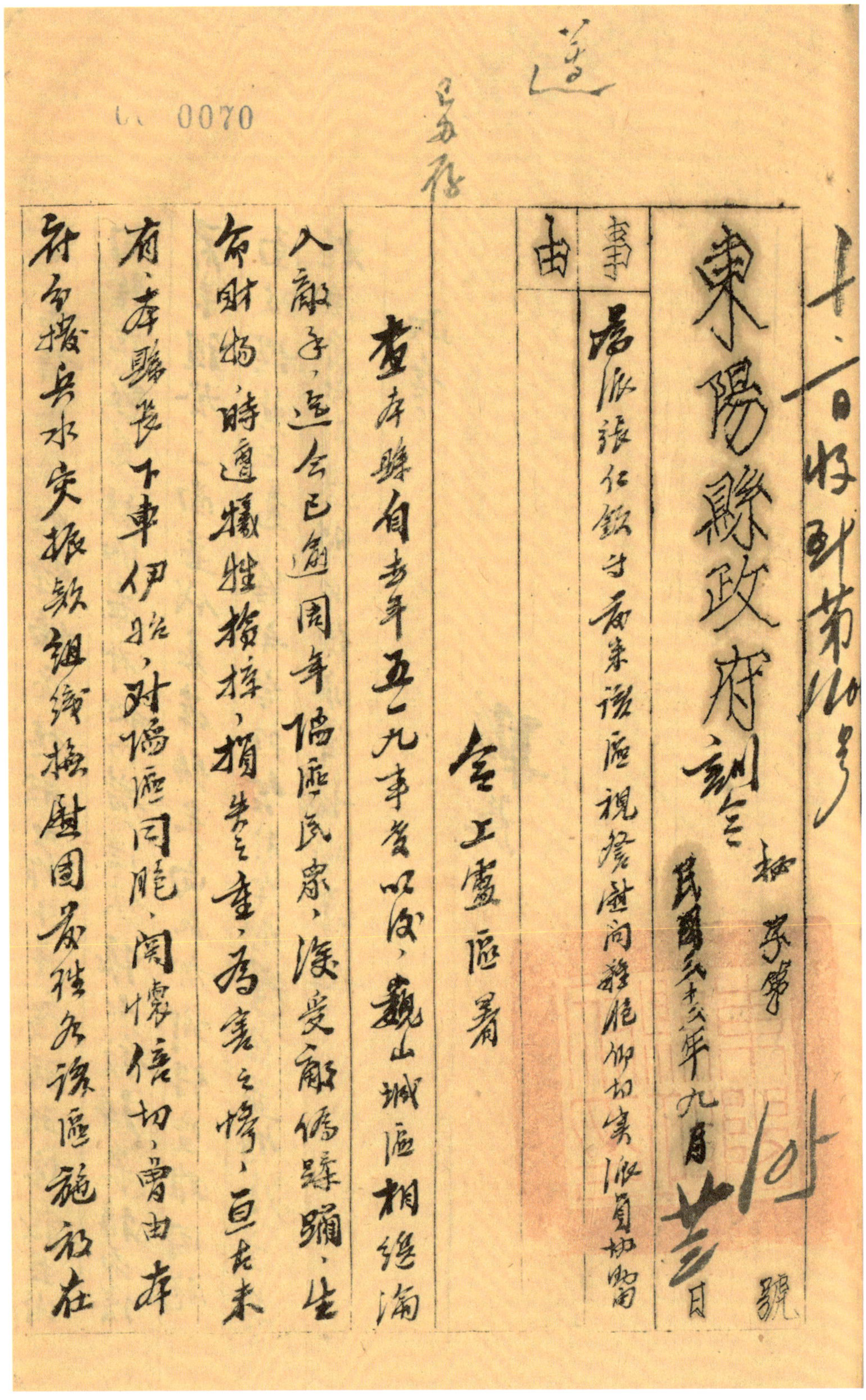

華、為謀擴展旺暢僑滙情形以作十年慶祝，故依擬並謝閩難胞起見，特派本府秘書黃憶俠、張仁欽、科長鍾希璇前來視察，一面並代表本縣長向各都鄉僑受難同胞面致撫慰之意，務希合外宣引合鄉華僑並將實意與接洽，負責對達時即便派員協助為要！

此令！

縣長

东阳县上卢区署关于报送一都乡乡长卢殷嵩因公被日军抢掳请予救济致东阳县政府的呈（一九四三年九月二十六日）

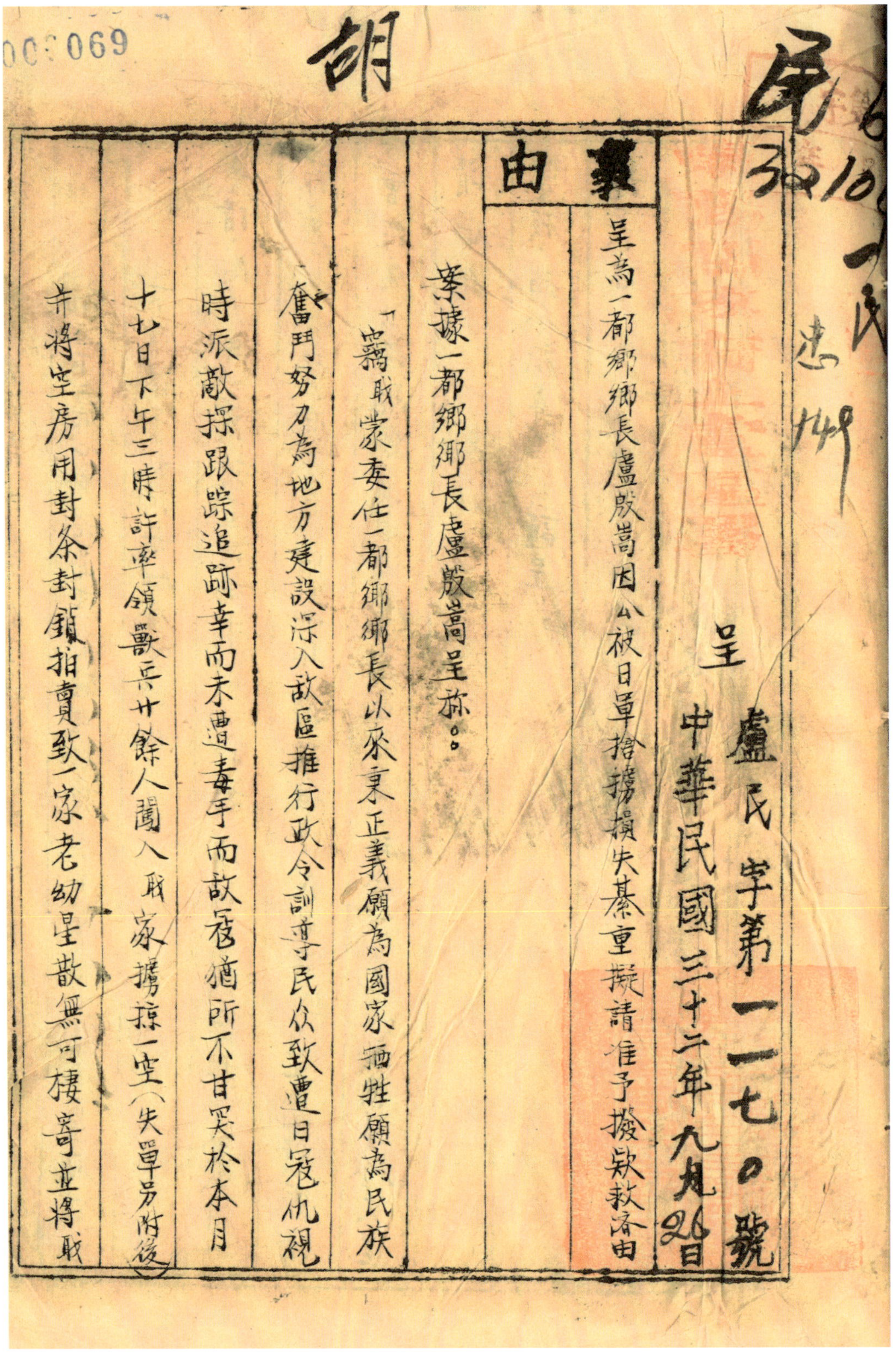

呈　盧民字第一一七〇號

中華民國三十二年九月26日

事由：呈爲一都鄉鄉長盧殷嵩因公被日軍搶擄損失綦重擬請准予撥款救濟由

案據一都鄉鄉長盧殷嵩呈稱：「竊職蒙委任一都鄉鄉長以來，秉正義願爲國家犧牲，願爲民族奮鬥，努力爲地方建設，深入敵區推行政令，訓導民衆，致遭日寇仇視，時派敵探跟蹤追跡，幸而未遭毒手，而敵寇猶所不甘，竟於本月十七日下午三時許率領敵兵廿餘人闖入職家擄掠一空（失單另附後），并將空房用封条封鎖，指責致一家老幼星散，無可棲寄，並將職

之胞兄及鄰居盧章傑之妻李氏娜鄉去吊打受刑勒欵高元龍

訊之下痛心髮指曷其有極理合檢具失單備文呈請鑒核憐恤

下情府予救濟毋任屏營待命之至。

等情、附失單一紙、據查該鄉長因公被擄、情殊堪憫、所稱予以救濟一

節、尚屬合理。除派員慰問外、擬請准予撥款撫卹、並函請賑濟

會從速決議配賑、以示激勵、是否有當、理合抄具原呈失單備文呈

請、仰祈

鑒核、指令祇遵。

謹呈

縣長丁

計抄呈失單一紙

東陽縣政府上盧區署區長金頌新

附：被日军抢掳财物损失单

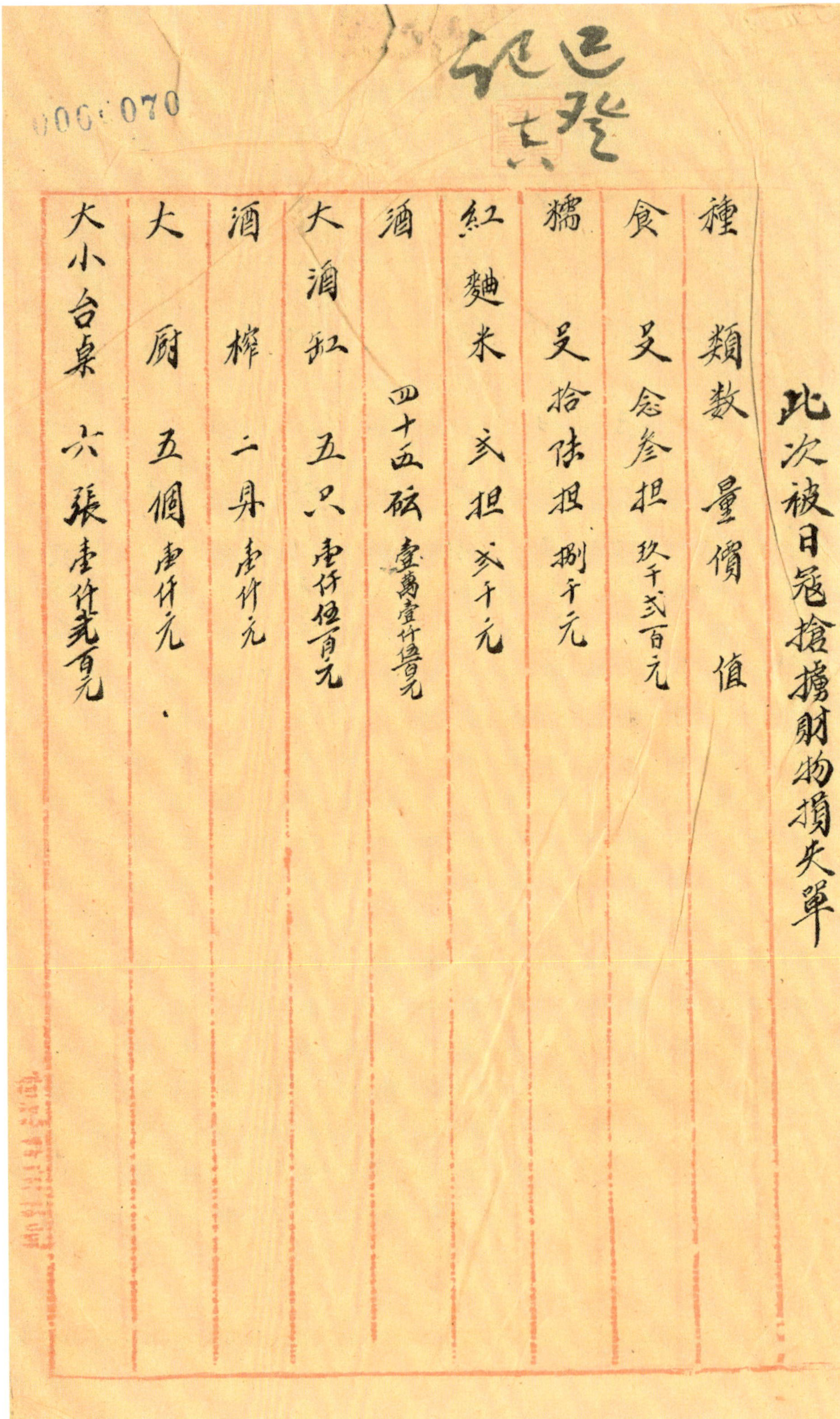

此次被日寇搶擄財物損失單

種類	數量	價值
食叐	念叁担	玖千贰百元
糯叐	拾陸担	捌千元
紅麯米	贰担	贰千元
酒	四十五砣	壹萬壹仟伍百元
大酒缸	五只	壹仟伍百元
酒榨	二身	壹仟元
大厨	五個	壹仟元
大小台桌	六張	壹仟贰百元

八仙台桌　五張　贰仟元
花床　三張　叁仟元
雜粮　四担　七百元
自由車　一輛　伍千元
紋皮袋　一隻　伍百元
細布雨大衣　一套　壹仟元
紋帳　三領　贰仟四百元
棉被　三条　陆仟元
皮箱　四隻　叁萬元
衣服　伍仟元

足篮	拾双	貳仟元
猪	二口	叁仟元
古器字畫		伍萬元
房屋	七間	貳萬元
銅銭柜	二個	四百元
地簾	拾令	八百元
小缸	四只	貳百元
酒砙	八十個	八百元
飯蒸	貳個	一百元
足柜	貳個	貳百元

紅漆椅　拾叁把　壹仟元

錫器　四十餘斤　肆仟元

江西瓷器盤
碗四大木箱　計價壹萬餘元

柴架
稿草　三萬餘斤　計價壹萬餘元

其他零星雜物不及細載

共　一七三,五00元

东阳县六十六都乡第十三保关于甲长李考林家被日军抢掠损失惨重致上卢区署的呈

（一九四三年十月四日）

存

毋办

C' 0078

十九日收到第1135号

為甲長李考林被敵所搶損失慘重報請鈞鑒由

竊職保甲長李考林世居塘下庄，平日勤儉持家，尚堪溫飽，於前月廿七日自衛第三大隊搜索班奉令駐紮塘下，經職陪往住於其家。不料於同月三十日拂曉時，有東城寇軍竄擾本鄉區域，並將塘下包圍，致搜索班員兵被敵所俘三名，然敵寇獸性暴發，竟將該甲長李考林家大肆搶擄之能事，其所藏之物，遺有前妻、續室、媳婦三人之嫁奩，故而藏物多，損失鉅，人人而知，並擊傷其妻，除一面安慰外，理合將該甲長家被搶物質損失備文報請鈞鑒備案。

謹呈

[illegible]

區長金

坿呈被搶損失單一份

六十六都鄉第十三保保長李宣智

中華民國叁拾貳年拾月卅日

附：被抢损失单

青土布衫六件
碧土布褲四條
碧土布衫乙件
魚白綢夾襖乙件
碧棉褲乙條
碧棉背心乙件
碧還棉夾襖乙件
红青綢夹襖乙件
白洋布長衫乙件
騎袍二件
六幅布裙乙株
碧袱裓花土布八尺
十六底花土布二丈
蠶絲天平廿乙兩
大球花帶乙塊
紫花帶乙塊
鴛鴦帶乙塊
青貢字帶乙塊
梅花帶乙塊
共帶五塊每塊都有
銅貝二百枚全裏

碧洋布衫乙件
青洋布衫二件
青竹布衫乙件
碧洋布褲乙條
青洋布褲乙條
白土布八尺
新荷花被乙床
棉綢印白花被乙床
红綢客被乙床
銀索牌乙串
銀手指八个
銀簪四株
玉簪弍株
珠額二个共有吊裏 珍珠卅四粒
拜帖盒裏 十六粒 珍珠乙包
有老鈔票三百六十元

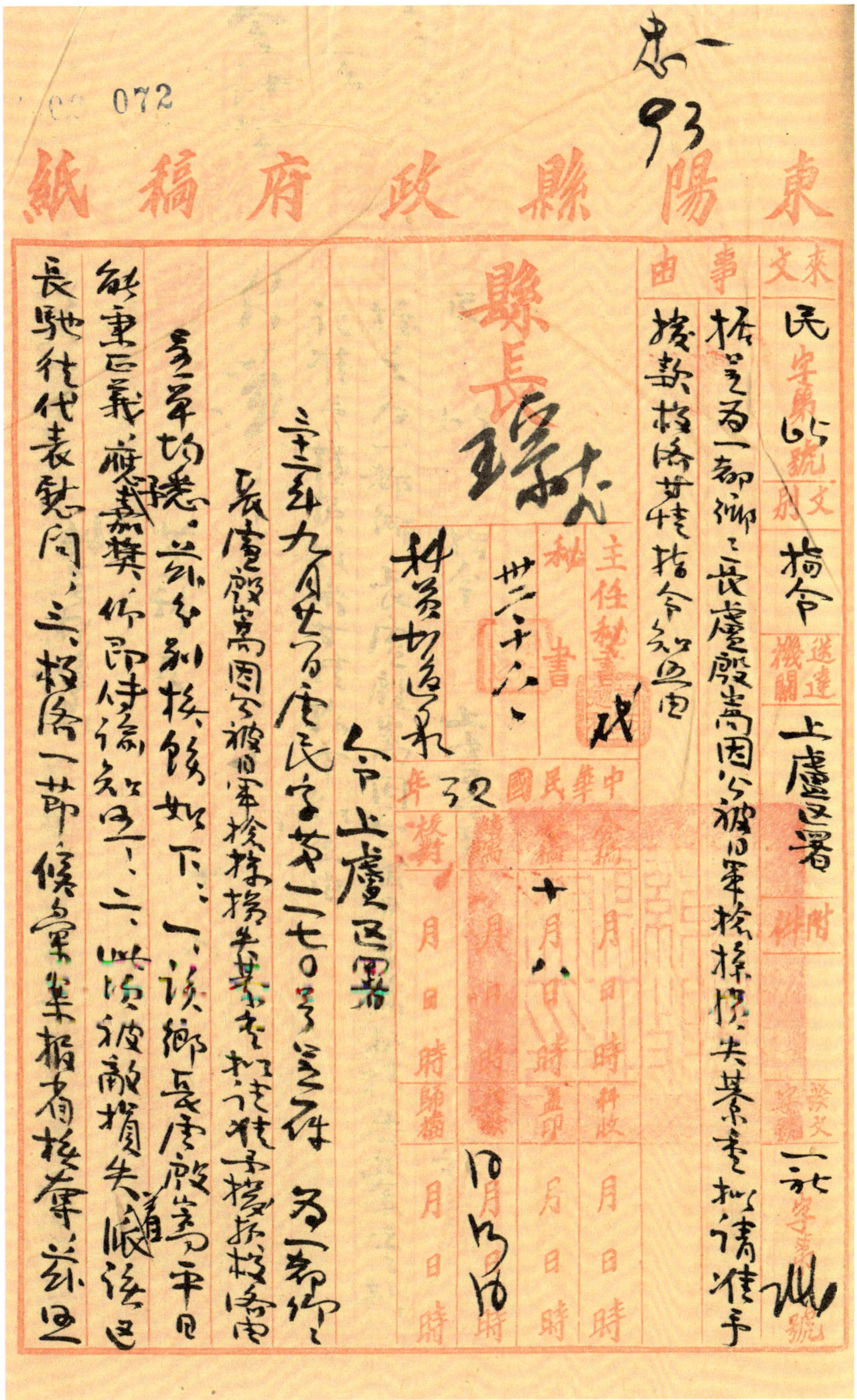

東陽縣政府稿紙

來文：民字第 號
文別：指令
送達機關：上盧區署
事由：據呈為一都鄉鄉長盧殷嵩因公被日軍搶掠損失慘重擬請准予撥款救濟等情指令知照由

縣長 王璘

卅二年十月八日

令上盧區署

三十二年九月廿日盧民字第一七〇號呈一件，為一都鄉鄉長盧殷嵩因公被日軍搶掠損失慘重擬請撥款救濟由。

呈件均悉。茲分別核飭如下：一、該鄉長盧殷嵩平日熱心公義，應予嘉獎，仰即傳諭知照；二、此次被敵損失，准飭該區長馳往代表慰問；三、救濟一節，候彙案籌有款時再核。茲

东阳县政府关于一都乡乡长卢殷嵩因公被日军抢掠损失甚巨致上卢区署的指令（一九四三年十月十三日）

成案先发三百元，仰即转饬备具领据，速令该区长讯死者妻前来具领；四、该乡长家房屋既被敌封锁，应由该区长代觅房屋，转饬其家妥觅地点居住；五、该乡长被敌封锁房屋，如有人献媚敌伪承领者，即由该区长拿送法办；六、其眷属及邻居被掳乡民，仰即饬自卫队第三大队设法营救出险。以上各点，仰即遵照办理并将办理情形随时报核为要！

此令。三〇年存

县长 丁〇

东阳县上卢区二都乡乡公所关于染坊被日军抢掠事致上卢区署的呈（一九四三年十一月二日）

00 0056

十二、二

收到第1292号

東陽縣上盧區二都鄉鄉公所呈　文字第　號　民國卅二年十一月二日

事由：為據呈染坊被搶粘附失單一份並予抄叙原文及失單一併備文懇祈核備由

案據本鄉捌保上盧鎮盧徵昌染坊主人盧惠卿呈稱：「竊民開設染坊于本村八河頭地當進城通衢，不料禍於十月念九日傍晚突有敵軍三路包圍擁入村內，如狼如虎，搡門搗壁，闖入民店之內，遂將顏料快電、式曬價值叁仟元搶去，更樓上樓下大肆搜索，將民店布櫥內已染成摺疊捲就之青碧布搶擄殆盡。民逃避田野，及聞敵軍焚屋退去回村，旋據鄰舍鐵店盧永高、藥店盧聖言等目覩手被

搶布匹並幾乎房屋亦被敵軍焚燬等情形民不勝焦急乃隨
着本店染司杜和金及同業王金清檢點被搶布匹寔餘高等卅名
共布伍拾丈弍尺湯裙一條布褲一條又套鞋一双合計損失染錢布价快
電套鞋共國幣約弍萬四千柒百玖拾餘元民遭此天災橫禍寔屬
無法抵抗霹空受此鉅大損失言之痛心除零星小布遺未被搶逼
知被染人速取外合亟粘附損失單一份具文懇祈　核轉備案以
等情准此查所稱是寔並據該染坊左右鄰舍指述被敵搶擄情形言
之鑿鑿堪以取信據呈前來除批示外理合抄叙原文粘附被敵損失單
一份備文伏祈
鑒核准予轉呈備案實為德便。謹呈
東陽縣政府上盧區區長　金
粘附失單一份
鄉長盧德喜

附：东阳县上卢区二都乡八保上卢镇卢征昌染坊被日军抢掠损失单

東陽縣上盧區二都鄉捌保上盧鎮盧徵昌染坊被敵損失單

失主姓名	住址	被搶損失名稱	件數丈量(以丈為單位)	布疋已染損失價目	色別	染價	總計	備攷
盧徵昌	上盧	顏料快電	二廳					毛魚、半白(即青色)、月白、藍青(即碧)
		套鞋	一双					
宴能高	漢晚村	布	一、〇〇、		半白		三九六元	
石仁德	上盧	布	一、〇〇、		仝		三九六元	
王景文	王坑	布褲	一條		月白		二〇〇元	
張蘇珠	蟾浣	布	二、〇〇、		毛魚		七五六元	
		布	一、八五、		丰白		七〇二元	
陳朝水	猴塘甲	布	二、乂〇、		丰白		九七二元	
華之承	華店	布	二、〇三、		丰白		七二〇元	

吳本昌	李宅	布	〇、九五、		仝	三四二元
陳章承	石门塘	布	〇、九〇、		仝	三二四元
華有教	華店	布	一、一〇、		毛魚	四九四元
華承培	仝	布	〇、九五、		月白	四六五元
呂章寶		湯裙	一條		丰白	六二〇元
金茂槐	橋頭	布	一、一五、		月白	五六六元
陳章林	猴塘甲	布	二、二〇、		丰白	七九二元
葛龍泉	泌陀口	布	二、五五、		毛魚	九五四元
金章琴	橋頭	布	〇、九八、		月白	四七八元

東陽縣上盧區二都鄉捌保上盧鎮盧衡昌染坊被敵損失單

失主姓名	住址	被搶損失布名稱	數量（以丈為單位）	價目	已染色別	染價	損失總計
朱牛	朱村	布	一、八〇、		毛魚		六八四元
陳茂圓	猴塘甲	布	〇、八四、		仝		三二〇元
華朱仕	華店	布	二、六〇、		半白		九三六元
華章火	仝	布	二、五〇、		仝		九〇〇元
王明法	王庄	布	一、五〇、		仝		五四〇元
李龍福	竹園	布	二、四〇、		月白		一、二〇〇元
吳立義	溪晚村	布	〇、六〇、		月白		三〇〇元
金世琴	西張	布	一、二〇、		毛魚		四三二元

張福湊	蟾窟	布	一、〇〇、		月白	五〇〇元
陳文含	陳田畈	布	一、〇〇、		仝	
		布	二、五〇、		半白	九〇〇元
		布	一、九五、		仝	七〇二元
金欽之	橋頭	布	一、八五、		月白	八七五元
陳廷星	陳宅	布	二、八〇、		毛魚	九三六元
呂養武	塘下張	布	一、四〇、		半白	五四〇元
盧連翠	本村	布	〇、六〇、		月白	三〇〇元
洪銀保	洪良塅	絲	三兩		半白	六〇元
陳文含	陳田畈	布	二、六〇、		半白	九三六元

东阳县二都乡关于上卢镇被日军抢掠扫荡损失巨大请予赈济致上卢区署的呈（一九四三年十一月三日）

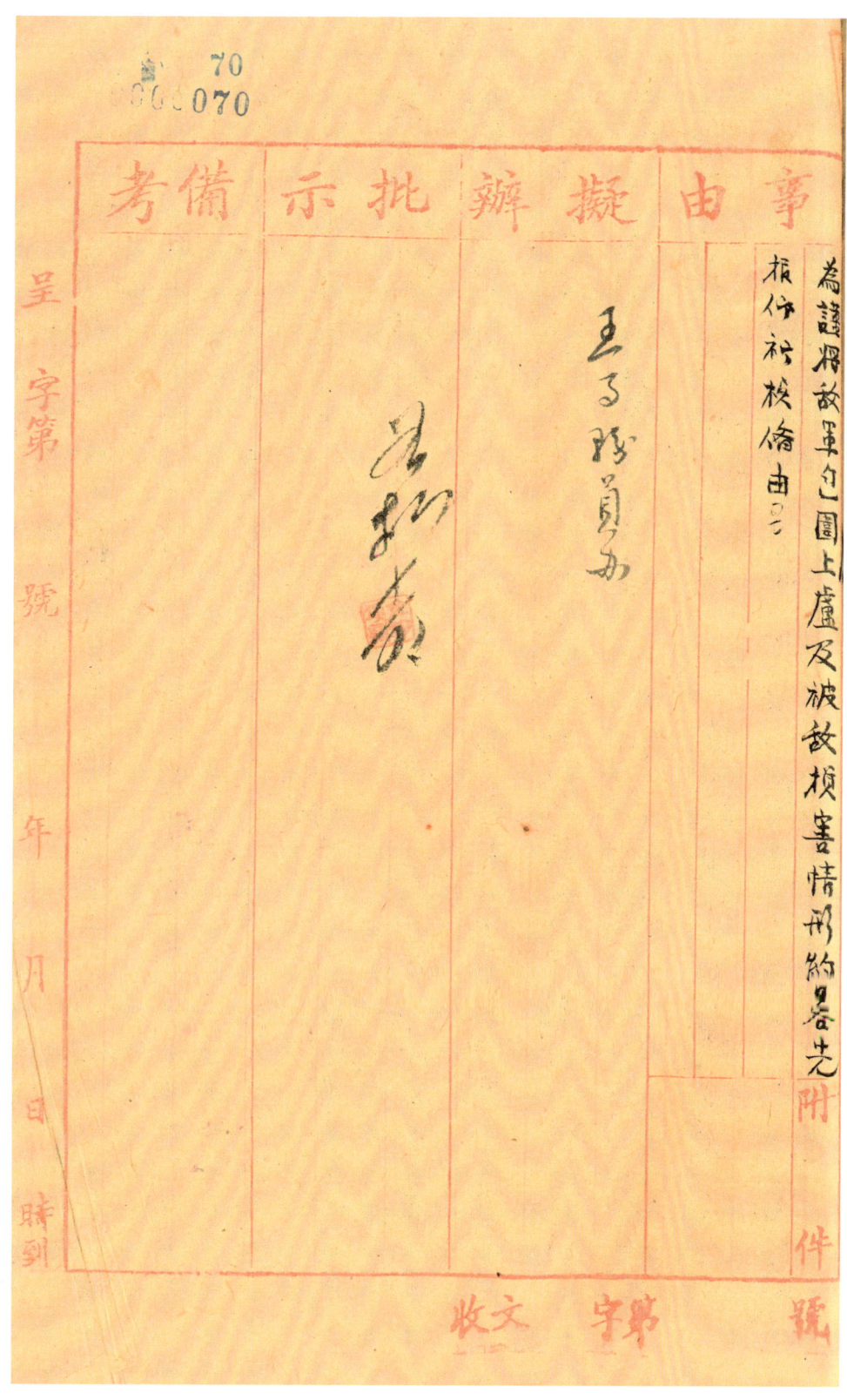

70
000070

事由	擬辦	批示	備考
為謹將敵軍包圍上盧及被敵損害情形約略先報仰祈核備由	王子瑞員[illegible]	[illegible]	

附件

收文 字第 號

呈 字第 號 年 月 日 時到

查屬鄉上盧鎮于十月念捌日傍晚約六時光景、有城帖敵軍分三路前來掃蕩、先則埋伏附近田郊、繼則鳴槍放砲蜂擁入村、將上盧前後左右團團圍住、大肆搜索、查敵大商二隊、小野寺部隊、安藤隊、等隊長俱駐紮八間頭徐春和堂一帶、餘敵約弍百餘名在上盧後溪四份頭一帶賓樓、駐八間頭之敵翻箱倒籠搶擄財帛查盧徵昌染坊被搶青碧布約五十餘丈快當弍廳損失不下弍萬柒千餘元又盧樟雄（福泰內店新屋三間內藏財帛布匹家用器皿（損失未詳）儘被焚燒無遺、有盧世林之妻係一寡婦其子廷禹于本年五月間被敵屠殺詎禍不單行此次房屋三間又遭敵軍焚燬

0000071

一光，灰燼瓦礫，觸目傷心。唯是時鄉民逃避一空，人口幸無傷亡。除將敵軍損失情形列表另文具報外，合亟先行備文，仰祈

鑒核，予以備查，並請設法賑濟災黎，寔爲德〔公〕兩便。

謹呈

東陽縣政府上盧區區長金

二都鄉鄉長盧德喜

中華民國三十贰年十一月三日

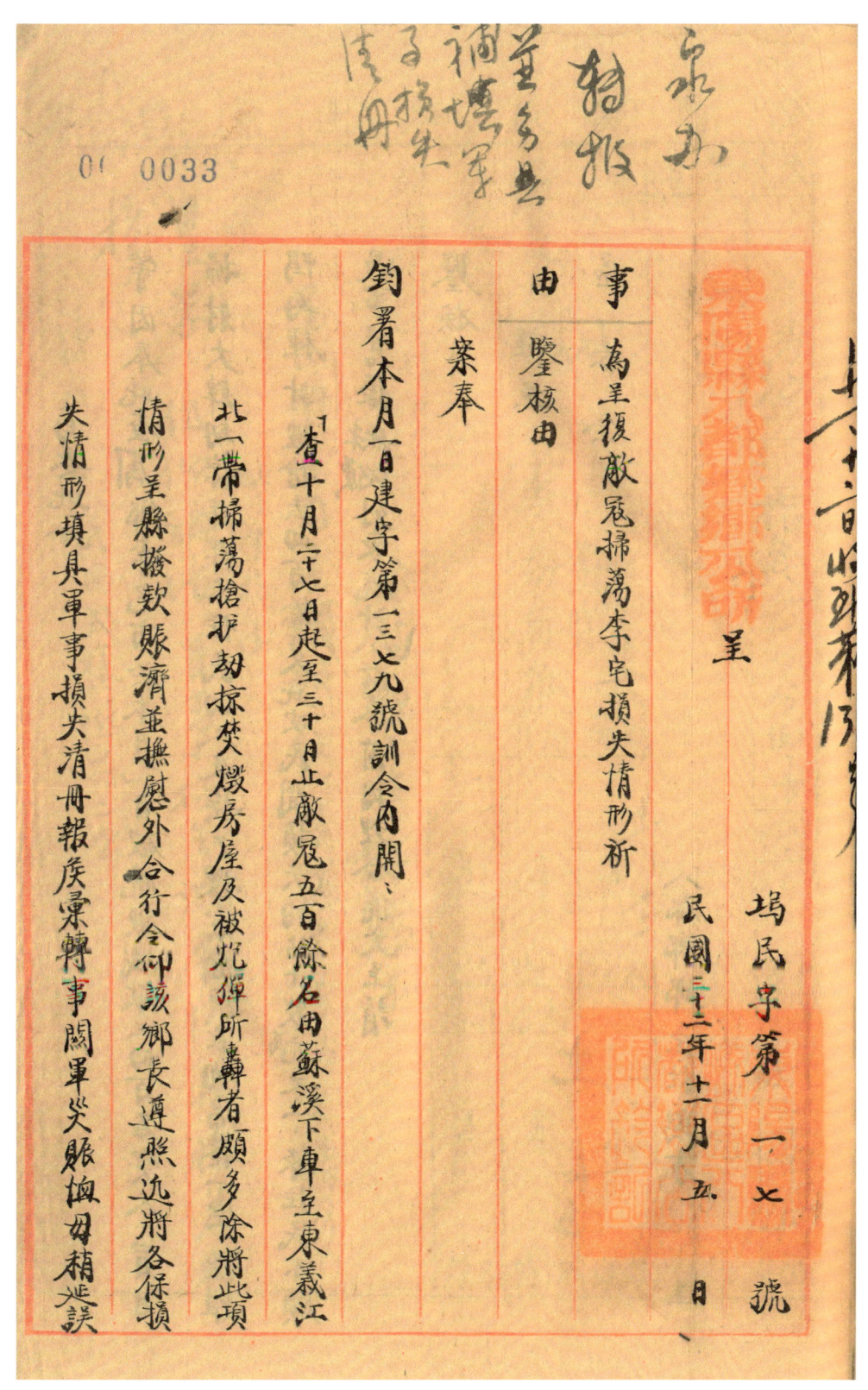

东阳县八都乡乡公所关于报送李宅被抢掠损失情况的呈（一九四三年十一月五日）

轉報

東陽縣八都鄉公所　呈

塢民字第一七號

民國三十二年十一月五日

事由：為呈報敵寇掃蕩李宅損失情形祈鑒核由

案奉

鈞署本月一日建字第一三七九號訓令內開：「查十月二十七日起至三十日止敵寇五百餘名由蘇溪下車至東義江北一帶掃蕩搶护劫掠焚燬房屋及被炮彈所轟者頗多除將此項情形呈縣撥款賑濟並撫慰外合行令仰該鄉長遵照迅將各保損失情形填具軍事損失清冊報府彙轉事關軍災賑恤毋稍延誤

為要此令

等因奉此查屬鄉李宅市於本月一日破曉被城敵三四百名突入，盲目掃射大肆劫掠并俘去住民四人及挨户搜索搶劫衣物席捲一空，僅雞鴨兩種，計被搶去四百餘隻，此次民間損失約佔十數萬元之上，緣住民不願過事囂張未獲列表統計，茲奉前因理合備文呈請

鑒核！

謹呈

區長金

八都鄉鄉長杜鶴方 呈

东阳县政府关于派员前往王坞口楼西宅一带抚慰敌灾致国民党东阳县党部的公函（一九四三年十一月十一日）

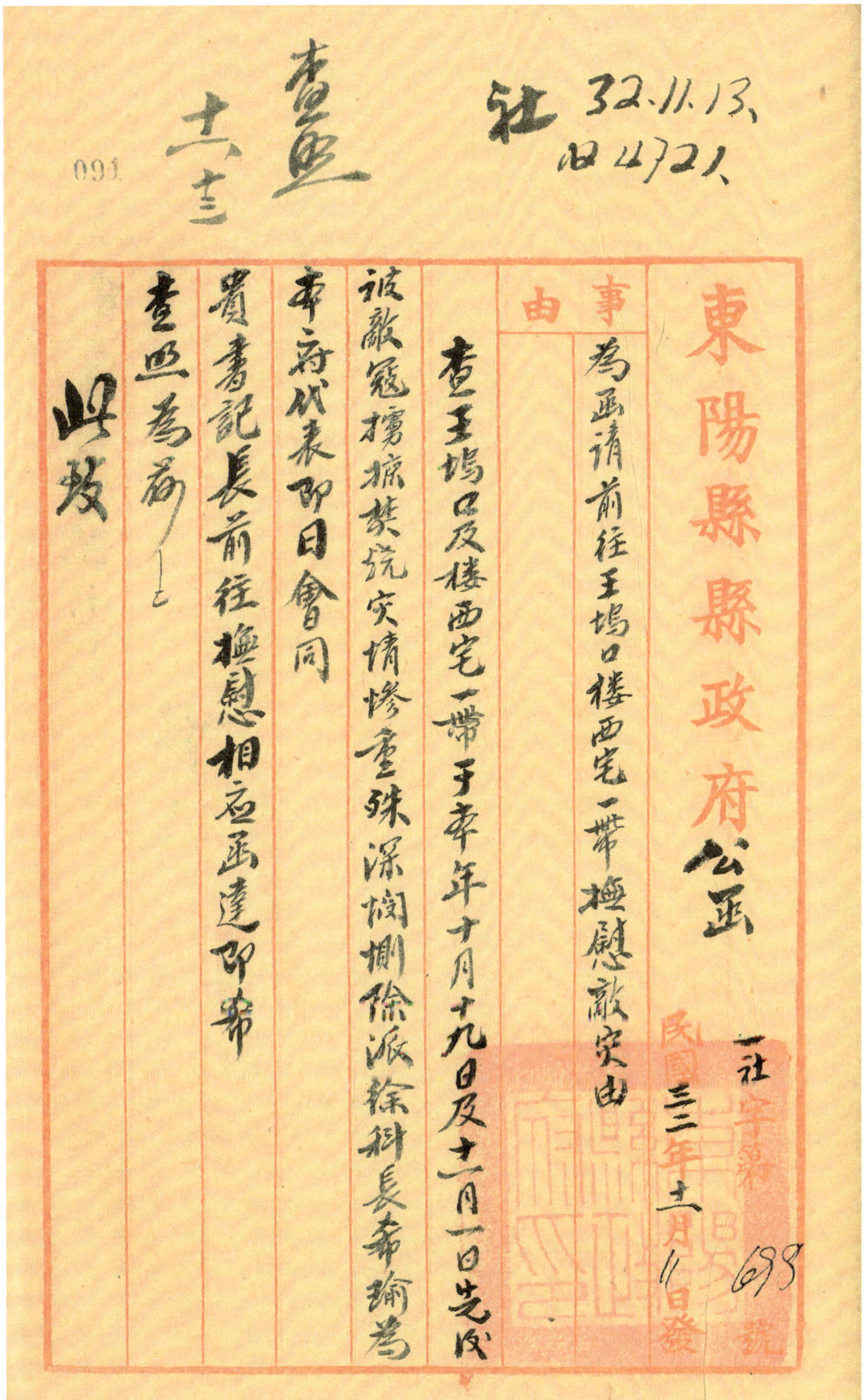

社 32.11.13
旧4721

查照
十一月十三

091

東陽縣政府公函

一社字第698號

民國三二年十一月11日發

事由：為函請前往王坞口楼西宅一帶撫慰敵灾由

查王坞口及楼西宅一帶于本年十月十九日及十一月一日先後被敵寇擄掠焚燒災情慘重殊深憫惻除派徐科長希瑜為本府代表即日會同貴書記長前往撫慰外相應函達即希查照為荷

此致

縣黨部書記長趙

縣長丁[illegible]

东阳县六六都乡乡公所关于第九保民房被毁请予赈济致上卢区署的呈（一九四二年十一月二十五日）

0116

東陽縣上盧區六六都鄉鄉公所　呈　湖字第八九號

民國三十二年十一月二十五日

事由：為據情轉呈第九保民房被燬哀鴻遍野懇祈派員勘察並請放賑以濟災民由。

案據本鄉第九保甲長黃德霖……等呈稱：

「竊思本鄉自去年淪陷後，敵偽到處姦淫燒殺，無所不為，凡在游擊區域，其壓迫民眾之殘暴，更屬罄竹難書。屬保也屬游擊區之一，敵偽每次掃蕩，均以屬保為集中點，察其用意，似一特別注意地，故屢次財產損失較他鄉為重大。不幸於十月廿日上午有敵偽自義烏花溪竄擾道經屬保，向未及逃避之居民查問游擊隊之動向，幸該民等均深明大義，未予實告，詎料敵酋凶惡，隨即下令焚屋，並禁止居民撲火，一時火焰瀰漫，融光達天，巍然大廈，突變瓦礫之場，無辜居民，頓成離群之鴻，流離失所，叫苦連天，號啕之声，慘不忍聞，一片焦土，目不忍睹，共計此次延燒二十餘户目下一般災民無家可歸飄游無定所謂衣食住者已一無所有求乞無門情寔堪憫竊思此次被災之由純係不甘為敵偽之順民否則或可倖免災禍為此備文瀝情呈報

鈞長鑒核迅予派員勘察災情並請逐級轉呈上

電速放賑以維民生而利民命寔為德感

等情據查該甲長等所稱屬寔理合據情轉報

鈞長鑒核准予派員勘察酌情優卹以蘇民困不勝公感之至

謹呈

東陽縣上盧區區長金

六六都鄉鄉長陳養元

計附呈第九保錦坊第三次罹災報告表三份

东阳县上卢区六六都乡乡公所关于第九保灾情惨重请予豁免各项捐税致上卢区署的呈（一九四三年十一月二十五日）

東陽縣上盧區六六都鄉鄉公所　呈　湖字第八八號

民國三十二年十一月二十五日

事由：為據情轉報本鄉第九保災情慘重民生艱苦懇祈豁免各項捐稅由

案據本鄉第九保甲長黃德霖……等呈稱

「竊查本縣於民國三十年五月間敵軍曾一度流竄縣境，屬保係竄擾區域之一，當時曾被焚燬民房八十餘間，計三十餘户，其時敵軍雖未長駐紮營，而民眾罹災之慘，實屬罄竹難書。是乃屬保第一次火焚被災。去年四月不幸吾東慘遭淪陷，民眾陷於水深火熱之中，個中慘痛，凡在陷區人民想均已洞悉，而更艱苦者尤為游擊區之民眾，屬保係屬游擊區域之一，每次掃蕩民眾除慘遭辱毆外，所有財物擄掠一空，五穀糟蹋殆盡。本年五月有赤髙山敵偽前來竄擾，除搶掠民間財物外，被焚民房計三户，是乃第二次之火焚被災。惟敵偽施威雖虐幸而民众均能深明大义不作顺民，故于本年十月廿日有敌一百余名自义乌花溪窜扰，道经属保，因查问游击队之动向，民众不予实告，致被焚毁民房二十余户，是乃第三次之火焚被灾。查一属保锦坊七十余户，火焚罹灾三次，合计损失除房屋外，物质方面已属数不胜算。目下一般灾民沿门求乞，聊度残生，严寒在即，将何以过？几多灾民暂赖罹灾较轻者之救济耳。当此抗战近于胜利之际，国家需款孔亟，各项捐税何得辞赖，奈以属保被灾特重，力不从心。为此备文恳情，叩请钧长鉴核，准予逐级转呈，准予免除各项捐税，以维民生而利民命，不胜感德。

等情。据查一该保甲长等所称各节委系属实，理合据情转请鉴核，准予转请免除各项捐税，实为公便。

谨呈

东阳县上卢区区长金

六六都乡乡长陈养元

东阳县四六都乡乡公所关于该乡第十三保被日军焚烧情形致国民党东阳县党部的呈（一九四三年十一月三十日）

社 32.12.2 收4785

電義烏商同縣府設法救濟 十二、六

079

東陽縣四六都鄉鄉公所 呈

字第 號

中華民國卅貳年十一月卅日

事由：呈報本鄉第十三保被敵偽焚燒情形請予察核迅賜救濟並免除一切捐稅糧款由

頃據本鄉第十三保保長周福疇本月二十六日報稱：

本月二十五日下午二時許敵偽軍四十餘名取道二八都鄉相堂、祥堂暨二六、十三都鄉徐堂等處分三路越山樓門頭向本保祝塢、何田口、張山塢一帶竄擾，當被我村（祝塢）民哨發覺報告就地自衛第三中隊排哨（駐何田口）居高山阻擊，約經一小時終以實力不敵，彈藥不濟，退駐張山塢山上繼續抵抗，阻敵於何田口。敵視我軍有備，遂肆放獸行，于何田口開始燒屋，漸向祝塢退去，我軍復迂迴后岑山前子敵廠追敵深恨祝塢民哨與自衛隊遂衝入祝塢民房放火十餘處并在東西山上用機槍擲彈筒等示威後向石坑弄而去再在石坑弄同様放火同時三處火光濃烟彌滿空中炎聲震天計祝塢焚去樓屋一百十四間平屋十八間大所六間焚斃女孩一口被戳重傷男一名被災六十五戶石坑弄焚去樓屋廿三間平屋五間所三間祠堂五間被災十三戶何田口焚去祠堂公所各一座樓屋三間被災二戶張山塢被彈斃男一名除公常公倉十二座以及一切公物全數焚光外所有民家私有衣食住三項盡燒無存際茲秋收已成冬藏告竣經此浩劫農家一切儘付灰燼共計受災大小男女有三〇二名口身無棲所寒無禦衣飢無粒食飢寒交迫來日方長此情此景實难忍睹用特備文呈報懇迅賜轉报

080

党部
政府 速賜救濟並免除一切賦稅捐款粮食等項以濟蟻民等語」

據此职即會同趙督查員昭岳鄉紳應暢等馳赴該村偕村民周堯道實地

查勘屬實除由本鄉各保設法暫行急賑并另列詳單表報外理合

將被災情形及經過調查備文呈備仰祈

鈞長察核迅賜救濟並免除該村一切捐款糧食以示撫恤而維民命實

為德感

謹呈

東陽縣党部書記長趙

四十六都鄉鄉長葛卤寒 呈

附被災清一份

附：东阳县湖溪区四六都乡被灾调查册（一九四三年十一月）

081

東陽縣湖溪區四六都鄉被災調查冊 民國三十二年十一月 日

東陽湖溪區四六都鄉第十三保被災調查冊

被災戶長姓名	保別	住址	人口數	被焚房屋 樓屋	被焚房屋 平屋	衣服物件	食糧	牲畜 牛	牲畜 猪	牲畜 羊	備註
周福疇	十三保	槐塢	男四 女四	二		俱焚	俱焚				
洪堯	〃	〃	男二 女五	三		〃	〃				
順良	〃	〃	男二 女一	一		〃	〃				
銀蘭	〃	〃	男五 女二	二		〃	〃				
良星	〃	〃	男二 女二	二		〃	〃		二		
朝火	〃	〃	男四 女三	二		〃	〃				
錫光	〃	〃	男一 女二	二		〃	〃				
應氏甜鄉	〃	〃	男一 女三	一		〃	〃				

民國三十三年十二月　日

錫球	〃	〃	男二 女三	一		〃	〃			
松林	〃	〃	男二 女	一		〃	〃		一	
章林	〃	〃	男二 女一	三		〃	〃			
立志	〃	〃	男一 女三	一		〃	〃			
錫其	〃	〃	男三 女四	三		〃	〃			
錫良	〃	〃	男三 女一	二		〃	〃			
福金	〃	〃	男三 女四	二	一	〃	〃			
福田	〃	〃	男二 女一	一	一	〃	〃			
茂廷	〃	〃	男三 女三	一		〃	〃			
甬仁	〃	〃	男一 女二		一	〃	〃			

周茂松	〃	〃	男六 女五	五		〃	〃		
松照	〃	〃	男三 女一	一	一	〃	〃		
張桂卿	〃	〃	女二	二					
金良	〃	〃	男三 女四	一	一	〃	〃		
金行	〃	〃	男壹 女壹	一		〃	〃		
金木	〃	〃	男二 女一	一		〃	〃		金木本人負傷奇重
銀良	〃	〃	男三 女三		一	〃	〃		
有奎	〃	〃	男五 女四	五		〃	〃		
叶新	〃	〃	男三 女三	三		〃	〃		
許氏	〃	〃	女一	一		〃	〃		

周金春	〃	〃	男一 女三	一	一	〃	〃				
寶昇	〃	〃	男四 女二	一	一	〃	〃			一	一
金和	〃	〃	男二 女二	一	一	〃	〃			一	一
经希	〃	〃	男二 女二	一	一	〃	〃				
福喜	〃	〃	男二 女〇	二		〃	〃				
木火	〃	〃	男一 女二	二		〃	〃				
加仁	〃	〃	男一 女二	一		〃	〃				
童金	〃	〃	男三 女一	一		〃	〃				
金龍	〃	〃	男二 女四	一		〃	〃				
升林	〃	〃	男四 女一	一	一	〃	〃				

周九吾	保三十	祝塢	男四 女一	一	一	〃	〃			
良奎	〃	〃	男一 女三	二	二	〃	〃			二
鳳吾	〃	〃	男一 女一	一		〃	〃			
鳳麟	〃	〃	男三 女四	二		〃	〃			
天木	〃	〃	男四 女一	二		〃	〃			
趙氏松球	〃	〃	男一 女	一	一	〃	〃			
升奎	〃	〃	男一	一		〃	〃			
荣吾	〃	〃	男四 女三	四	一	〃	〃			
松行	〃	〃	男一 女二	一	一	〃	〃			
松良	〃	〃	男二 女一	一	一	〃	〃			

章星	〃	〃	男一	女二	一		〃	〃
成林	〃	〃	男一	女二	一	一	〃	〃
成水	〃	〃	男／	女／	一		〃	〃
章玉	〃	〃	男三	女一			〃	〃
星玉	〃	〃	男壹	女		一	〃	〃
林玉	〃	〃	男二	女一	二	〇	〃	〃
景蘭	〃	〃	男	女		二	〃	〃
文賢	〃	〃	男六	女一	一		〃	〃
中文	〃	〃			三		〃	〃
文星	〃	〃	男一	女	一		〃	〃

085

周登仁	松木	光裕	秀良	光潮	金	方仁	永發菴	樓元德	元水
〃	〃	〃	〃	〃	〃	〃	〃	三十保	〃
祝塢	〃	〃	〃	〃	〃	〃	〃	石坑弄	〃
男二女二	男一			男一女三	男一			男三女三	男一女一
二	二		五		一			二	二
	一	二				一	三		
〃	〃			〃				俱焚	〃
〃	〃			〃				俱焚	〃
二								二	

元惠	保三十	石坑弄	男二 女一	二		〃	〃
徐發	〃	〃	男一 女二	四		〃	〃
德華	〃	〃	男四 女二	一			
金鍾寿	〃	〃	男二 女四	二	一		
元秋	〃	〃	男六 女三	二	一	〃	〃
上樓	〃	〃	男三 女二	二		〃	〃
明傳	〃	〃	男二 女二	一	一	〃	〃
清泉	〃	〃	男二 女二	一	一	〃	〃
許海林	〃	〃	男二 女一		一	〃	〃
周銀昇	〃	〃	男二 女二	二		〃	〃

何其桃 保三十 何田口 男三 女二 一 一 俱焚
何金氏芝娥 〃 〃 女一 一 〃 〃

祝坞 被焚公常大廳六間
公常门楼叁间
公常堂屋柒间
公仓 十式座
各堂仓屋 十座
何田口 被焚公常中大廳三间
祠堂 五间
觀山坞 張彦法 被敌击死
祝坞 焚死小女孩一人

县民黄蘖生关于田产簿据被日军焚损请东阳县政府给予出据证明的呈（一九四三年十一月）

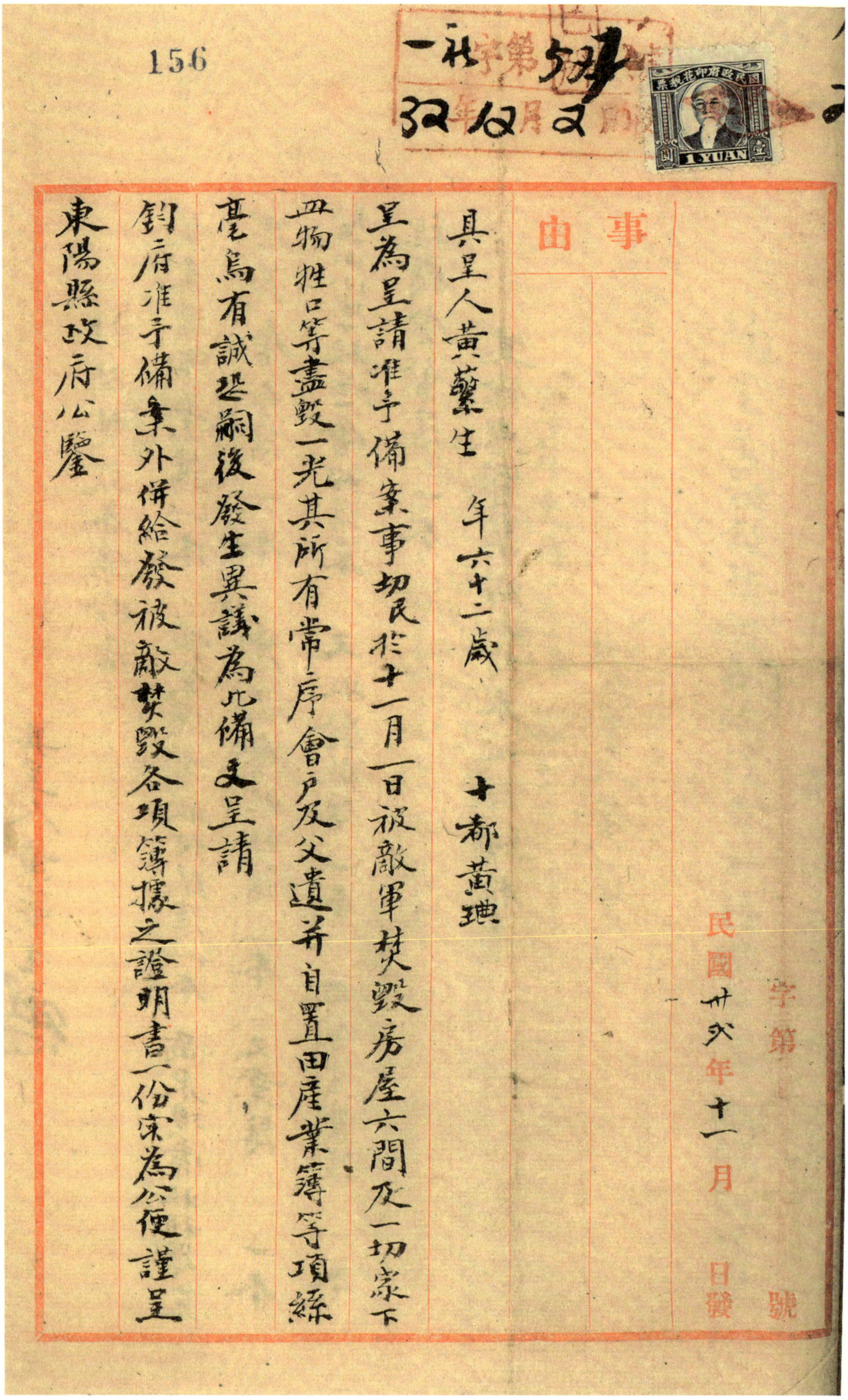
156

事由

具呈人黃蘗生　年六十二歲　十都黃塘

呈為呈請准予備案事切民於十一月一日被敵軍焚毀房屋六間及一切家下四物牲口等盡毀一光其所有常序會戶及父遺并自置田產業簿等項統毫烏有誠恐嗣後發生異議為此備文呈請

鈞府准予備案外併給發被敵焚毀各項簿據之證明書一份実為公便謹呈

東陽縣政府公鑒

民國卅弍年十一月　日發

字第　號

具呈人黄蘩生

計開焚毀各據於后

黄東溪嘗業簿一本　黄東溪嘗收付賬簿一本　黄東溪嘗收租簿一本

忠義會會簿　一本　忠義會收租簿　一本　又業簿　一本

毓山小學校董會租簿一本　又收發賬簿　一本　黄蘩生業簿　一本

裡嶺會會簿　一本

其餘典買契約一時未及詳細檢查

东阳县政府山北办事处关于设法铲除城敌强迫民众所种蓖麻致上卢区署的训令（一九四三年十二月十八日）

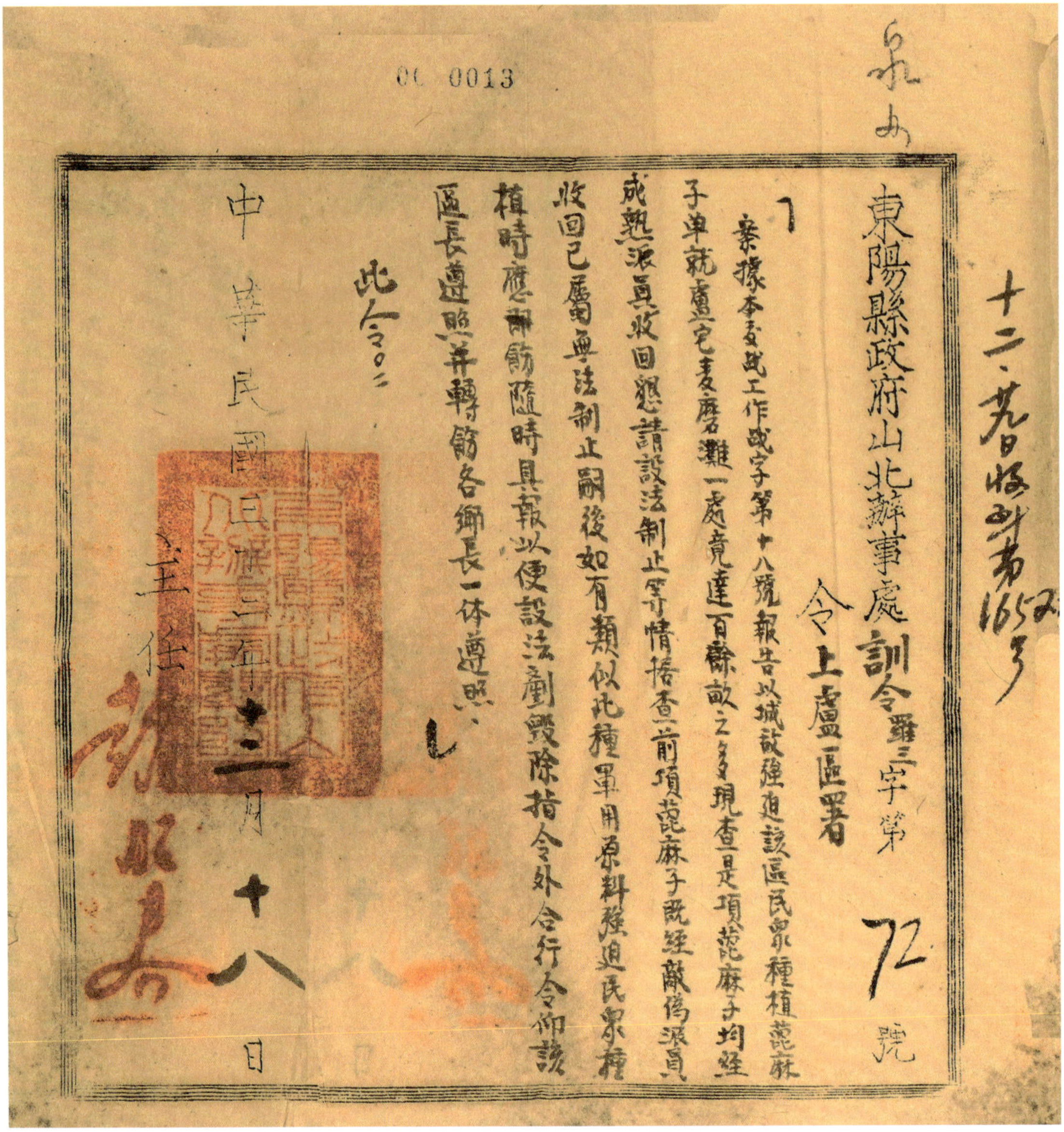

00 0013

東办

十二．廿四收到第1652号

東陽縣政府山北辦事處訓令羅三字第72號

令上盧區署

案據本處戰工作戰字第十八號報告以城敵強迫該區民眾種植蓖麻子單就盧宅麥磨灘一處竟達百餘畝之多現查是項蓖麻子均經成熟派員收回懇請設法制止等情據查前項蓖麻子既經敵偽派員收回已屬無法制止嗣後如有類似此種軍用原料強迫民眾種植時應即飭隨時具報以便設法剷毀除指令外合行令仰該區長遵照並轉飭各鄉長一体遵照

此令

中華民國卅二年十二月十八日

主任

东阳县八都乡乡公所关于李宅村被日军抢掠损失巨大致上卢区署的报告（一九四三年十二月二十一日）

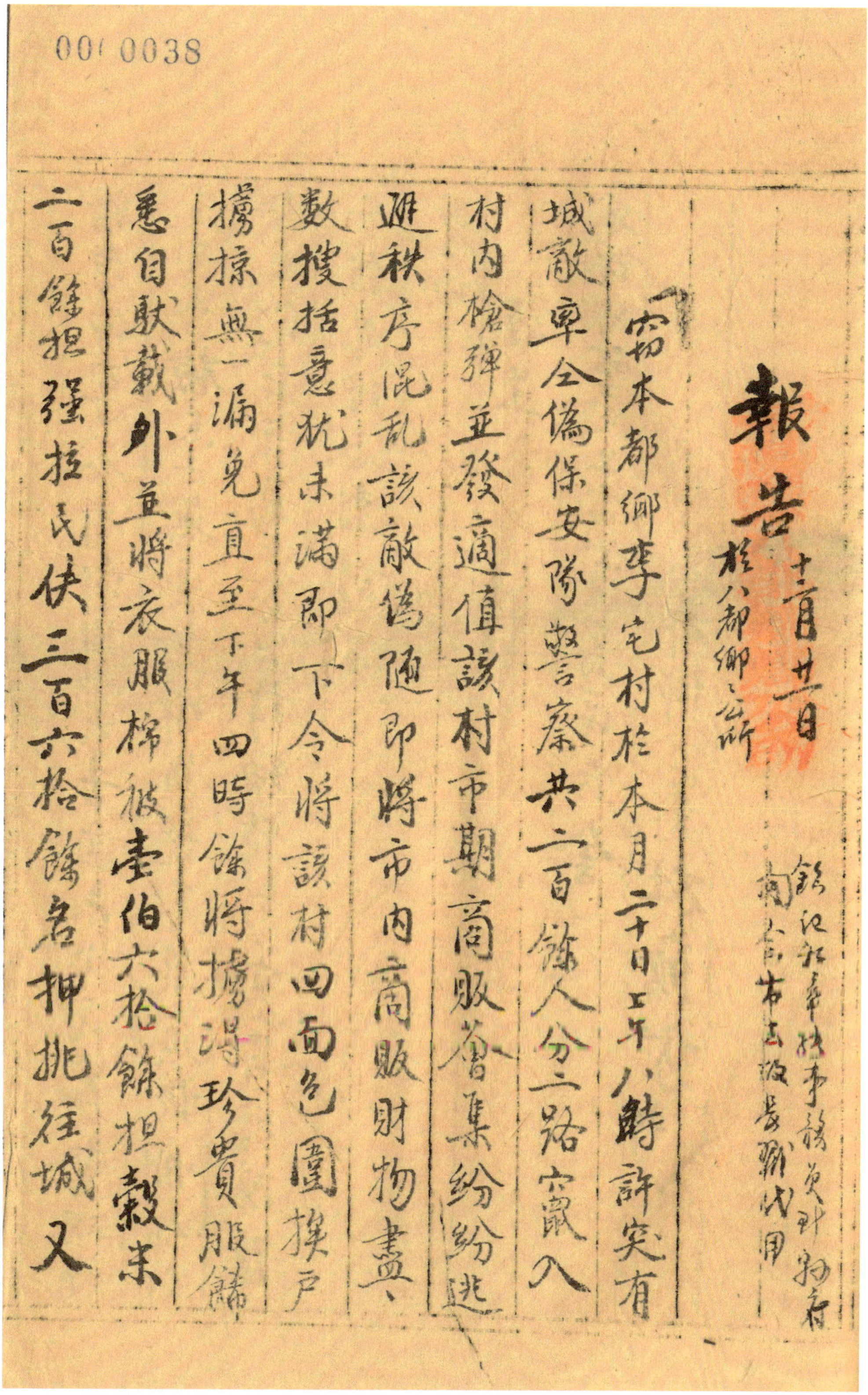

00(0038

報告　十二月廿一日　於八都鄉公所

[illegible]

竊本都鄉李宅村於本月二十日上午八時許突有城敵軍全偽保安隊暨警察共二百餘人分二路竄入村內搶掠並發適值該村市期商販眷集紛紛逃避秩序混亂該敵偽隨即將市內商販財物盡數搜括意猶未滿即下令將該村四面包圍挨戶擄掠無一漏免直至下午四時餘將擄得珍貴服飾悉自馱載外並將衣服棉被壹佰六拾餘担穀米二百餘担強拉民伕三百六拾餘名押挑往城又

將耆紳李谷香御柏而去，吉凶未卜，民眾驚魂稍定，回家檢點，一無長物，啼饑號寒，莫名慘惻，估計損失約在千萬元以上，詳細情形容再續陳

合報外，理合報請

鑒核。

謹呈

東陽縣政府上盧區署區長金

八都鄉鄉長杜鶴方 押

东阳县二都乡公所关于上卢镇被日军抢掠损失惨重致上卢区署的呈（一九四三年十二月二十二日）

承辦

東陽縣上盧區二都鄉公所呈　文字第　號　民國三十二年十二月廿二日

事由：為備述上盧鎮被敵偽擄（據本所員丁及家屬並被）市勒索損害情形附軍事損失清冊一份仰祈核備由

一、查本鄉上盧鎮於十二月十九日（即舊十一月念三日）上午拂時有敵安藤隊長一人偽保安隊許逆大隊長一人偽警察局長一人率領偽保安隊及警士六十餘名便衣隊三十餘名携輕機關槍弍挺合木壳白郎林步槍四十餘枝乘市面方興之時分三路將上盧鎮包圍水洩不通先則追捉本鄉公所職員將鄉丁盧英星住民盧壽福拿獲次則蜂擁民家百般搜索樓上樓下翻箱倒籠糧食雜物他上狼藉不堪並將民妻盧懿氏拿獲此時市民猝不及進儼同籠鳥盆魚任彼敵偽四路緊守大肆索錢鈔估計約數拾萬元後在豬鹽方面勒索征收苛稅每隻豬征稅十五元共豬一百餘隻計法幣弍仟餘元又鹽每担抽鹽稅卅斤共鹽弍百餘担合被征鹽六千餘斤又被擄約五十斤重之豬兩隻價值三仟餘元又十一保保長吳樟煌(同區合樓出)勒索法幣壹萬元查此番市民損害之重為空前所未有理合附軍事損失清冊仰祈

鑒核轉呈備查。謹呈

上盧區區長金

鄉長盧德喜

東陽縣上盧區四都鄉軍事損失清册

民國卅二年十二月

保甲別	被災戶姓名	被災情形：房屋間數	被災情形：約值財產	被災情形：傷亡人口	被災日期	被災地點	備攷
一保	中華肥皂厰		五百萬		三十一年十月至十二月間	六石口	厰内所有貨物原料機件現款等連搶五六次之多。
	許壽林等		一百萬		三十一年十月間	六石口	連許作、許春林、許宗林在内均被許水夫婦帶引戚敵搶擄。
	許嘉生		五萬		三十一年十二月間及本年八月	六石口	被戚敵、城敵二次搶擄，統計在内。
二保	許慶美		五萬		三十二年五月間	六石口	被戚敵綁勒。
五保	厲秀唐		二萬		本年六月間	東横山	被戚敵綁勒。
七保	周錫其		二萬	亡一口	卅一年十月間	戚高山	被戚敵刺死。
九保	鄭茂華			亡一口	卅二年十二月間	巍山	充任巍山自衛隊士兵，出巍山戰役陣亡
	鄭棋			亡一口	卅一年十月間	戚高山	被戚敵捉去活葬死。

十保	陳汝洪		一口	卅年十一月間	戚高山	被戚敵捉去活葬死
十一保	樓光水		一口	卅年五月間	上盧	被敵人刺死。
	王子英	五萬		卅一年十月間	湖滄	被縣敵搶去約三萬元，勒去二萬元。
	王烈雰	一萬		卅二年二月間	湖滄	被戚敵搶去大腿廿一只，在內。
十二保	陳毓文等	二四四萬 七萬	傷五口 廿口	卅二年八月間	陳店	因盤溪橋被洪水冲坏，戚敵迫催修築，居民不甘受使，以致焚燬十四戶。
	徐松壽	八萬		卅二年四月間	街豆	被李宅偽軍搶去約五萬元，鄉勒叁萬元
十三保	任茂洪		一口	卅年五月間	上盧	被敵軍以手鎗击斃。
	任心泉	一百萬		卅一年八月間	湶塘	被戚敵搶擄。
	任積謨	五萬		卅二年二月間	湶塘	被李宅偽軍鄉勒。
	任積華	十萬		卅二年五月間	湶塘	被上盧偽軍搶擄。

002

保	姓名	損失數	時間	地點	情形
十四保	杜兆龍	二百	卅年五月間	倉前	被敵軍入倉擊毀。
	杜昱芝	三百萬	卅年十一月間	倉前	被李宅偽軍搶擄。
	杜英禄	三萬	卅二年五月間	下渠	被李宅偽軍搶擄。
	杜英傑	二萬	卅二年五月間	下渠	被李宅偽軍搶擄。
	杜方查	一萬	卅二年五月間	下渠	被李宅偽軍搶擄。
十五保	杜嘉林 杜小海等	四三一百萬 一百萬 二百三	卅二年六月間	山豆杜	因杜吳楣投正後被敵會同縣敵焚燒二十戶之多。
	杜心田等	五十萬	卅年十一月間	山豆杜	因修經公路後被敵掃蕩擄掠全村損失如上數。

以上各保損失總數五百五十九萬

四都鄉全鄉軍事損失統計數

經費 每月弍萬三千五百元 總叁十五萬弍千五百元

食米 壹千弍百斤 總十弍萬

柴架 七千五百斤（約洋弍千四百元） 總叁萬六千

酒 十五担（每担三百元算） 計洋四千五百元 總

木板 三十方（每方三百元算） 計洋壹萬元

樹料 壹萬五千段（每段估計四十元） 計洋六十萬元

特項捐款 夏衣 酒捐 棉衣 市稅 約計十萬餘元

其他 掃蕩 搶劫 做公路損失地田計（三百秤）每秤二千元計 計洋六十萬餘

以上全鄉損失總數壹百八十八萬〇千

總上共損失乙百四十萬六千元

67500元

0054

受害人损害情形

姓名	性别	年龄	住址	死亡	重傷	輕傷	瓦屋或草舍被燬间数	財產損失估計	經濟狀況（赤貧、次貧、尚可維持）	調查員簽名蓋章	備考
陳福壽	男	三二	荷石塘	死			瓦屋五间	五〇〇〇〇	次貧		
杜繼文	男	四七	〃	死					赤貧		
陳金連	男	三四	缸窑	死					赤貧		
陳忠福	男	四〇	光裡城				瓦屋四间	四〇〇〇〇	次貧		
陳忠林	男	五八	〃	死			瓦屋三间	三〇〇〇〇	赤貧		
杜志成	男	八	荷石塘	死					赤貧		
杜志立	男	五	〃	一	重傷				赤貧		
虞氏遇	女	五二	光里城		〃				赤貧		

鄉長 查

东阳县一九四三年抗敌伤亡人士调查表（一九四三年）

013

東陽縣三十二年抗敵傷亡人士調查表

鄉保甲別	傷亡人姓名	年齡	住址	傷或亡	傷亡原因	傷亡時間	傷亡地點	備攷
一一一	~~盧章茂娘~~ 葛金銀	三三	陳宅街	亡	炸彈炸死	三一.五.	南午巷	
〃九	盧王徐	六五	盧宅	亡	〃	〃	〃	
〃〃	盧李氏	六四	〃	〃	〃	〃	〃	
四一	盧智弟	六一	〃	〃	大砲轟死	〃	盧宅	
〃〃	盧照弟	五八	〃	〃	〃	〃	〃	
九	許德洪	二四	井里后	亡	被敵擄去	三一.五.一.	衢州江	
十一	樓振升	三六	峴麻里	〃	敵用手榴彈炸死	三二.十.廿六.	東山[illegible]	
〃又	徐友根	一八	〃	〃				

十十單桂生三丈坡里住。

一	盧立惠	盧立	亡	被敌弹炸死	三一、五、九、	
[illegible]	盧高彬（盧立惠之妻）	〃〃	〃	〃	〃	
三四	桂思義之母		亡	被敌弹炸死	三〇年间	
〃	桂思義之姊		亡	〃〃	三〇年间	
十	桂凤仁		亡	被敌杀死	三十一年 久阵	
五二	趙志遠		亡	被敌掳绑去勒死	三二、六、八、	
〃	郭仁智		亡	被敌威胁成病致死	三〇、十、	
六一九	章迎星	彰村	亡	被連敌製	三二、九、六、	
八一	李韋氏	李立	亡	我軍反攻時流弹中命	三二、六、七、	李立

〃	四	李任氏	三八	李	立	亡	〃	〃	〃
〃	五	李斯氏	〥五	〃	〃	傷	我軍反攻被敌流彈悞傷	〃	〃
〃	〃	李英氏	〥〤	〃	〃	亡	我軍反攻被敌流彈[illegible]致	〃	〃
〃	〃	李茂豪	一三	〃	〃	傷	我軍反攻被敌流彈中傷	〃	〃
〃	八	李鄢氏	六三	〃	〃	亡	我軍反攻被敌流彈中心	〃	〃
〃	十	李受章	〥二	〃	〃	〃	〃	〃	〃
〃	〃	李撮看	三〤	〃	〃	傷	我軍反攻被敌流彈中傷	〃	〃
〃	〃	李成友		〃	〃	重傷	因不被敌擒殺手殺致亡	三二六一	〃
〃	〃	李汝金		〃	〃	亡	被俘重殺致	三二六八	〃
二	三	李錦傳	〥〤	〃	〃	〃	被敌流彈候連致	三二六〤	〃

二三 李吳汉の久 李岛支 傷 被敵流彈中傷 三二六、七 李〃支

四六 李福林の五 〃 〃 亡 被敵流彈中命 〃 〃

〃 李福寿 〃 〃 亡 敵軍反攻被敵流彈中命 〃 〃

〃 六李章昇五二 〃 〃 傷 被敵炸彈致 〃 〃

三四 徐茂春六〇 芝里湖 亡 運食物迎忠義圍軍被敵彈穿小腹致死 三二、一、廿三、芝里湖

五 徐阿木六〇 支里湖 〃 彈穿胸部〃支時殞命 〃 〃

三 何阿炳の× 支里湖 傷 我軍圍敵輸送食物彈穿左肩 三二、一、二三、芝里湖

四 徐益大五の 芝里湖 傷 〃右足受傷殘廢 〃 〃

徐藕香二〇 〃 〃 〃左右足均受傷 〃 〃

趙張湊芸五九 〃 亡 〃彈穿小腹〃 〃 〃

十十	楼克明	楼西文	亡	被敌轰毁	三二、二、五、	楼西文
夫二	盧華海		亡	敌人过境被轰毁	三二、六、	
六一	周林敘	金南	傳	被敌轰傳	三二、七、三、	金南
〃	周星朝	〃	〃	〃	〃	〃
〃	周錫華	〃	〃	〃	〃	〃
〃	周水昌	〃	〃	〃	〃	〃
三	吕洪春		亡	敌軍过境捉夫不應被毁	三二、四、六、	
一〇	麻海松		〃	〃	三二、四、二、	
二	吕晋傳		〃	〃	三二、五、五、	
三	吕晋高		〃	〃	三二、六、十二、	

蟒

一〇三	吕锦番		亡	敌軍队突入被惨杀	三二.五.	
五	吕桂本之妻		伤	被敌枪击乱剑三处伤	三一.四.一	
二七	马正仁		〃	被敌殴打一耳	三三.七.廿一	
二三	楼新岳		亡	秦岭坑在被敌炸死	三三.五.二〇	
一	周和昌		伤	炸伤	〃	
一	楼斐贵		〃	〃	〃	
七	之子金作物		亡	被敌惠杀	三一.五.六	
六	金玉良		〃	楼头被敌用刀惨杀书		
七	叶士高		〃	吴宅与敌作战阵亡	三三.四.六	吴宅口
九一	金孟法		〃	樟村桥与敌作战阵亡	三三.二.二六	樟村桥

〃	〃	金泰武		〃	〃	〃	〃
	十一	金梳華		〃	〃	〃	〃
九		蔣生法	大里	〃	〃	〃	〃
〃	十一	金昌倫		〃	葛塘與敵作戰陣亡	三二、三、二〇、	葛塘
十一	十三	金昌林		〃	樟村橋與敵作戰陣亡	三二、二、二六、	樟村橋
十三		李家達	橋頭	〃	周村與敵作戰陣亡		周村
十三	十二	吴邑良	白坦	〃	樟村橋與敵作戰陣亡	三二、二、二六、	樟村橋
〃	〃	吴福仁	〃 〃	〃	〃	〃	〃
〃		曹金錫		〃	溪口與敵作戰陣亡	三二、四、六、	溪口
〃	七	劉福昌		〃	葛塘與敵作戰陣亡	三二、三、二〇、	葛塘

年龄	姓名	籍贯		死亡原因	日期	地点
三	沈丁溪	本坑	〃	樟村桥与敌作战阵亡	三三.二.二六	樟村桥
三七	吕凤林		〃	攻巍阵亡	三二.二.九	巍山
	陈茂华		〃	〃	〃	〃
二一	赵阿娣		〃	高庄与敌作战阵亡	三三.四.五	高〃庄
二五	孙世昌	孙庄	〃	樟村桥与敌作战阵亡	三三.二.二六	樟村桥
二六	蔡之喜	蔡庄	〃	〃	〃	〃
二十	徐国祥	白溪	〃	〃	〃	〃
〃四	蔡明方		〃	攻巍阵亡	三三.一.九	巍山
〃	程洪		〃	溪口与敌作战阵亡	三三.四.六	溪口
六	蔡根木		〃	樟村桥与敌作战阵亡	三三.二.二六	樟村桥

丈	章士英		亡	攻魏阵亡	三二.一二.一九.	魏山
〃九	沈教云		〃	〃	〃	〃
六五	杨大昌		〃	汉口战役作战阵亡	三三.四.六.	汉口
九四	赵荣火		〃	攻魏阵亡	三二.一二.一九.	魏山
廿三	麻得忠	麻成	〃	〃	〃	〃
〃〃	麻得胜	〃	〃	〃	〃	〃
廿二	邢法奎		〃	〃	〃	〃
九	赵品运		〃	〃	〃	〃
一	赵品祥		〃	〃	〃	〃
	沈宝生		〃	汉口战役作战阵亡	三三.四.六.	汉口	浦东七宝桥人

朱世根

汪镇宝

顾吉生

金山韩永番

浦东顾永泰

五八	赵田炼之父		亡	被敌击毙	三二、一、九.
〃	胡杏菊之父		〃	〃	〃
〃	胡如金之母		〃	〃	〃
〃	胡志显之父		〃	〃	〃
〃	胡春水之子		〃	〃	〃
〃	胡正琴之妻		〃	〃	〃
〃	胡氏宝琴之夫		〃	〃	〃
〃	周氏宝玉之夫		〃	〃	〃
〃	楼仓之子		傷	被敌击傷	〃
〃	赵朱存		〃	〃	〃

〃	張章琴之夫	亡	被敌惠死	〃
●	趙正華	重傷	被敌惠傷	〃
〃	胡森陸之母	亡	被敌惠死	〃
〃	胡金湊	傷	被敌惠傷	〃
〃	胡世彬	〃	〃	〃
〃	趙汝安之妻	〃	〃	〃
〃	趙长春之妻	〃	〃	〃
〃	胡春海之	〃	〃	〃
〃	胡大行	〃	〃	〃
	馮春之夫	亡	被敌惠死	〃

〃		胡仙妥之兄				〃	〃	〃	
〃		胡松林之媳				〃	〃	〃	
〃		胡全钦之母				〃	〃	〃	
〃		赵朱有之弟妇				伤	被敌轰伤	〃	
三〇七		张章泉	五〇	楼	下之	亡	敌人捉拿拖拖拖残杀	三一.五.二.	永康道

三四	厲樹木	四三	東	里	亡	不敢而致服役 被擄虐斃	三一、五、一九、	東里附近	
三四	周星葉	二八	惠	廬	亡	殺敵陣亡	三〇、	海甯縣	所係五团有案
〃五	周錫堯	二〇	〃	〃	〃	〃		安徽省	第十補充团
〃七	周銀華	二五	〃	〃	〃	〃		江西省	第十預備師
〃〃	周茅春	三六	〃		亡	不肯而致服役 被擄殺	三一、五、一九、	萬石壇附近	
〃二	周朱方	七六	〃		〃	〃	〃	〃	
〃四	周忠喜	五三	〃		傷	不肯而致服役 被擄傷	〃	〃	
五六	厲樹方	五五	晉	立	〃	〃	民〃	晉 立	右手已殘廢
七	胡士根	五七	下	周	亡	不肯而致服役 被擄殺	〃	下周村外	
〃	胡本根	四〇	〃	〃	〃	〃	〃	〃	

八	周文彬	七八	仝上	亡	不肯为敌服役被枪杀	三二、五、一九、	仝上
〃	周仁根	五一	〃	〃	〃	〃	〃
〃	周新喜	三三	〃	〃	〃	〃	〃
〃	周胡彦鹏	三一	〃	〃	〃	〃	〃
〃	周加田	四一	〃	〃	〃	〃	〃
〃	周桂其	三〇	〃	〃	〃	〃	〃
〃	周庚喜	六八	〃	〃	〃	〃	〃
三二	周杉木	五二	尖山	掳去	被敌掳去带路	三二、五、二、	尖山
三一	张载福	五九	〃	亡	敌人捉拿拉拒挑担	三二、五、二、	〃
三三	张水荣	二九	〃	〃	挣脱被捕杀	三一、五、二、	〃

东阳县政府关于呈报一九四三年度遭受日军损失情形致浙江省政府社会处、省赈济会的代电
（一九四四年一月五日）

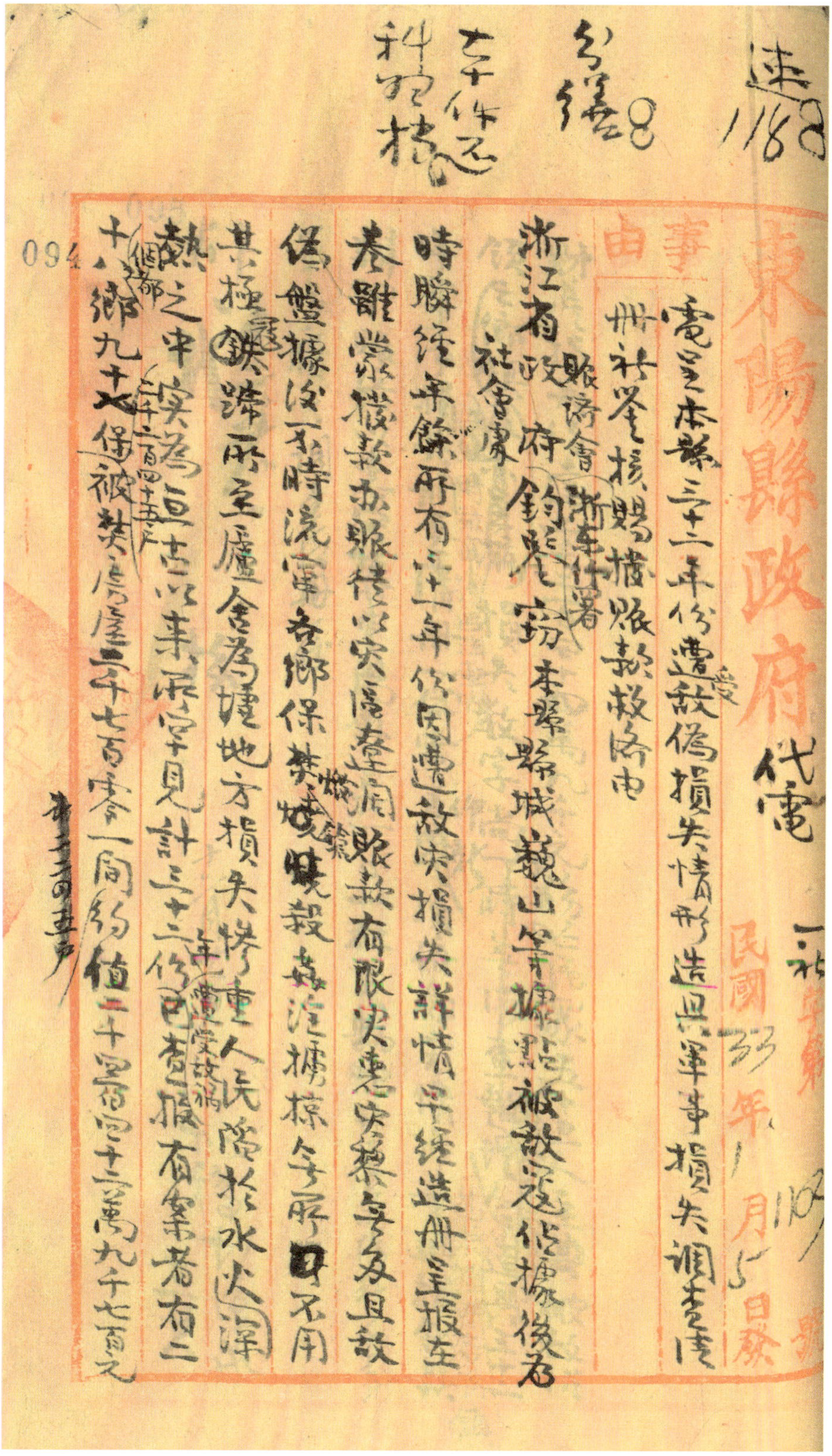
速
1168
分繕8
本件送科彙核

東陽縣政府代電 字第 號
民國33年1月5日發

事由 電呈本縣三十二年份遭受敵偽損失情形造具軍事損失調查表冊祈鑒核賜撥賑款救濟由

浙江省政府（賑濟會 浙東行署 社會處）鈞鑒：竊本縣縣城巍山等據點被敵寇佔據後為時瞬經年餘，所有卅一年份因遭敵災損失詳情早經造冊呈報在案，雖當撥款亦賑，惟以災區遼闊，賑款有限，災患實繁，且敵偽盤據後不時流竄各鄉保焚燬殺戮淫擄掠等，所□不用其極，鐵蹄所至，廬舍為墟，地方損失慘重，人民陷於水火深熱之中，實為亙古以來所罕見。計三十二年份已查報有案者有二十八鄉九十七保，被焚房屋二千七百零一間，約值二千四百四十二萬九千七百元

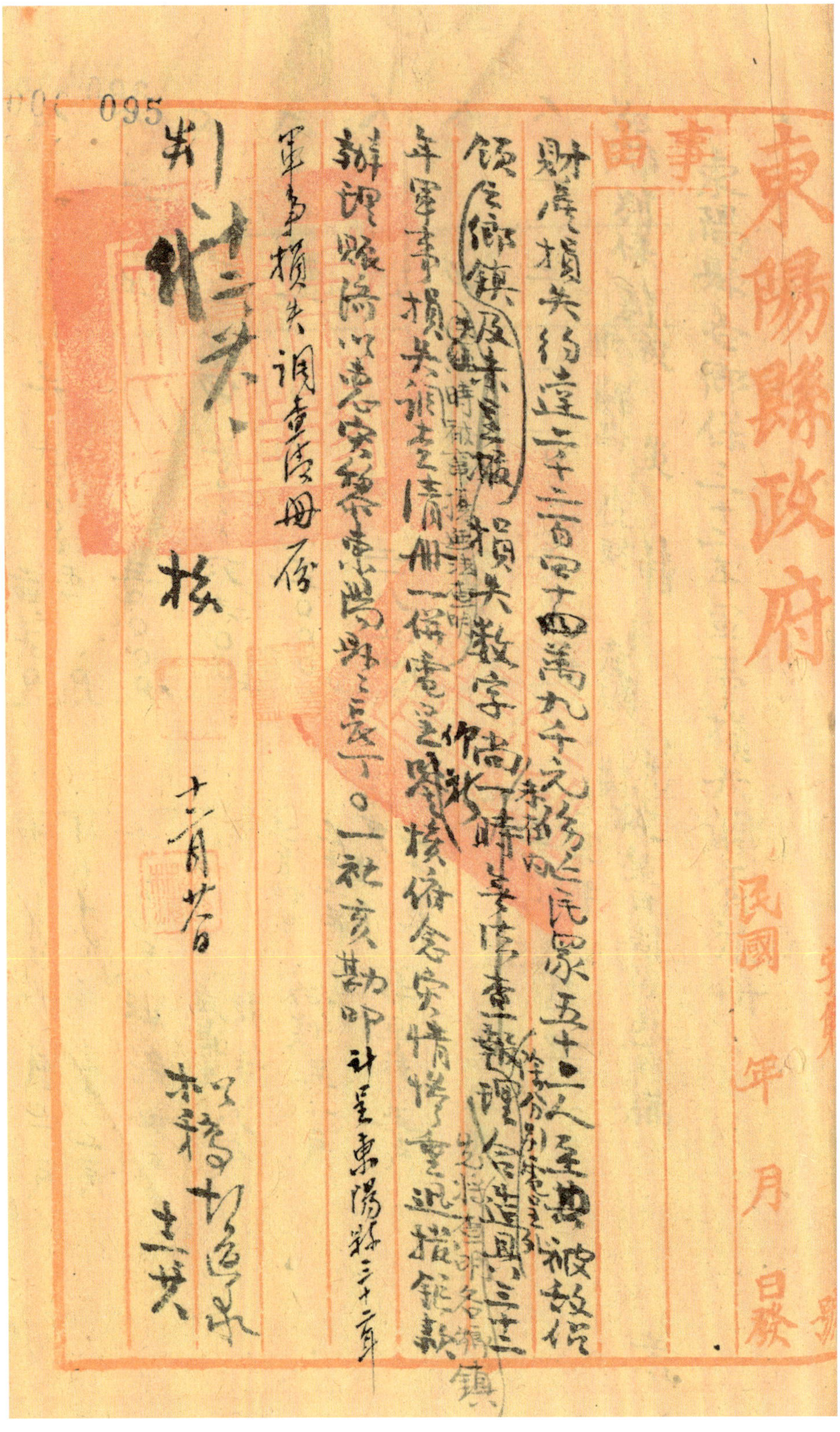

東陽縣政府

事由

財產損失約達二千二百四十四萬九千元約合民眾五十二人至其被敌侵

佔各鄉鎮及未被侵佔鄉鎮損失數字尚待一時未能查填理合造具三十三

年軍事損失調查清冊一份電呈鑒核俯念災情慘重迅撥鉅款

辦理賑濟以惠災黎東陽縣縣長丁〇。一社亥勘叩 計呈東陽縣三十三年

軍事損失調查清冊存

判行

核

十二月廿

擬如稿

士英

民國 年 月 日發 字第 號

095

附：东阳县各乡保一九四三年军事损失调查清册

東陽縣各鄉保三十二年軍事損失調查清册

鄉別	保別	被災情形 房屋間數	約值	財產	人傷亡數	被災日期	被災地點	備考
一	二	一	一、〇〇〇元	五〇、〇〇〇元		三十年五月	廬宅	一戶
	四	一	一、〇〇〇	一、〇〇〇元		〃	〃	一戶
	九			二八五〇元		三十一年四五月	井亘後	五戶
	十二			五、〇〇〇元		三十二年七月四日	尚耕里	一戶
	十三	十四	一〇〇、〇〇〇	一八、六〇〇元			張村麻車亘	八戶
二	五			二〇、〇〇〇元		十月廿四日	潭沿	四戶
	八	三	九〇、〇〇〇元	五一、〇〇〇元		十月廿八日	上廬	三戶
				四七九〇元		十月廿九日	上廬	一戶
	九	三	六〇、〇〇〇元	五四〇〇〇元		十月廿八日	〃	七戶

三	六		一九七八元 六五五六元	九、六五吉元	三十二年二月十六日 八月十六日	雅溪	一户
四	十五	四三	四三五、〇〇〇元	六五、〇〇〇元	六月十三日	鄧山村	廿八户
六	一			三五、〇〇〇元	三月十二、九月十六	樟村	二户
	二			五三五〇〇元	三十一年五月十六、廿三、廿五、廿四日	〃	八户
	五	三	一五〇、〇〇〇元	三六、〇〇〇元	廿一、廿三、廿四、廿五、廿八	東下孝子 亭下塘	八户
	六			八四、〇〇〇元	廿二、廿三、廿六、廿四	蟠松	五户
	七			三八〇〇〇元	卅年九廿二、卅一、六、廿四	林頭下塘 塘頭	六户
	十一			二〇〇〇〇元	廿一、九	門豆田 金鸡壇	二户
	十三			三三九〇〇元	〃	罗湶豆 裡光門	七户
	十五			一〇七、〇〇〇元	卅一、四、卅一	校周	二户

097

文	九	畑干根立 長林小学	二	四五〇〇元 一二八〇元		三十二年十一月廿三日	畑干	三五户
文	十	三	五	五〇〇〇〇元 四〇〇〇〇		十一月一日	井头园	四户
文		五	七三	三二〇〇〇〇元		〃	吉岭 吉岭 双岭	共九户
文		八	六	八四〇〇〇元		〃	黄潭 安鹤	十七户
文		九	九〇	六六〇〇〇元		〃	黄磯	廿七户
文		一〇	一四九	四四二〇〇〇元		〃	株西宅 福津店	六〇户
文		二	九九	二九六〇〇〇元		〃	株西宅	四十二户
○		十二	九八	二九四〇〇元		〃	(1)	四十三户
文		十五	一七三	四三二五〇〇元		〃	禾宅 株下 [illegible]	九五户
○	一五	五.一	五	一五〇〇元 三八五〇〇元		卅二年 五.二八	沈良	四户

	四			四〇〇〇元	卅二年六、二九	横山	二户
	五			罡〇〇元	〃	横路	一户
	六			三二六〇〇元	卅二年四、五	林竣	三〇户
一六	一	三	六〇〇〇	一九八五〇元	卅二年九、十五	仁里王 酋鲁	四九户
	四			七六五〇元	〃	秦宅	八户
	五			二四四五五元	〃	〃	卅七户
	六			二七〇六〇元	〃	〃	三九户
一七	二	二二六	九八〇〇〇元	六三五〇〇元 伤十二人	卅二年四、二八	后文	五七户
	三	一九六	三六六〇〇元	九六六〇〇元 伤二人 亡二人	〃	白溪	百〇二户
一八	一	一	一〇〇〇元	五〇〇〇〇元	卅年五月	卢宅	一户

八		三			四五九〇〇〇元		廿二年九十五	岑洞	八〇户
八	二一	七			七三九五〇元		廿二年三十九	夏前楼	九户
、	二二	六			九〇〇〇元		廿二年二十七		十[illegible]户
、	二三	九			一五〇〇〇元				十二户
八	二五	五	六	六〇〇〇〇元	一三五〇〇元		廿二年一二七	岑口	十八户
八		六			八三八〇元		〃	〃	十四户
八		七	四〇	五〇〇〇〇元	一〇三九八五元		〃	〃	卅三户
八		八	三四	九〇〇〇〇元	四〇三〇〇元	稿[illegible]吉 二十一人	〃	新屋	五十二户
八	二七	五	五三	一六〇六〇元	一四〇〇元		廿一年五十九	晋頭	五十三户
八		六	一四九	六九八〇〇〇元	三五八〇〇〇元		〃	横路	八十九户

湖溪镇

7,002,244元
5765135
12765379

入		七	七一	一五〇〇〇〇元	一六八〇〇〇〇元	六二人	〃	胡宅 四十五户
入		八	二	一〇〇〇〇〇元	一四〇〇〇〇〇元		〃	岑镇 十三户
入	三九	一			七五六〇〇元		卅三年 一、卅三	吕畈楼宅 吉度潘 十六户
入		七			一二〇〇元		〃	小藕田 三户
入		一〇	七	五〇〇〇〇〇元	三三二〇八二元		〃	象口 四四户
入	四一	五	五二	五〇〇〇〇〇元	一五六〇〇〇〇元		〃	湖溪 廿八户
入		六	一〇五	一〇五〇〇〇元			〃	湖溪 八八户
入	四三	五	七八	七八〇〇〇〇元			〃	楼店 四四户
入		七	五六	五六〇〇〇〇元			〃	南上湖 三三户
入	四六	十三	一七七	一七四〇〇〇〇		伤一 亡一八	卅二年 十一、廿五	祝鸟石坑 岩山头 八十户

桂店

五四	一			四三八五五五〇元		卅二六年 二、十八	上康郎 浦屋波 山	六十九户
	二			四七三九〇元		卅二年 三、一〇	琴堂	十二户
	四			八九二〇元		卅一、十二、廿 卅二、三十	米塘	廿六户
	五			一四〇三〇〇元		卅一、十二、廿八	〃	廿二户
五八	五	一四〇	五二〇〇〇〇	四〇〇〇〇〇〇		卅二、二年	上许宅	廿六户
五九	三	一三〇	一三四三〇〇元		七三人	卅二年 六、十三	塘浬	五四户
	四	二九	八三六〇元		编一人 三三	〃	许宅 田扇	十六户
六〇	四	三二	一五〇〇〇〇元	二三六〇〇〇元		卅一年 十二、九	黄田畈	三户
	五	三二	一三〇〇〇〇元	九〇〇〇〇元		卅一年 〃	黄田畈	八户
	八	三二	一五六〇〇〇元	二三六〇〇〇元		卅五、二〇	泉村	十三户
六四	一	一〇	五〇〇〇〇元	五七五〇〇元		卅一年 五、廿 九、廿	大港下 塘湾	五户

二	九	四五〇,〇〇〇元	二六〇,〇〇〇元		廿一年十一、八、	大坑	二户
三			一〇〇,〇〇〇元		廿一年五、廿一、	金村	四户
四			四〇,〇〇〇元		廿一年五、二六、	陶村	三户
五			六〇,〇〇〇元		廿一年六、一九、	神道門	一户
六	五	三五〇,〇〇〇元	三七〇,〇〇〇元	二人	廿一年五、十六	荷石山 黄兜山 黄桥頭	五户
七			四七〇,〇〇〇元		廿一年六、廿四、七、十五、	[illegible] 巴石面	七户
十				炸死一人	廿一年五、十一、	缺窑	一户
十二	七	三五〇,〇〇〇元	三三〇,〇〇〇元		廿一年五、一九 廿三年三、廿六	大宅村 城光裡	六户
十四			五〇,〇〇〇元		廿一年五、十六、七、十二、	厚儀	三户
六五	六		五七〇〇元		廿一年五、一九	燠山	廿户

	七			五0000元	卅一年五、九、	田塘頭 田心	五十七户
	八	二九	五六0000元	百三七0元	〃	十里頭	五十八户
	九			一八五000元	〃		九十五户
	十			十九000元	〃	南田坂 五麻車	三户
	十一			十三六00元	〃	麻車	一户
	十二			三三000元	〃	〃	七户
六六	一	九	四五000元	二五000元	卅一年五、二〇	下范	三户
	四	十六	八0000元	一二五000元	卅一年十二、五	棣坊	六户
	五	二	一0000元	四0000元	卅一年十六、十六	高范	一户
	八	三	九0000元	一二五七九0元	卅二年十、廿九	上廬	三户

入 九 一〇 三〇〇〇〇元 一〇，〇〇〇元 卅二年五廿三日 錦坊 四户

入 十四 一三六 三五〇，〇〇〇元 一四四，〇〇〇元 十二、七、王户口 九户 卅、錦坊 廿一户

入 十五 十六 八〇，〇〇〇元 九〇，〇〇〇元 卅一年 毛竹園 五、二日 蒔奂嶺 四户

六七 三、五 六保 一二四三五元 卅二年 廿六 覔北周 九四户 共一二四户

八 三 四〇，〇〇〇元 八〇，〇〇〇元 〃 三洲 一户

九 七 一四〇，〇〇〇元 一二〇，〇〇〇元 〃 古塘 六户

合計 二七三 一四四九七〇〇 一二四九〇〇〇元 偽三百 匹三三 共二一四五户

三六 九 一三六 一二六七〇〇〇元 三三八五〇〇〇元 偽一八 卅三年 青古 卅二户

五 四 七〇一二〇〇〇 七二八〇〇〇 偽一 匹二 青古 寨

七七 一元四〇〇〇 一〇八八〇〇〇 偽四九 二四

东阳县十都乡乡公所关于西宅、中宅等村被日军窜扰财物损失巨大致东阳县政府山北办事处的报告

（一九四四年一月九日）

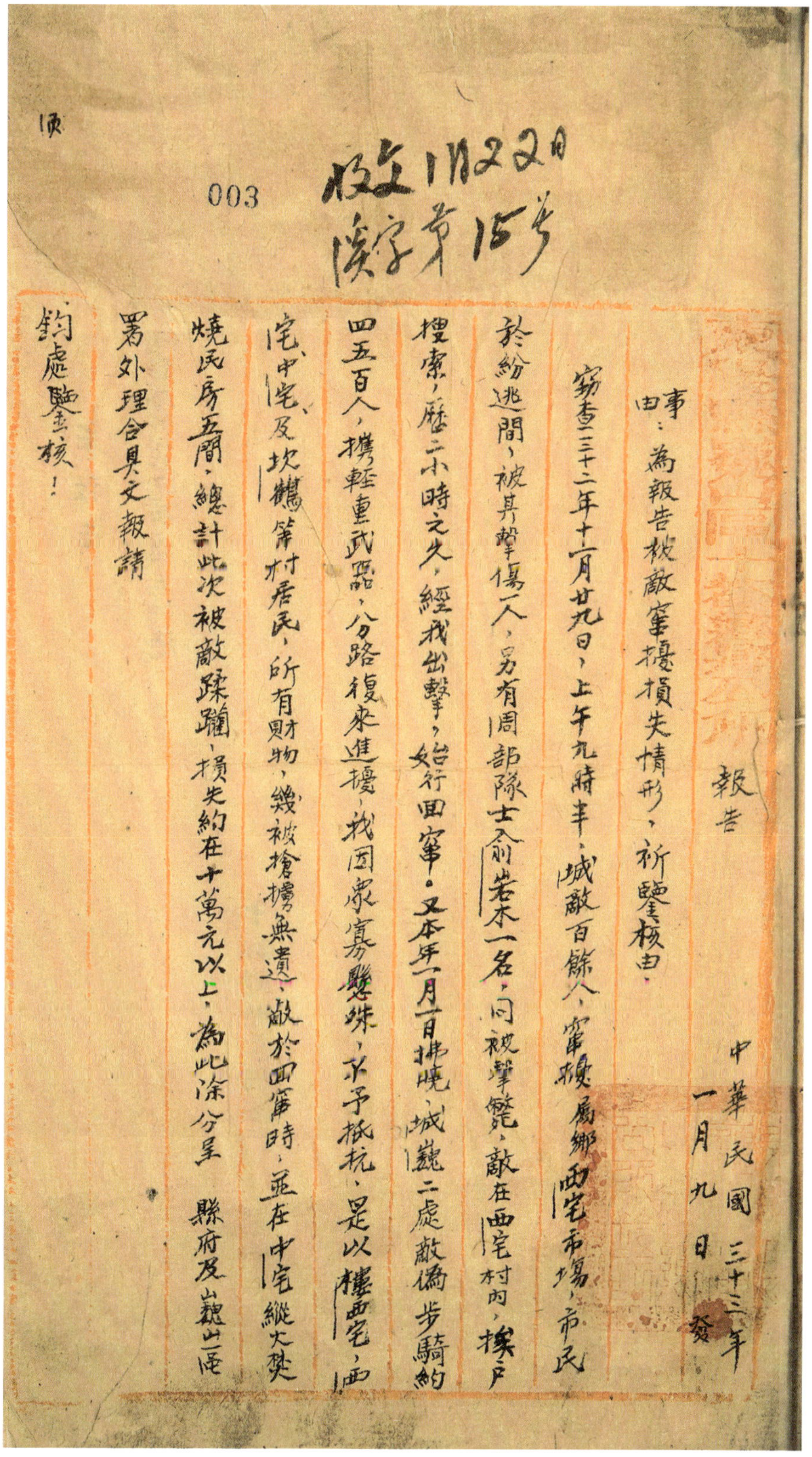

仮

003

收文1月22日

溪字第15号

報告

事由：為報告被敵竄擾損失情形，祈鑒核由。

竊查三十二年十一月廿九日，上午九時半，城敵百餘人，竄擾屬鄉西宅市場，市民紛紛逃間，被其擊傷一人，另有周部隊士兵若木一名，同被擊斃，敵在西宅村內，挨戶搜索，歷一小時之久，經我出擊，始行回竄。又本年一月一日拂曉，城巍二處敵偽步騎約四五百人，携輕重武器，分路復來進擾，我因眾寡懸殊，不予抵抗，是以樓西宅、西宅、中宅及坎鷄等村居民，所有財物，幾被搶擄無遺，敵於回竄時，並在中宅縱火焚燒民房五間，總計此次被敵蹂躪，損失約在十萬元以上，為此除分呈縣府及山巍山區署外，理合具文報請

鈞處鑒核！

中華民國三十三年一月九日發

右報告

東陽縣政府山北办事處主任趙

十都鄉鄉長胡紹賢

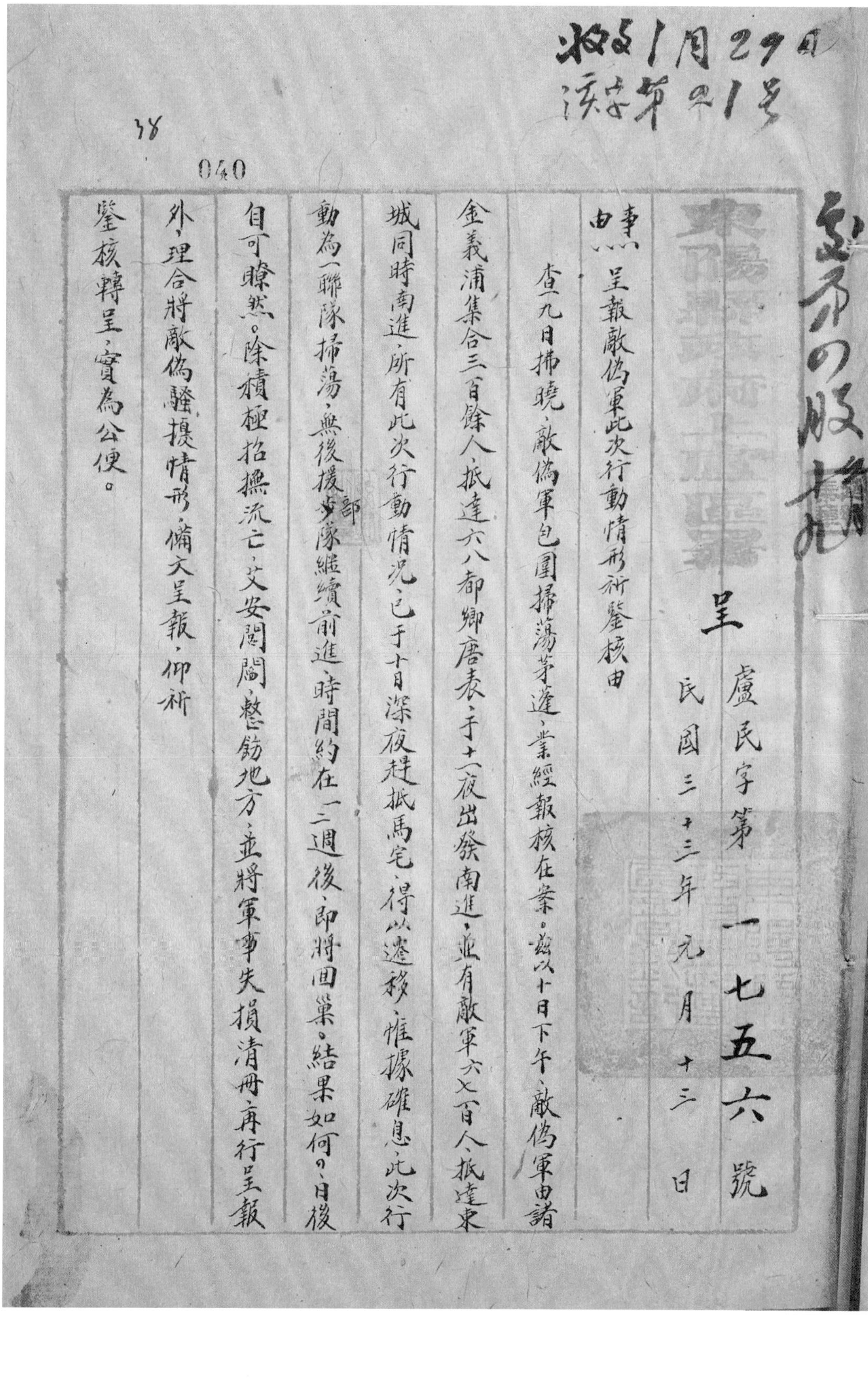

東陽縣政府上盧區署 呈 盧民字第一七五六號

民國三十三年元月十三日

事由：呈報敵偽軍此次行動情形祈鑒核由

查九日拂曉，敵偽軍包圍掃蕩茅蓬，業經報核在案。茲以十日下午，敵偽軍由諸金義浦集合三百餘人，抵達六八都鄉唐表，于十一夜出發南進，並有敵軍六七百人，抵達東城同時南進。所有此次行動情況，已于十日深夜赶抵馬宅，得以遷移。惟據確息，此次行動為一聯隊掃蕩，無後援部隊繼續前進，時間約在一二週後，即將回巢。結果如何，日後自可瞭然。除積極招撫流亡，文安閭閻，整飭地方，並將軍事失損清冊再行呈報外，理合將敵偽騷擾情形，備文呈報，仰祈鑒核轉呈，實為公便。

东阳县上卢区署关于十日下午日军扫荡行动致东阳县政府山北办事处的呈（一九四四年一月十三日）

謹呈

山北办事處主任趙

東陽縣政府上虞區區長金頌新

东阳县廿一都乡公所关于日军掳掠耕牛强拉民夫致东阳县山北办事处转呈东阳县政府的报告

（一九四四年一月二十一日）

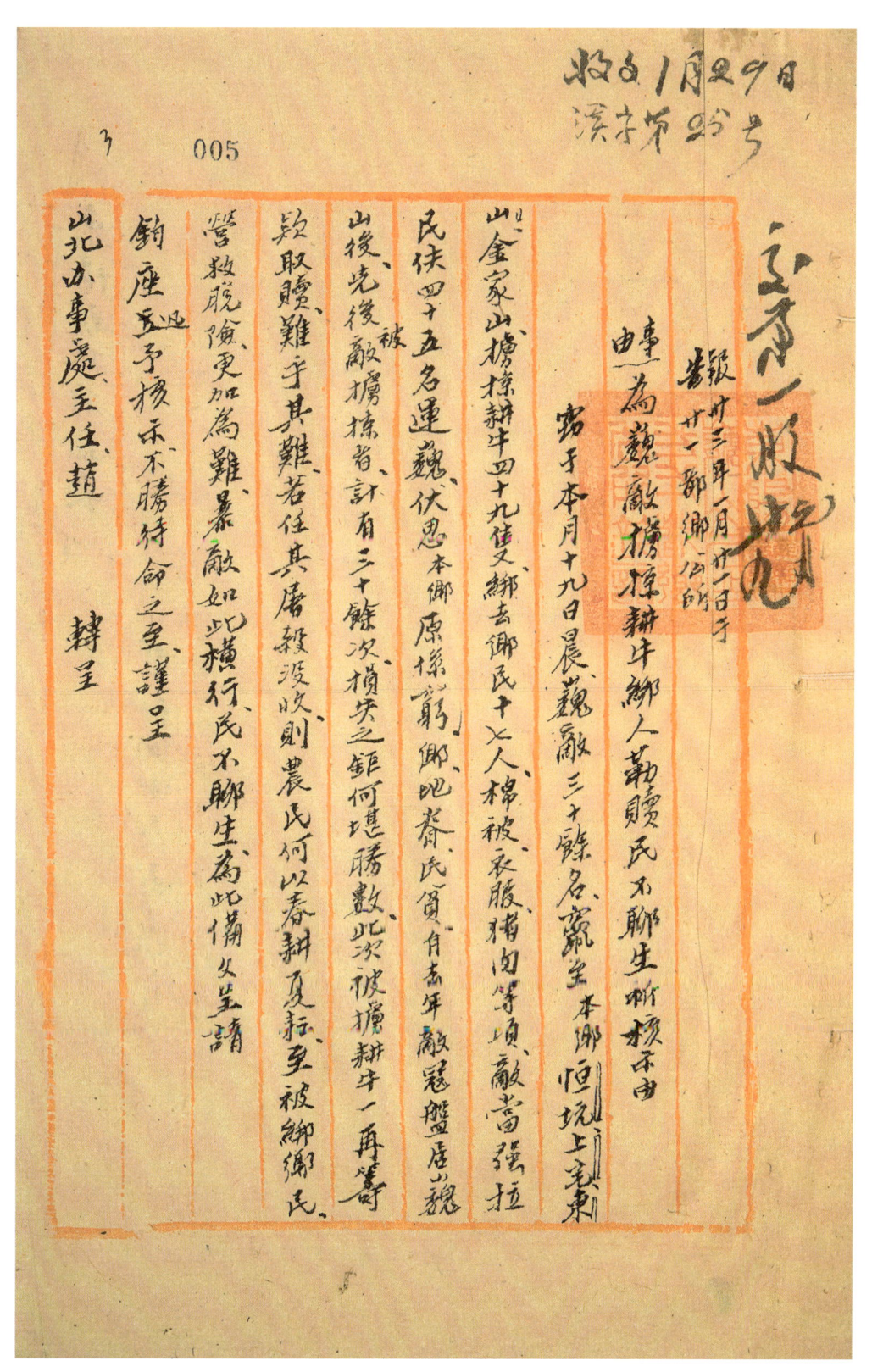

收文1月29日
滨字第85号

3 005

報告 卅三年一月廿一日于廿一都鄉公所

事由 為巍敵擄掠耕牛鄉人勒贖民不聊生祈核示由

竊于本月十九日晨巍敵三十餘名竄至本鄉恒坑上東山、金家山擄掠耕牛四十九隻、綁去鄉民十七人、棉被、衣服、豬肉等項、敵當強拉民伕四十五名運巍、伏思本鄉原係窮鄉、地瘠民貧、自去年敵寇盤踞巍山後、先後被敵擄掠者、計有三十餘次、損失之鉅何堪勝數、此次被擄耕牛一再籌款取贖、難乎其難、若任其屠殺沒收、則農民何以春耕夏耘、至被綁鄉民、營救脫險、更加為難、暴敵如此橫行、民不聊生、為此備文呈請

鈞座迅予核示、不勝待命之至、謹呈

山北辦事處主任趙 轉呈

東陽縣政府縣長丁

廿一都鄉鄉長馬鼎芹

东阳县政府山北办事处关于日军在该处所在地四处抢掠财物损失浩大致东阳县政府的代电
（一九四四年二月十二日）

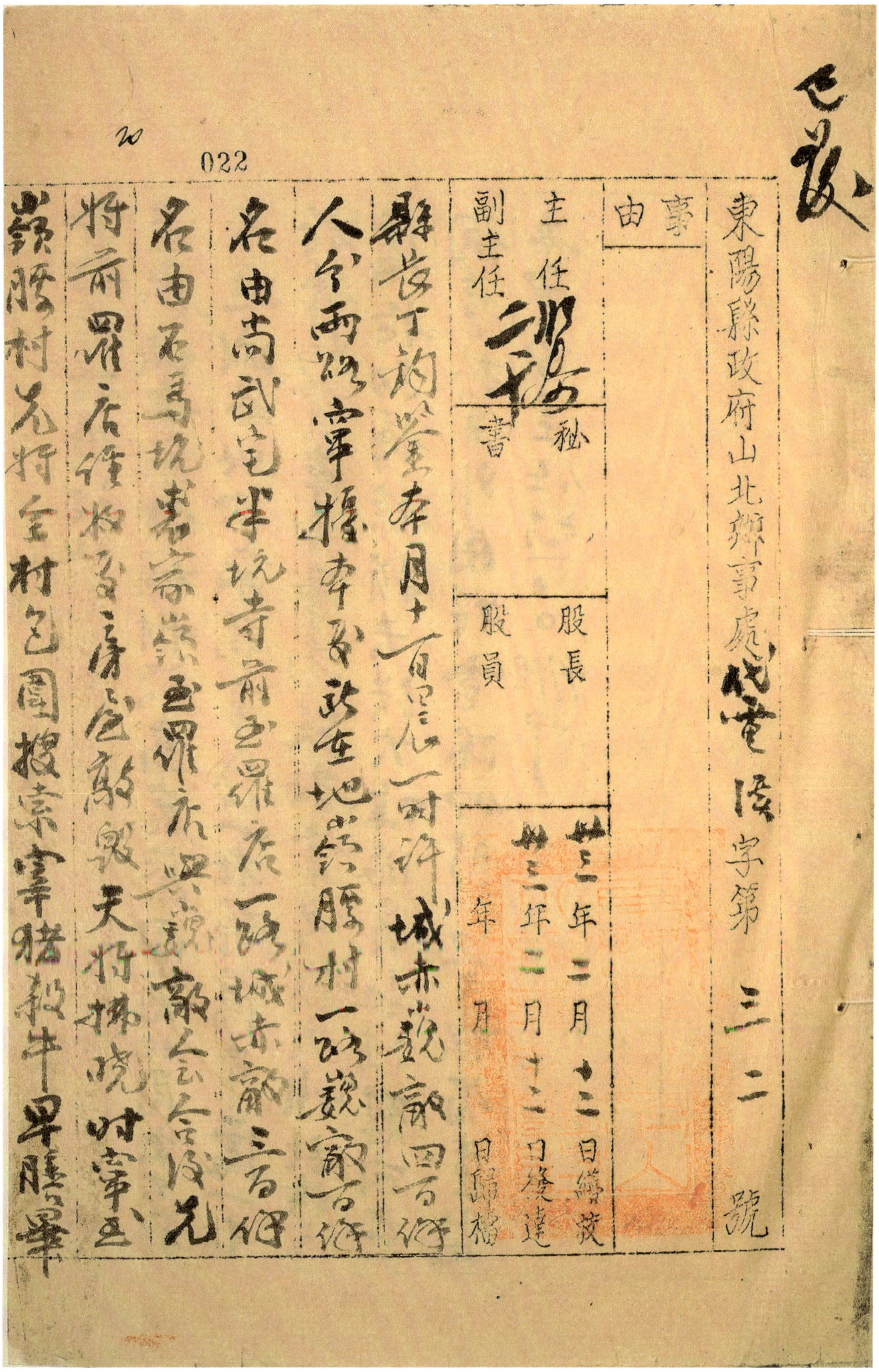
已發

20

022

東陽縣政府山北辦事處代電　[illegible]字第三二號

事由

主任　副主任

秘書

股長　股員

卅三年二月十三日繕發
卅三年二月十二日發達
年　月　日歸檔

縣長丁鈞鑒：本月十一日晨一時許，城東敵寇四百餘人分兩路竄擾本處所在地嶺腳村，一路敵寇百餘名由尚武宅半坑寺前至羅店，一路城東敵寇三百餘名由石馬坑、嵩窠嶺至羅店與該敵會合後，先將前羅店鍾姓房屋敵燬，天將拂曉時竄至嶺腳村，先將全村包圍搜索，宰豬殺牛，早膳畢

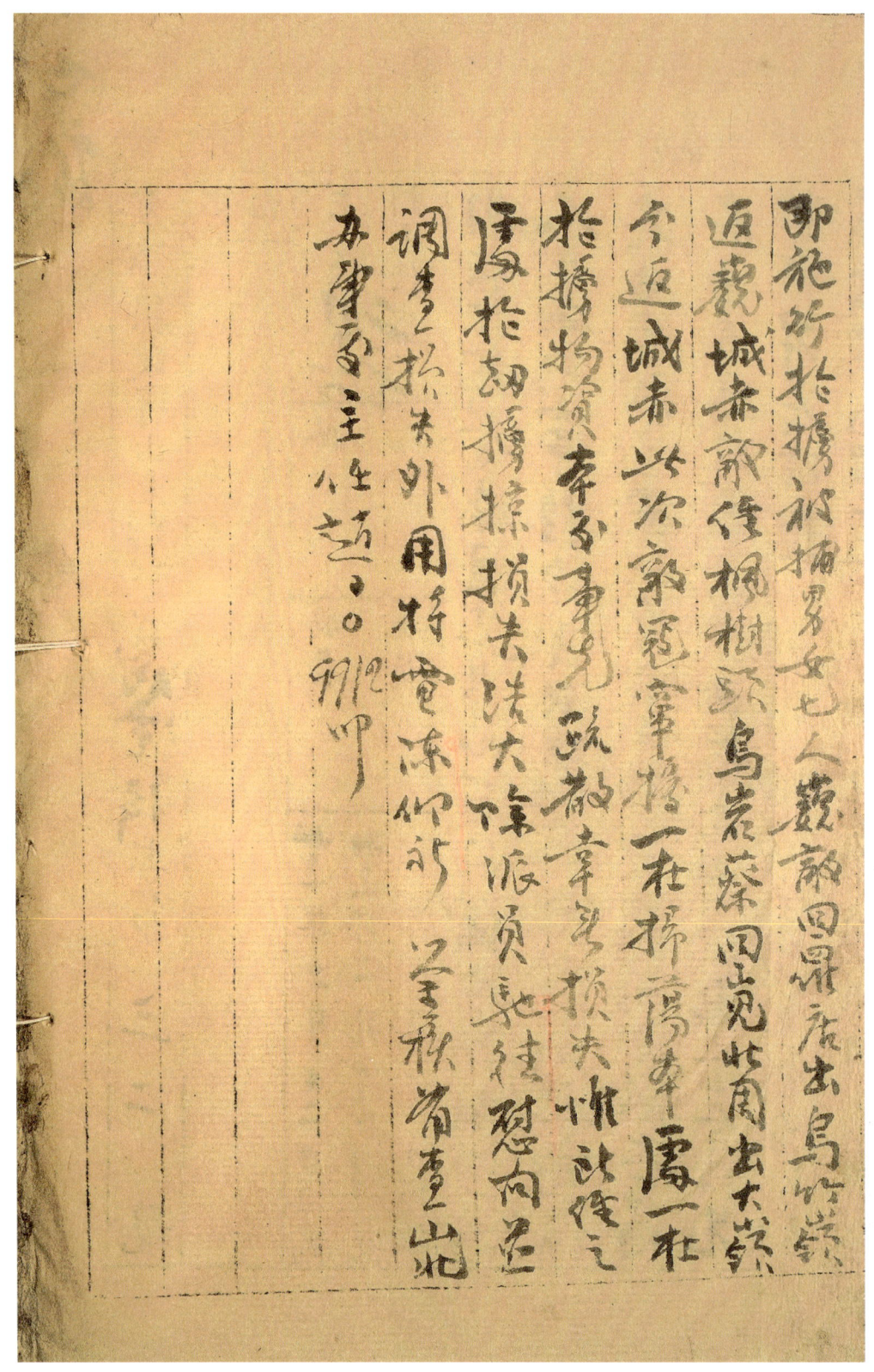

即施行抢掳，被捕男女七人。观敌回巢后出乌竹岭、
近观城亦敌住枫树头、乌岩、蔡回山，见北向出大岭，
今近城亦此次敌寇军掳一杆，掳阳华处一杆
抢掳物资，本系事先疏散，幸免损失，惟讵传之
处抢劫掳掠损失甚大。除派员驰往恳向民
调查损失外，用特电陈，仰祈　鉴核备查。山北
办事处主任赵〇〇 八 巳叩

十四都乡第一保关于日军流窜抢掠财物请予救济致东阳县政府山北办事处的呈（一九四四年二月十四日收）

009

事由　為敵軍流竄損失頗鉅附具清冊一份祈鑒核救濟、

切查本年二月十一日拂曉城赤寬敵軍約四百人分路竄擾本村先將包圍繼即挨户搜索將所有家具財物等項除擄取外悉被毀焚損失之大亙古未有際茲百物昂貴之時維持生活已屬困难復遭此巨劫痛苦何堪言狀為此附具損失清冊一份仰祈鑒核迅予設法救濟以安閭閻不勝急切待援援之至、

謹呈

山北办事處主任趙

附清冊一份

十四鄉第一保保長王祖林

六十七都乡乡公所关于呈报日军过境损失情形及本所钤印长戳等被搜去致东阳县政府山北区办事处的呈（一九四四年二月十八日）

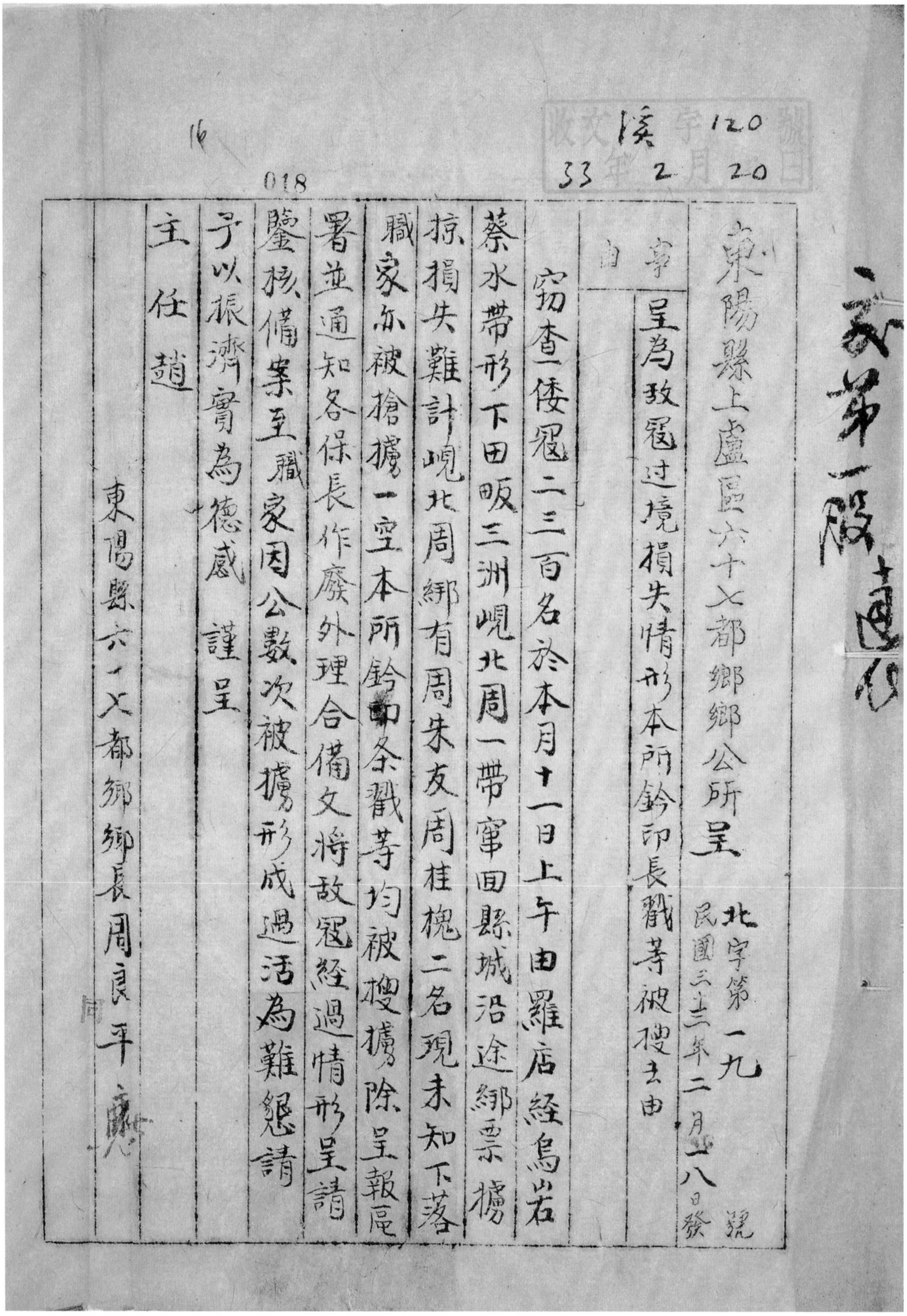

收文 滨字120號 33年2月20日

16

018

交第一股

東陽縣上盧區六十七都鄉鄉公所呈 北字第一九號 民國三十三年二月十八日發

事由：呈為敌寇过境損失情形本所鈐印長戳等被搜去由

竊查倭寇二三百名於本月十一日上午由羅店経烏岩蔡水帶形下田畈三洲峴北周一帶竄回縣城沿途綁票擄掠損失難計峴北周鄉有周朱友周桂槐二名現未知下落職家亦被搶擄一空本所鈐印条戳等均被搜擄除呈報區署並通知各保長作廢外理合備文將敌寇経過情形呈請鑒核備案至職家因公數次被擄形成過活為難懇請予以振濟實為德感 謹呈

主任趙

東陽縣六十七都鄉鄉長周良平

六十七都乡乡公所关于报送该乡军事损失调查清册致东阳县政府山北办事处的呈（一九四四年二月二十七日）

東陽縣上盧區六十七都鄉鄉公所 呈 北字第21號 民國三十三年二月二十七日發

事由

茲造送本鄉軍事損失調查清冊一份理合備文連同該項清冊一併呈請

鑒核謹呈

山北辦事處主任趙

附呈軍事損失清冊一份

六十七都鄉鄉長周良平

附：东阳县上卢区六七都乡军事损失调查清册（一九四四年二月二十七日）

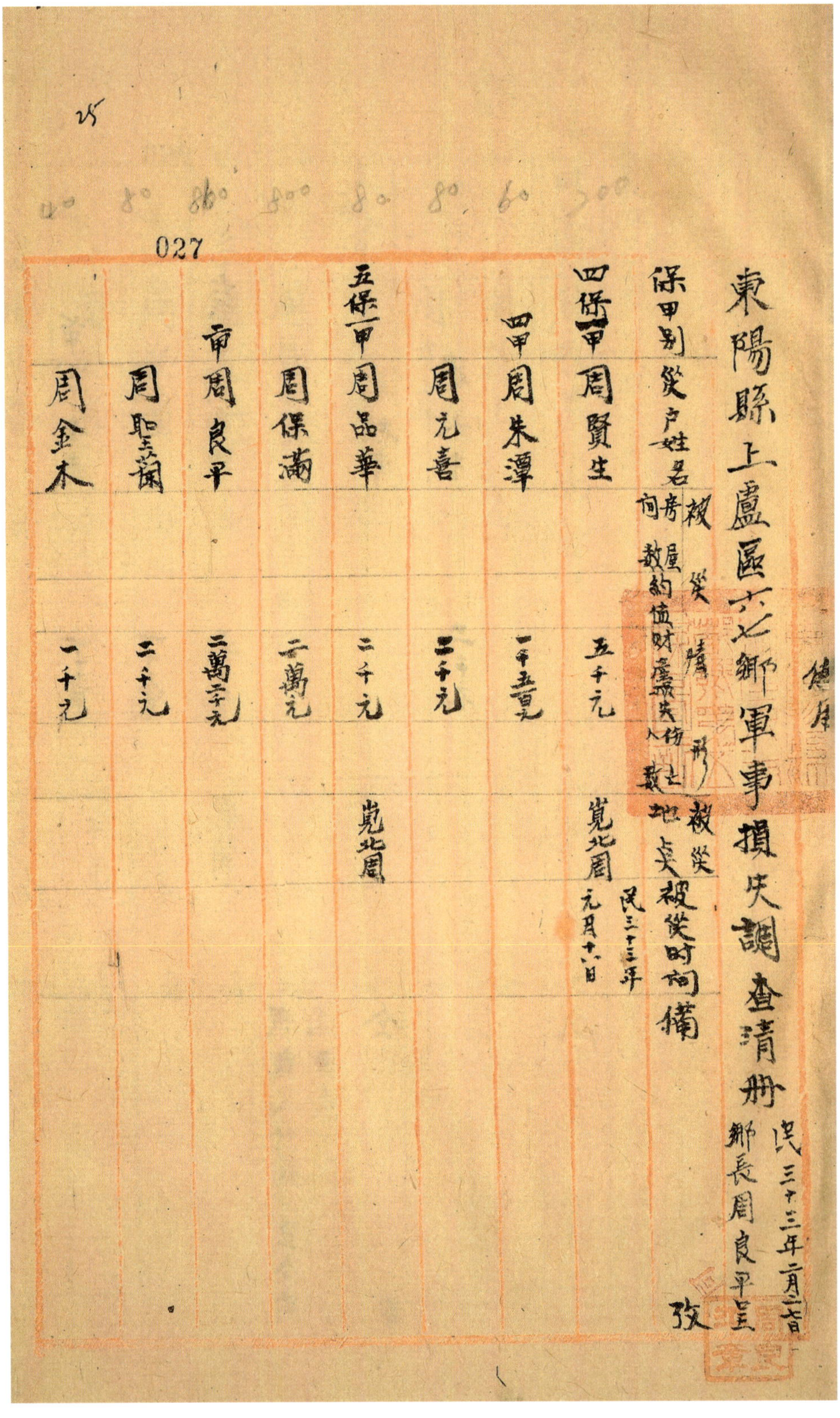

25

027

東陽縣上盧區六七鄉軍事損失調查清冊

保甲别	被災户姓名	被災房屋間數	被災財產約值	傷亡人數	被災地點	被災時間	備考
四保一甲	周賢生		五千元		崑北周	民三十三年元月十八日	
四甲	周朱潭		一千五百元				
	周元喜		二千元				
五保一甲	周品華		二千元		崑北周		
	周保滿		二萬元				
六甲	周良平		二萬二千元				
	周聖蘭		二千元				
	周金木		一千元				

民三十三年二月二十七日

鄉長周良平呈

80 500 2500 200 60 60

甫周友春	一千五百元	
周位荣	一千六百元	
六保甫周友明	五千元	覓北周
周朱友		被敌人所绑、至今尚未出来、
周桂華		仝右
周水木	二千元	

东阳县上卢区署关于六八都乡二保陈希豪等家被日军拆毁等事致东阳县政府山北办事处的呈

（一九四四年三月一日）

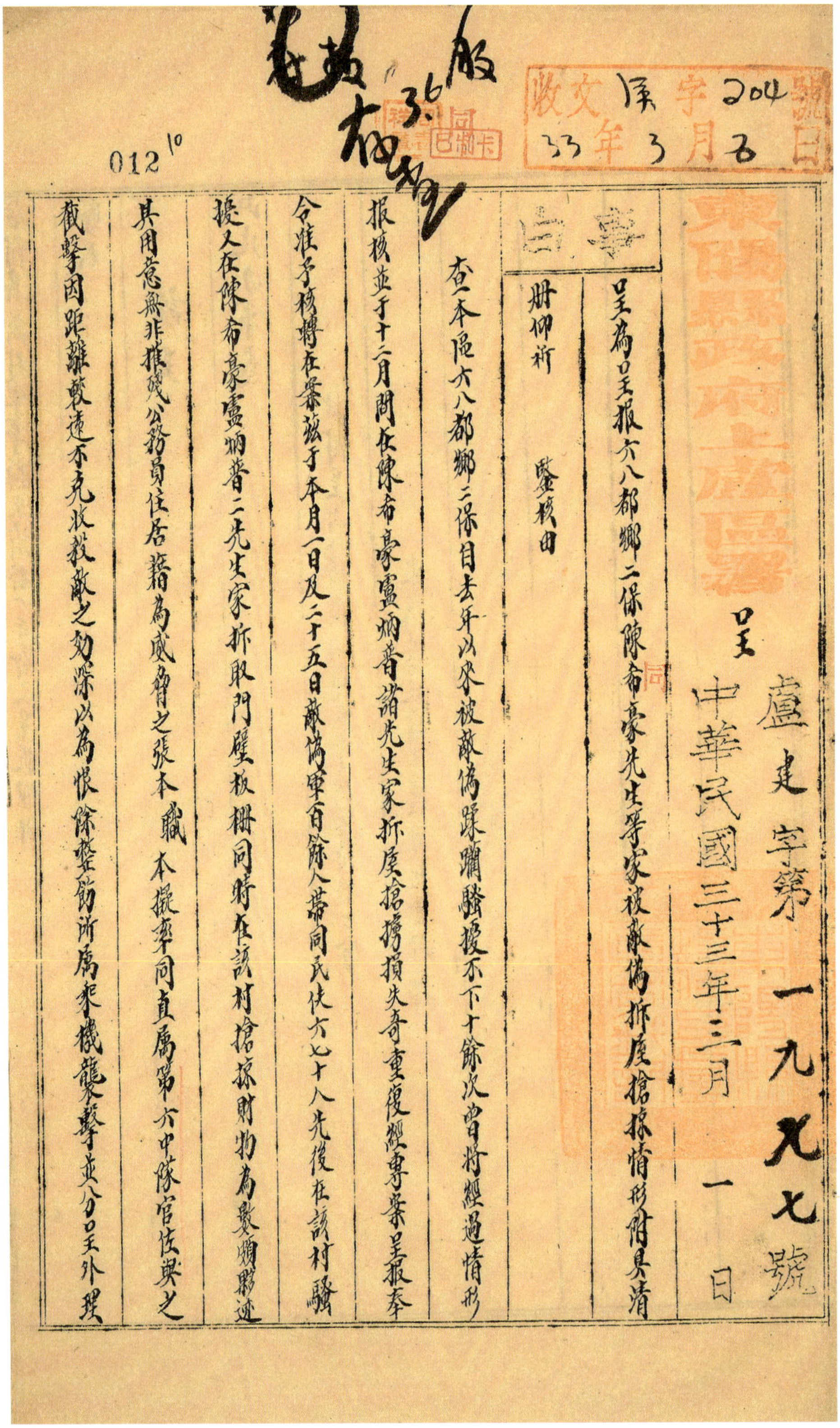
收文 字 204 號
33 年 3 月 5 日

012 10

東陽縣政府上盧區署

事由　呈為呈報六八都鄉二保陳希豪先生等家被敵偽拆屋搶掠情形附具清冊仰祈 鑒核由

呈　盧建字第一九九七號

中華民國三十三年三月一日

查本區六八都鄉二保自去年以來被敵偽蹂躪騷擾不下十餘次曾將經過情形報核並于十二月間在陳希豪盧炳普諸先生家拆屋搶擄損失奇重復經專案呈報奉令准予核轉在案茲于本月一日及二十五日敵偽軍百餘人帶同民伕六七十人先後在該村騷擾又在陳希豪盧炳普二先生家拆取門壁板柵同時在該村搶掠財物為數頗夥跡其用意無非摧殘公務員住居藉為威脅之張本 職 本擬率同直屬第六中隊官佐與之截擊因距離較遠不克收殺敵之效深以為恨除嚴飭所屬乘機襲擊並分呈外理

合附具該村軍事損失清册一并備文呈報仰祈

鑒核

謹呈

山北辦事處

計附呈六八都鄉二保軍事損失清册二份

東陽縣政府上盧區長金頌新

附：东阳县政府上卢区六八都乡军事损失调查清册（一九四四年）

013

東陽縣政府上盧區（六八都鄉）軍事損失調查清冊

民國卅三年 月 日造送

保甲別	被災戶姓名	住址	損失情形	房屋器物約值	損失總計	被災時間	備攷
二保	陳希豪	亭塘	拆去栅板	拾萬元	二萬元	三三、二、二五	
	盧炳普	仝	拆去门壁	伍萬元	一萬元	仝	
	盧昇	仝			一萬元	仝	
	盧英卿	仝	／		一萬元	仝	
	張其德	仝			一萬元	仝	
	陳文泉	仝			一萬元	仝	
	陳朝琳	仝			五千元	仝	
	張天寶	仝			五千元	仝	
	沈朱銀	仝			一千元	仝	

二保	張瑞芝	亭塘			一千九	三六六五、
	陳朱弟	仝			七千九	仝
	胡福田	仝			二千九	仝
	張尚華	仝			一千九	仝
	張尚成	仝			一千九	仝
	張尚文	仝			二千九	仝
	張金朝	仝			二千九	仝
	張冬興	仝			一千九	仝
	盧炳奎	仝			一千九	仝

12

014

東陽縣政府上盧區[illegible]損失調查清冊（六八都鄉）

民國卅三年　月　日造送

保甲別	災戶姓名	住址	損失情形		被災日期	備攷
			[illegible]	[illegible]財物損失估計		
六八鄉二保	陳仲豪	亭塘		五千元	三三、六、一	
	沈耒仁	仝		一千元	仝	
	陳樟根	仝		五百元	仝	
	張茂廷	仝		一千元	仝	
	張章潮	仝		五百元	仝	
	張尚海	仝		三百元	仝	
	張尚銀	仝		五百元	仝	
	張星土	仝		一千元	仝	
	張尚德	仝		一千五百元	仝	

（二係）張金潮	亭塘		一千九	三三、六、八
張茂金	仝		二千九	仝
盧朱成	仝		二千九	仝
盧炳普	仝		三千九	仝
盧炳昇	仝		二千九	仝
盧炳田	仝		一千九	仝
張章志	仝		二千九	仝
康英章	仝		一千九	仝
陳朱棠	仝		一千九	仝
張其德	仝		三千九	仝

东阳县上卢区署关于日军抢掠上卢市集商旅财物致东阳县政府山北办事处的呈（一九四四年三月二十五日）

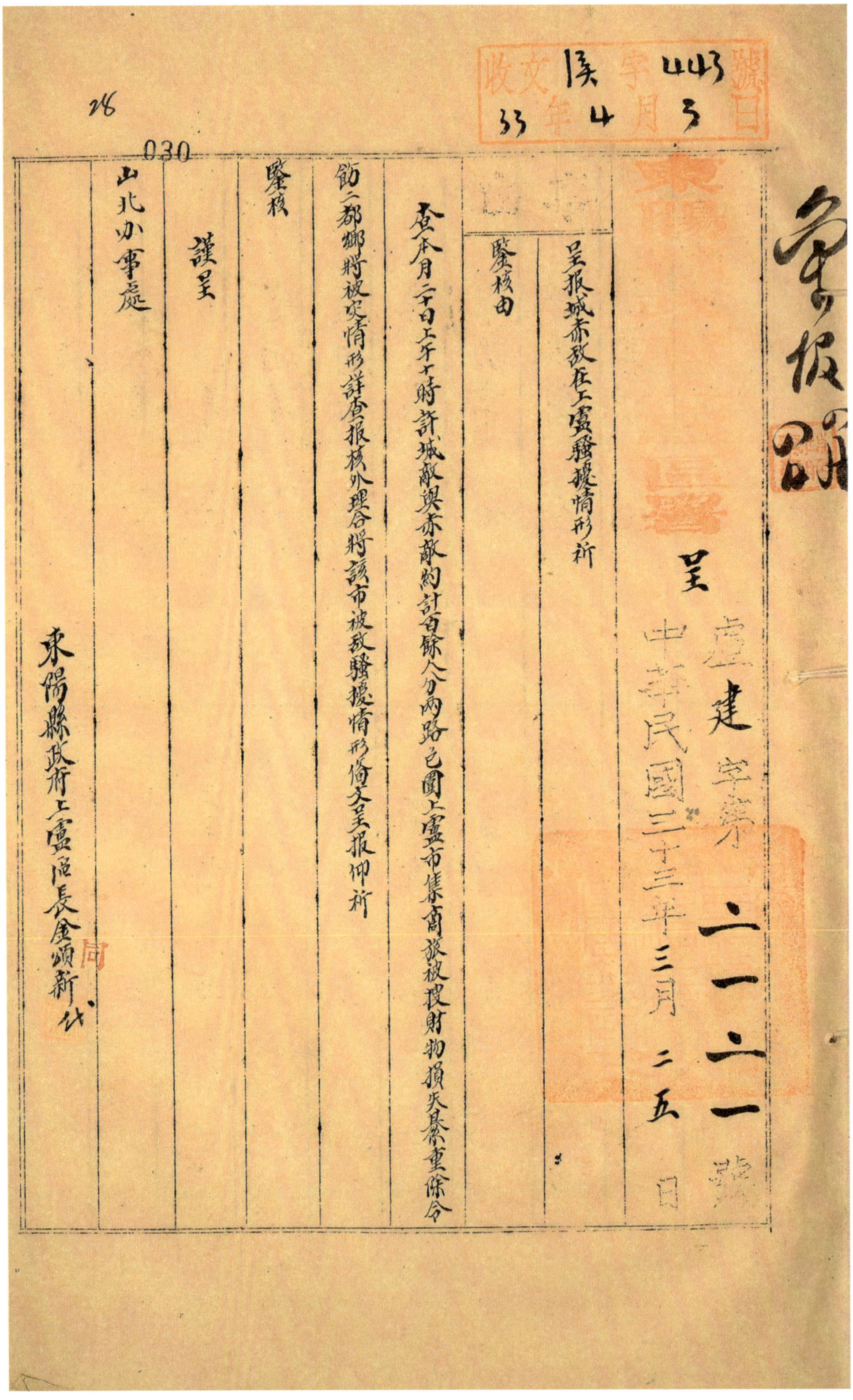

收文 字 443 號
33 年 4 月 3 日

象报

上盧區署 呈 盧建字第二一二一號
中華民國三十三年三月二五日

呈報城赤敌在上盧騷擾情形祈
鑒核由

查本月二十日上午十時許城敵與赤敵約計百餘人分兩路包圍上盧市集商旅被搜財物損失綦重除令飭二都鄉將被灾情形詳查報核外理合將該市被敌騷擾情形備文呈報仰祈
鑒核
謹呈
山北办事處

東陽縣政府上盧區區長金頌新

乡民李照士关于房屋田契被日军焚毁事致东阳县政府的呈（一九四四年二月二十八日）

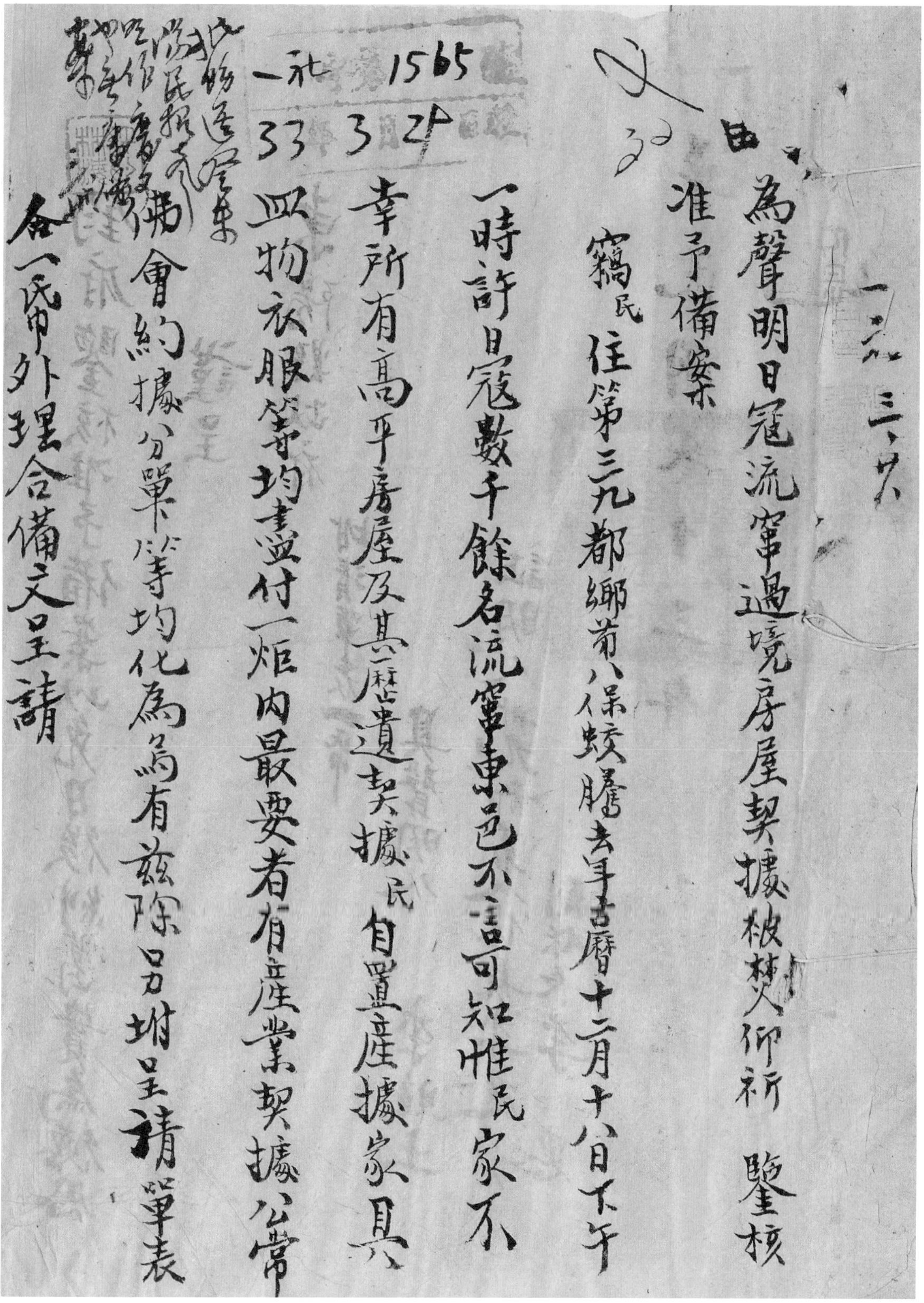
一二九 三、廿六

為聲明日寇流竄過境房屋契據被焚仰祈 鑒核
准予備案事
竊民住第三九都鄉前八保蛟騰去年古曆十二月十八日下午
一時許日寇數千餘名流竄東邑不言可知惟民家不
幸所有高平房屋及其歷遺契據民自置產據家具
皿物衣服等均盡付一炬内最要者有產業契據公常
會約據分單等均化為烏有茲除另如呈請單表
備
各節外理合備文呈請

鈞府鑒核准予備案以免日後糾葛實為德感

謹呈

東陽縣政府

附清單表一紙

具聲明人 李照土

證明人艽都第八保長李庭芳

副保長李惠

華民國參十三年

東陽縣湖溪區三九都鄉第八保敵寇過境房屋器具被焚清單

樓屋三間

平屋二間

公常樓屋一間　土坐街路

土坐周廷塘口牛角乙田一坵租拾秤

大水坵乙田一坵租拾秤

外牛坵三月會稍田一坵租拾秤

佃契一紙　洋十五元

又乙田一坵租五秤

青水平常田一坵租三秤

土坐金邊田一坵租廿秤

本村戲會祖田乙坵租廿秤佃洋叁拾元

富字公稍田五秤　永佃契洋拾伍元

土坐和尚角田拾秤

何边祖田一坵土坐高木坵租四拾秤銀洋叁元

王边澤春稍田一坵租廿五秤土坐高塘丐　佃契洋三十元

土坐上菜園乙地一片

小周廷塘里壁乙地一片

蛟塘岑脚乙地壹片

土坐花宪背听岩常地一片

水门堂段岩山花山一片

十二月廿五會（共會腳拾股田共三坵

计三千五秤又地三片内派半）

屋前地笠基三分令

蚊塘里壁塘一口柏十分之一

土坐甲老塢陰左边常山一片

泥尚寺陽側花山一片

自塢花山一片

君敬会弍脚

路会連脚半

三八都乡中心学校关于学生受伤教员被捕校舍被日军焚毁请予拨款救济致东阳县湖溪区署的呈

（一九四四年五月十八日）

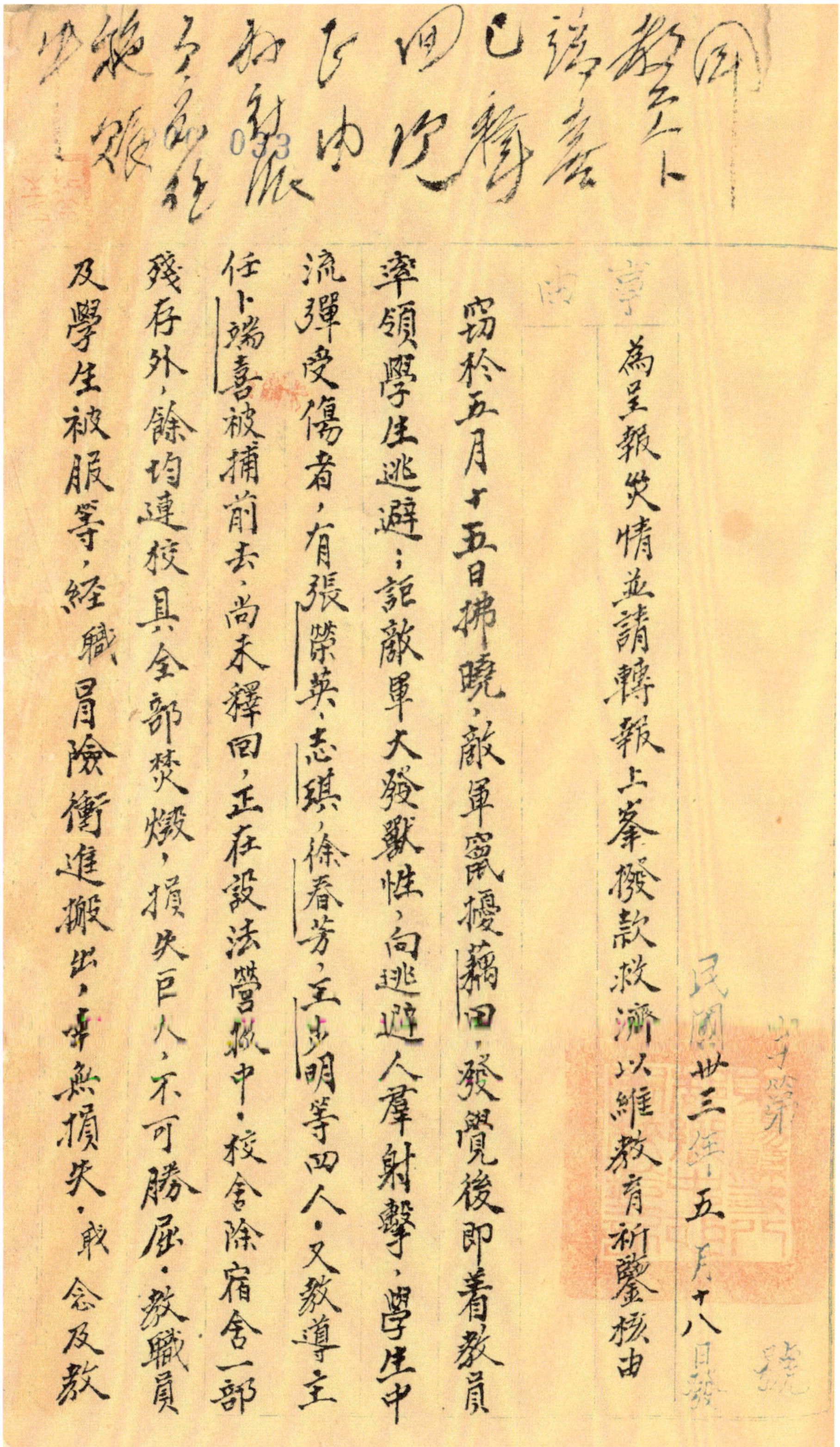

民國卅三年五月十八日發

為呈報災情並請轉報上峯撥款救濟以維教育祈鑒核由

竊於五月十五日拂曉，敵軍竄擾藉田，發覺後即着教員率領學生逃避，詎敵軍大發獸性，向逃避人羣射擊，學生中流彈受傷者，有張榮英、志琪、徐春芳、王步明等四人，又教導主任卜端喜被捕前去，尚未釋回，正在設法營救中，校舍除宿舍一部殘存外，餘均連校具全部焚燬，損失巨大，不可勝屈，教職員及學生被服等，經職冒險衝進搬出，幸無損失，職念及教

育事業重大，不忍因此中輟，除將高級部暫遷至本鄉前宅授課，初級部仍在原校宿舍授課外，合亟備文呈請

鑒核，迅予撥款救濟，以維教育。

謹呈

東陽縣湖溪區區長杜

東陽縣三八都鄉中心學校校長張純道

十五都乡公所关于日军在燕山绑架民众抢掠财物致东阳县政府山北办事处的报告（一九四四年五月二十七日）

報告 十五都鄉公所 于五月廿七日

職鄉第四保（即燕山）徐士乾之長媳徐吳氏星娟與徐士漆二名，不幸于昨夜一時許被魏敵偽，敲門而入，綁架而去，並擄去財物不尠（失單俟調查清楚後再報）除請求鈞座迅賜轉飭所屬各機關團體知照外，理合報請鑒核備案，實為德便！謹呈

東陽縣政府山北辦事處主任趙

副主任周

鄉長徐斌鑾

十五都乡公所关于日军绑架民众多人致东阳县政府山北办事处的呈（一九四四年六月十九日）

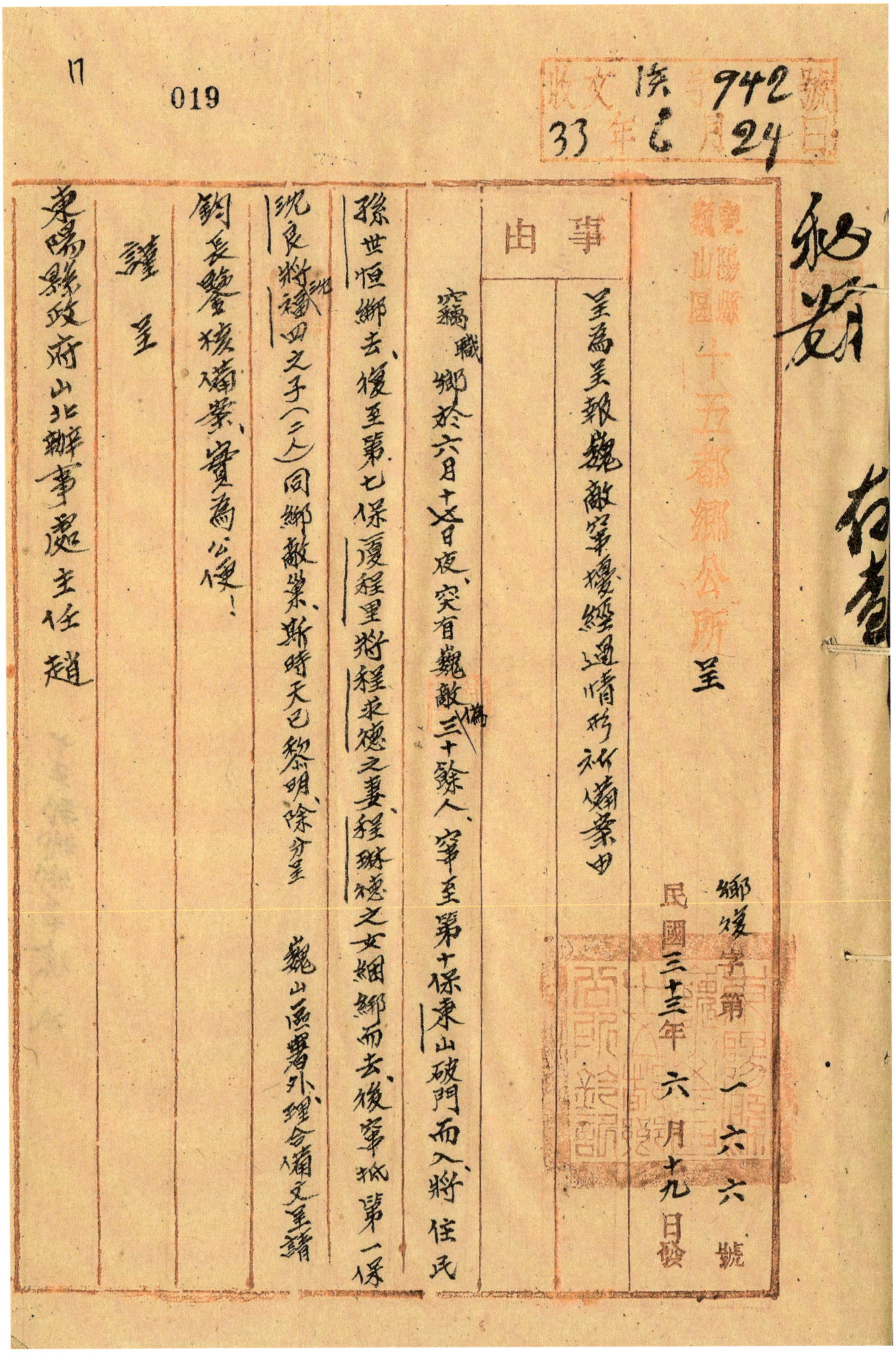

收文 佚字942號 33年6月24日

秘書 存查

東陽縣山區十五都鄉公所 呈

鄉後字第一六六號

民國三十三年六月十九日發

事由：呈為呈報魏敵竄擾經過情形祈備案由

竊職鄉於六月十八日夜，突有魏敵（偽）三十餘人，竄至第十保東山破門而入，將住民孫世恒綁去，復至第七保履程里將程永德之妻、程琳德之女細綁而去，復竄抵第一保沈良將沈福四之子（二人）同綁敵巢，斯時天已黎明，除分呈魏山區署外，理合備文呈請鈞長鑒核備案，實為公便！

謹呈

東陽縣政府山北辦事處主任趙

十五都鄉鄉長徐斌

十二都乡乡公所关于第十保保长吴美林被日军绑架请设法营救致东阳县政府山北办事处的呈

（一九四四年六月二十日）

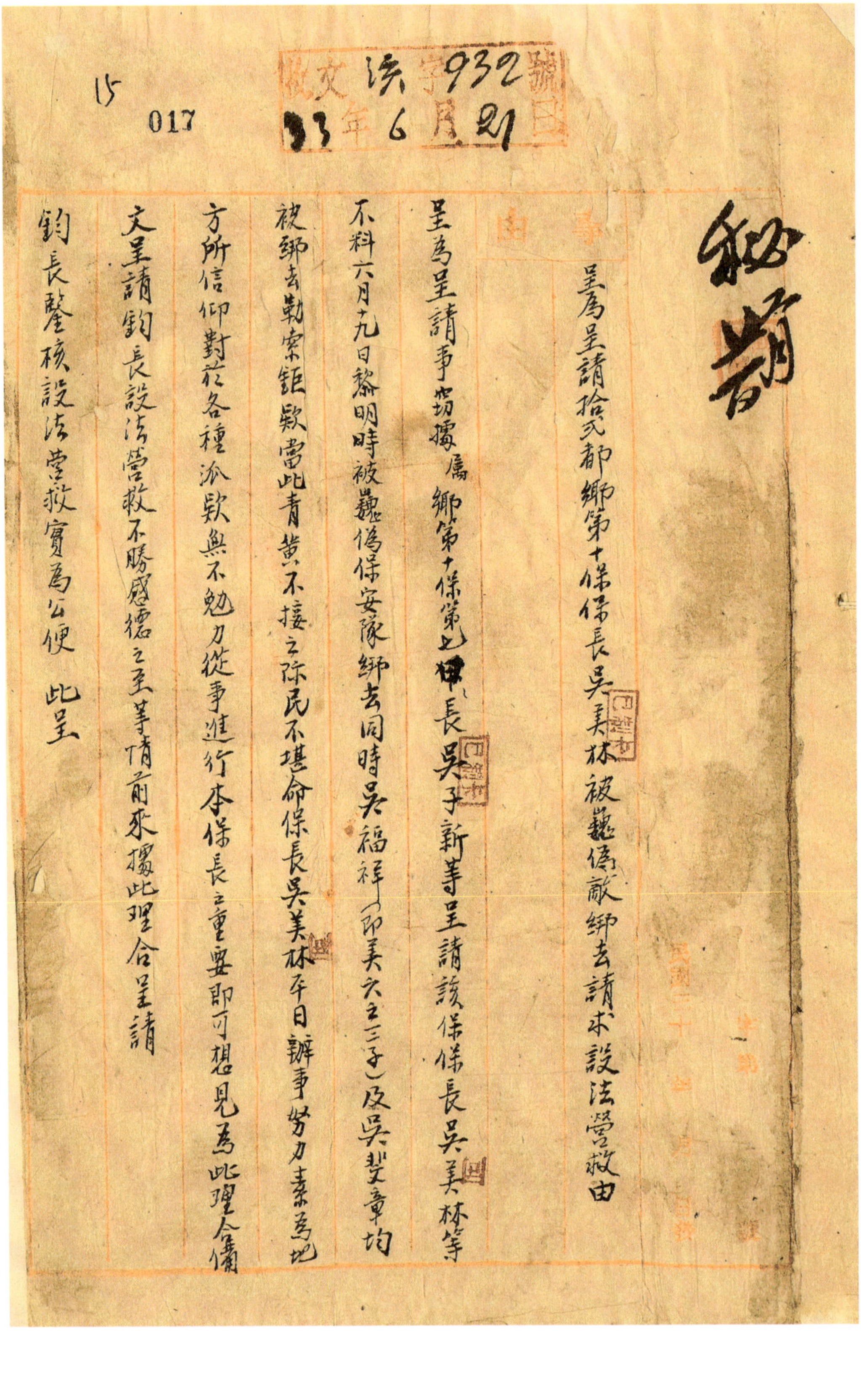

15

017

收文 法字932號 33年6月21日

事由：呈為呈請拾弍都鄉第十保保長吳美林被魏偽敵綁去請求設法營救由

呈為呈請事竊據屬鄉第十保第七甲甲長吳子新等呈請該保保長吳美林等不料六月九日黎明時被魏偽保安隊綁去同時吳福祥（即美林之三子）及吳斐章均被綁去勒索鉅款當此青黃不接之際民不堪命保長吳美林平日辦事努力素為地方所信仰對於各種派款無不勉力從事進行本保長之重要即可想見為此理合備文呈請鈞長設法營救不勝感德之至等情前來據此理合呈請

鈞長鑒核設法營救實為公便 此呈

東陽縣山北辦事處主任 趙

拾弍都鄉々長副 吳新成

中華民國三十三年 六 月 二十 日

东阳田赋粮食管理处关于第三办事处副主任蒋品荷家被日军抢掠请将损失列入战时损失调查案与东阳县政府的来往公函（一九四四年七月十日至二十六日）

东阳田赋粮食管理处致东阳县政府的公函（一九四四年七月十日）

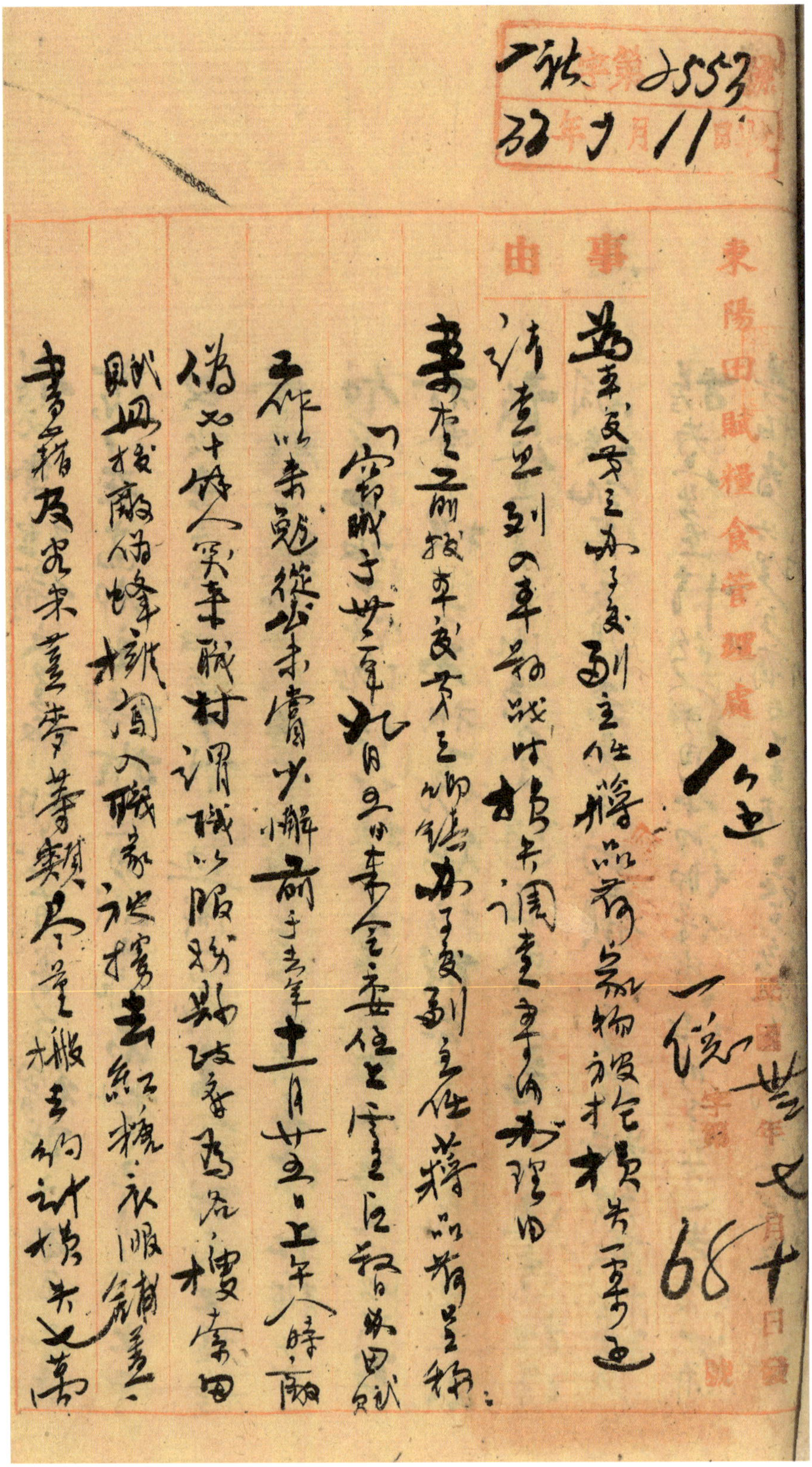
東陽田賦糧食管理處 公函 一億字第68號 卅三年七月十日

事由：為第三辦事處副主任蔣品荷家物被搶損失一案函請查照列入戰時損失調查案內辦理由

案查本處第三辦事處副主任蔣品荷呈稱："竊職于卅三年七月五日奉令委任之後，即日就田賦工作，以來勉從公，未嘗少懈。前于去年十一月廿五日上午八時敵偽約四十餘人突來職村，謂職以服務政府為名，搜索田賦糧票，侵入職家，被擄去紅糧、衣服、舖蓋、書籍及家具器等類，盡量搬去，約計損失七萬經元蔡經理備文呈報 鈞府有案可稽，職于本年二月廿六日在西柳主持推進田賦工作，因職于三月二日上午又被去年原廠伙十餘人熟識內務主任，劉職家工棧樓，索擄去錢鈔衣服棉被、高粱二百斤、老酒三壇、紅糖四担等，繼將木板十餘塊，約計損失當在伍仟餘元（時價），成材各戶傢具木板一塊七寸，搶劫職家一次，了廠實在無設備置可職員察可證，乞察職等工人生計遭搶劫，嗣後飢寒交迫，未免有內顧之憂，茲將被廠搶劫損失實在情形（可由本鄉鄉保甲證明可察）先後附具報，務懇經理備文呈請鈞察核派員調查搶劫損失

情形，[illegible]作即[illegible]十分以資救濟，而維生活，

免得凍餒之虞，實為德便。

華村情形，前經鈞府[illegible]電[illegible]署查復，去後，旋據[illegible]稱：

「奉鈞府一總字（255）號訓令內開：為准據

荷塘村報告：迭遭敵偽搶擄損失情形，請求救濟等情，

令仰該區長即便查明具復，以憑核辦。等因。奉經

令飭該村長之父親查明去後，茲據報稱：「查去年

十一月二十五日，敵偽四五十名由義烏何宅至荷花心村，午

膳後，全村皆被搶擄，查該村所有豬、雞、鴨被擄去約

糖二三担左右，及衣服、被鋪、蓋等，照當時估計約五六萬

元、本年三月三日東城商會十餘名係依款爲名過
前在□時適有行人經村，聯辭遠該敵，俄言即經逃掠
各戶，搜索均有損失。等語。業經令前月日理合備文報備
仰祈
查核施行
等情。據查所稱各節，該劉三經財物被搶，洗劫一空，而受損失
實多。該劉三經平日尚屬安分，惟其頭能公平，尤私殊堪嘉許
除由本處撥給洋元以示賙助外，相應函請
查照，希將該劉三經家物被搶受損失部分，劉之年為賠償
先行查案，如何辦理之處，即希見覆為荷。此致
東濱縣政府

东阳县政府致田赋粮食管理处的公函（一九四四年七月二十六日）

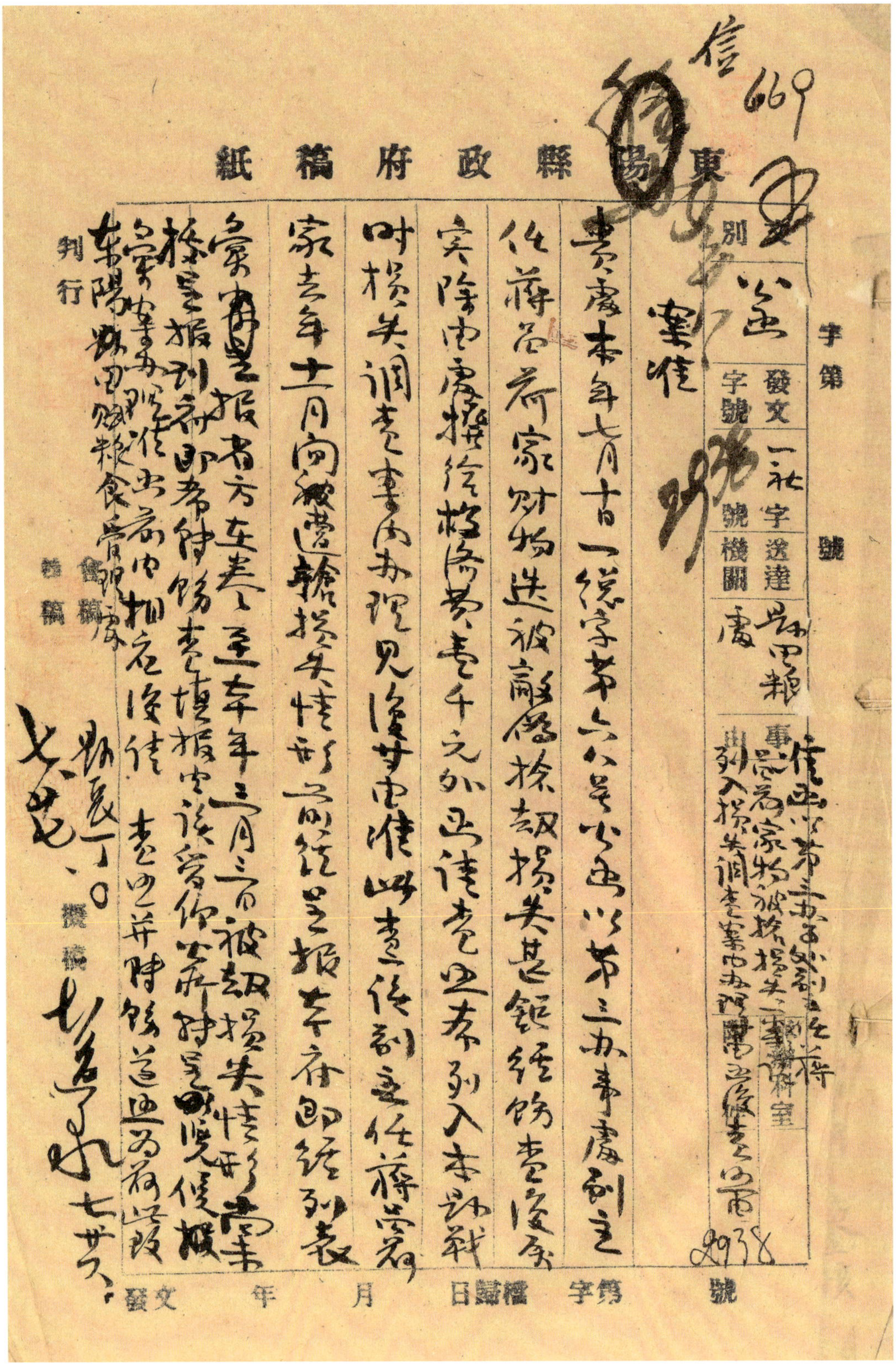
東陽縣政府稿紙

別：公函　字第　號
發文字號：一社字
送達機關：田粮處
事由：准函以第三办事处副主任蒋宗宏家物被敌掠损失一案，请列入损失调查案内办理，函复查照由

貴處本年七月十一日總字第六八号公函，以第三办事處副主任蒋宗宏家財物迭被敵偽掠劫，損失甚鉅，經飭查復，除由處撥給救濟費壹千元外，函請查照，希列入本縣戰時損失調查事内办理見復，等由。准此，查該副主任蒋宗宏家去年十一月向被遭掠損失情形，前經呈報本府，即經列表彙案呈報省方在案。又至本年三月三日被劫損失情形，業據呈報到府，即希轉飭查填報告表，俾資彙報。相應函復，即希查照為荷。此致

東陽縣田賦粮食管理處

縣長

东阳县战地工作队关于该队同志赴乡工作遇敌遭险丢失行李致东阳县政府山北办事处的呈（一九四四年八月二十七日）

22　024

收文　秘字1390号
33年8月28日

秘
（印）

東陽縣政府戰地工作隊　呈

戰字第一七〇號

民國三十三年八月二十七日發

事由：為本隊同志赴鄉工作遇敵遭險行李全失報請核備存轉由

案據分隊長吳佃、隊員徐布梅、郭智尚等八月廿四報告內稱：

「竊員等奉派三都鄉工作，於二十日完畢返隊，途經白蛇岑，在下庄附近，發現便衣隊五人，後有青草綠色武裝敵人卅餘名，即行返身，散開潛避，敵軍隨即跟蹤追擊，員等覺無法遠避，即馳佔九曲亭後之小山頭，偽裝小雨傘作槍卧射，敵遂遍溪山頭埋伏，連發槍榴彈，約二十分鐘後聲寂無聲，員等扮裝農夫分頭覓路，有隊員郭智尚，遇敵被俘，幸賴供詞得法，半途釋回，竊悟此次遇險，幸蒙鈞長平日訓導之力，得臨机應變，安全脫險，惟員等所携衣服物件，損失無遺，除另附失单外，理合備文报請察核。」

等情前來，經一再偵察隊員郭智尚等三人，確於二十日上午九時許，在三都鄉遇敵遭擒，雖經巧詞掩飾身份、

得予脱險，而隨身所帶衣服物件及國幣等掃數損失，赤手返隊，查隊員郭智尚等因公遇險，致損失

行李，誠堪憐恤，除加慰外，理合備文報請

鑒核備案，並祈轉报，實為德便。

謹呈

東陽縣政府浙北办事處主任趙

附呈失物单壹帋

東陽縣政府戰地工作隊隊長韋景衡

27025

失物單

卅三年八月廿七日呈送

失物者	物件名称	数量	價值估計	備攷
吴佣	副綢襯衫	壹件	七〇〇元	
吴佣	克𫄨短褲	壹条	四五〇元	
吴佣	紡綢褲	壹条	四〇〇元	
吴佣	背帶	壹条	二五〇元	
吴佣	汗衫	壹件	四〇〇元	
吴佣	綠光襪	壹双	一五〇元	
吴佣	警报袋	壹個	一五〇元	
吴佣	布鞋	壹双	一〇〇元	
徐希梅	雨伞	壹把	七〇元	
徐希梅	毛巾	壹条	一五〇元	
郭智尚	國幣		三三五元	

国民党东阳三九区分部关于日军在第三保烧杀抢掠民饥寒交迫请迅予救济致东阳县党部的呈
（一九四四年九月十四日收）

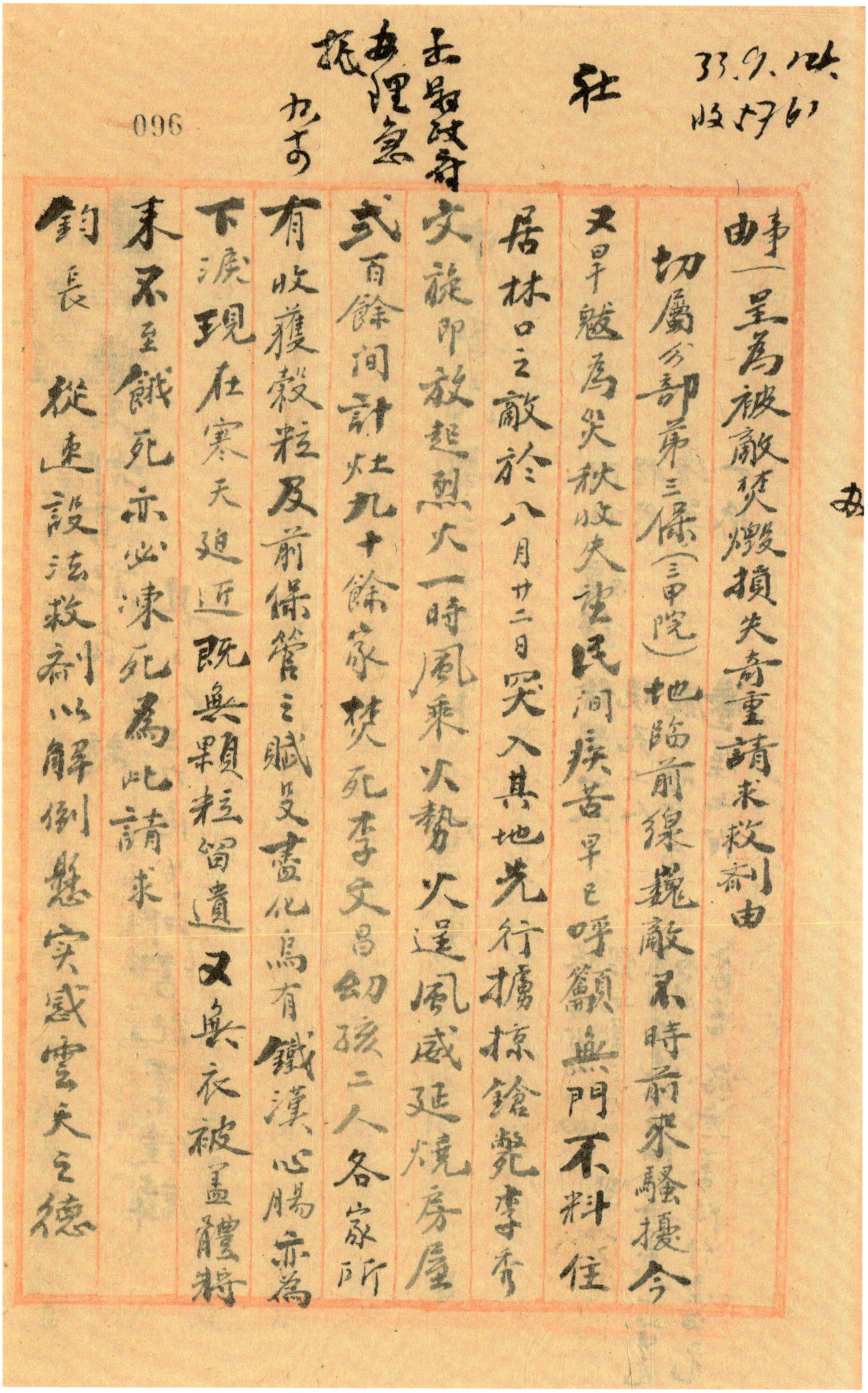
33.9.14收
收5761
社
交縣政府
妥理急賑
九、十五
096

事由　呈為被敵焚燬損失奇重請求救濟由

切屬分部第三保（三甲院）地臨前線巍敵軍不時前來騷擾今又旱魃為災秋收失望民間疾苦早已呼籲無門不料住居林口之敵於八月廿二日突入其地先行擄掠鎗斃李秀文旋即放起熊火一時風乘火勢火逞風威延燒房屋弍百餘間計灶九十餘家焚死李文昌幼孩二人各家所有收獲穀粒及前保管之賦穀盡化烏有鐵漢心腸亦為下淚現在寒天迫近既無顆粒留遺又無衣被蓋體將來不至餓死亦必凍死為此請求

鈞長　從速設法救濟以解倒懸實感雲天之德

謹呈

東陽縣黨部書記長 趙

具呈人 三九區分部書記 李鍾麟

中華民國三十三年九月 日

附註 損失清單一紙

總計
鎗斃一人
燒死二人
廳四所計十三間
臺屋七間
民房一百七十四間
穀七萬三千九百四十斤
家用衣服被燒壹佰陸拾柒萬貳千[illegible]元
家畜拾叁萬陸仟壹佰元

东阳县政府情报组关于组员行李服装被日军焚毁请予补偿致东阳县政府的签呈（一九四四年十月五日）

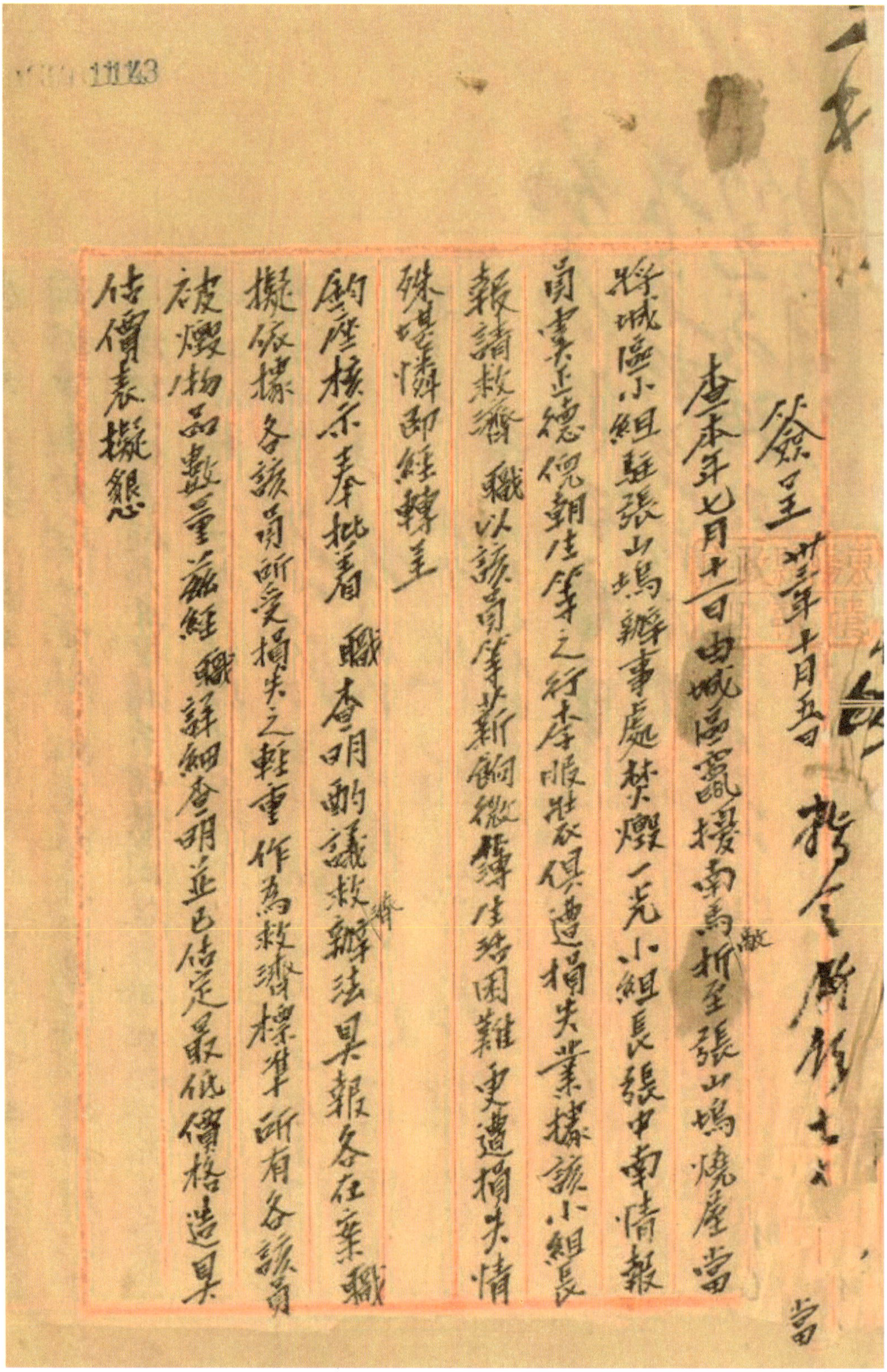

签呈 卅三年十月五日

查本年七月十日敌由城区窜扰南马折至张山坞烧屋当将城区小组驻张山坞办事处焚毁一光小组长张中南情报员叶正德倪朝生等之行李服装俱遭损失业据该小组长报请救济 职以该员等薪饷微薄生活困难更遭损失情殊堪怜悯即经转呈

钧座核示奉批着 职查明酌议救济办法具报各在案 职拟依据各该员所受损失之轻重作为救济标准所有各该员被毁物品数量业经 职详细查明并已估定最低价格造具估价表拟恳

鈞座核定救濟成數後在應發費項下開支之由魏山小組駐林頭辦事處於八月廿六日林口敵進擊我自衛隊同時被敵焚燬該小組長何允亦受損失併懇同樣救濟以昭公允是否有當理合檢具原批及估價表簽請

鑒核示遵

謹呈

縣長丁

附呈原批一件估價表一份

職 盧之勤

[illegible]

附一：张中南关于行李服装被日军焚毁的报告

111

报告 七月十六日上午于张山坞

窃职因本小组办事处设于张山坞张嘉林家内此次该村被敌烧燬房屋百余间本小组办事处亦被敌烧燬其损失物件据实报告

职被燬出入證一張自由車一輛蚊帳一条青老布小衫褲一套綢衫褲一套皮底鞋一双襯衫一件洋面盆一个箱內被燬單毯一条棉被一条棉袍子一件短夾襖褲一套小布衫褲二套長衫二件襯衫短褲一套布鞋二双洋襪二双倪勇奎（倪朝生）被燬衛生衣褲一套短夾襖褲一套小布衫褲二套 職等如此損失重大故特此懇請

鈞座准予設法補救已免安心工作實為感德

謹呈

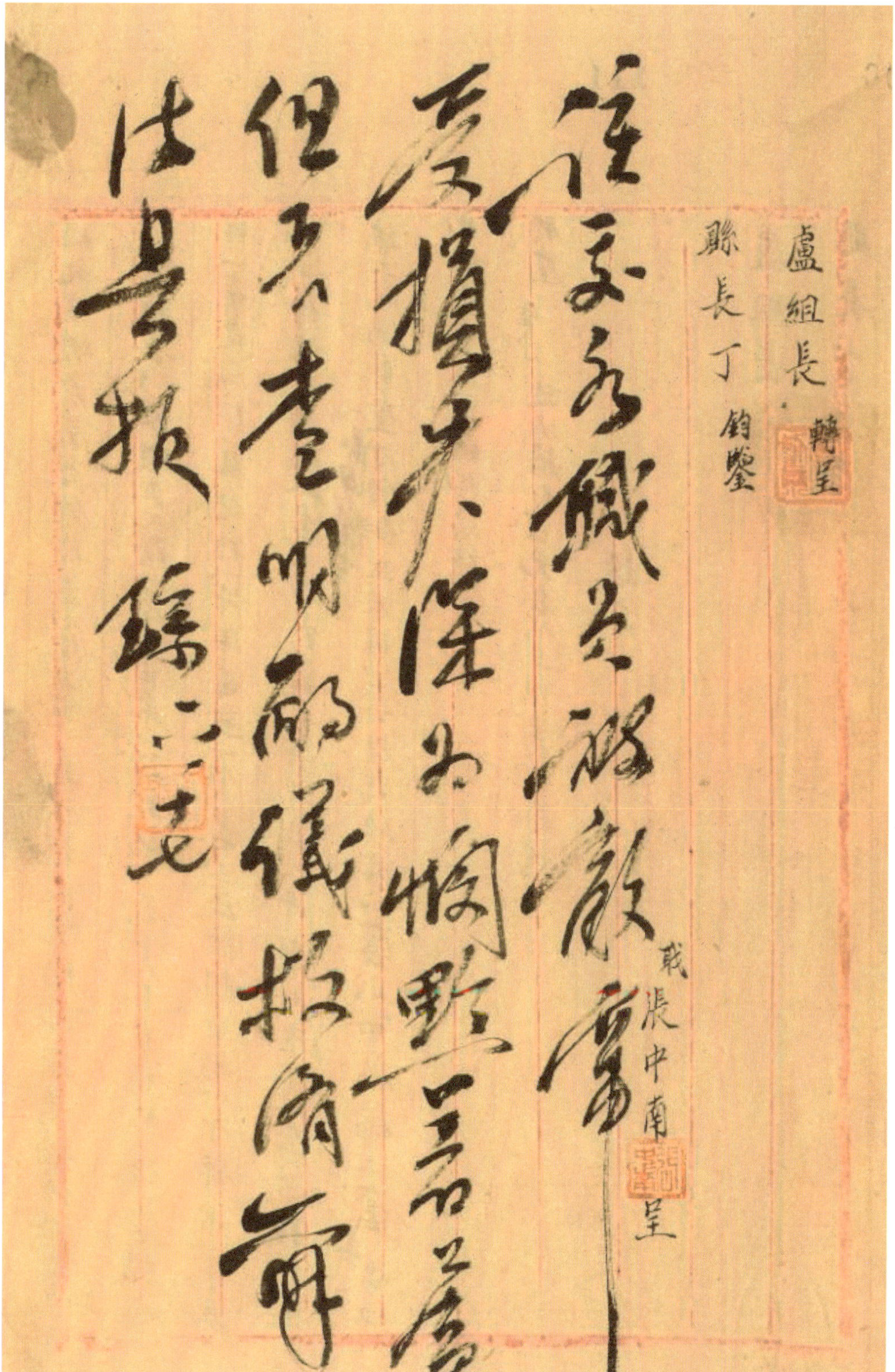
盧組長 轉呈
縣長丁 鈞鑒
張中南 呈

附二：东阳县政府情报组职员被日军烧毁服装什物估价表

112

東陽縣政府情報組職員被敵燒燬服裝什物估價表

職別	小組長	情報員	情報員	小組長
姓名	張中南	寞王德	傀朝生	何元
服務地區	張山塢	張山塢	張山塢	林頭
被燬原因及年月日	三十三年六月十日城敵竄擾南馬，翌晨由南馬竄至張山塢，燒燬張家小組辦事處（設張家琳家內），除公文隨身攜出外，其餘私人行李服裝悉遭焚燬	同上	同上	三十三年八月廿四日林頭敵退竄擾何宅鄰鄉竄至林頭該小組辦事處被燬其行李服裝衣被損失無遺
損失品名數量及最低估價	品名及數量 價格	品名及數量 價格	品名及數量 價格	品名及數量 價格
	自由車一輛 五〇〇〇元	軍毯一條 六〇〇元	衛生衣褲一套 一〇〇〇元	被單一條 一四〇〇元
	蚊帳一頂 一〇〇〇元	棉被一條 一五〇〇元	皮襯褲一套 一八〇〇元	棉被一條 一五〇〇元
	青布衫一套 九〇〇元	夾襯衣褲一套 一八〇〇元	布衫褲二套 一八〇〇元	絲毯一條 八〇〇元
	綢衫褲一套 七〇〇元	棉袍子一件 一五〇〇元		布帳一頂 一〇〇〇元
	皮鞋一双 八〇〇元	布衫褲二套 一八〇〇元		布衫褲二套 一八〇〇元
	襯衫一件 五〇〇元	士林布長衫二件 二四〇〇元		單衣一套 一〇〇〇元
	洋面盆一個 二〇〇元	襯衫褲一套 九〇〇元		夾衫一件 一六〇〇元
		布鞋二双 三〇〇元		皮鞋一双 八〇〇元
		洋襪二双 二〇〇元		洋襪一双 一〇〇元
				食米五斗 七〇〇元
	合計總值玖壹〇〇元	合計總值一二一〇〇元	合計總值四六〇〇元	合計總值一〇七〇〇元

附記：何元之絲毯一條、布帳一頂係向情報員盧開福借用

103

東陽縣三十三年軍事損失調查清册

中華民國三十三年十二月　日造

鄉別	保別	受災户數	被災口數	房屋間數	約值財產	傷亡人數	被災日期	被災地點	備考
二	九	六五			三三,〇〇〇元		卅三年十月九日	上盧	
	九	二〇			八五,〇〇〇		卅三年八月廿五日	仝	
三	七	七			三六,五〇〇		八月廿六日 十月廿日	后葉 柁塘下	
	八	二			一〇,五〇〇		八月廿六日	白火墻	
	九	五			一八〇,〇〇〇		七月四日 八月廿四日	柁塘下	
	十	一			六,〇〇〇		八月廿六日	更樓下	
四	一	三			六五,〇〇〇		卅三年十月至十二月	六石口	
	二	一			五〇,〇〇〇		卅三年五月	仝	
	五	一			一〇,〇〇〇		六月	東横山	

外四入

四七	一	一			三〇〇〇〇	六一人	卅年十月	赤岡山
	十一	二			六〇〇〇〇		卅二年十二月	湖滄
	十二	十	四	四〇〇〇〇	七八〇〇〇	傷五人 六一人	卅二年八月	陳店街頭
	十三	三			二一五〇〇〇		仝	深塘
	十四	四			三六〇〇〇〇		仝	下渠
	十五	四〇			一五〇〇〇〇		十一月六	山頭杜
八	一	九〇			二五一六七〇		十二月十	李宅
	二	五〇			二一八二〇〇〇		十二月廿	仝
	三	六〇			二五〇六三〇		仝	仝
	四	八二			一二八八三〇〇		仝	仝 王劉宣

東陽縣三十三年軍事損失調查清冊

中華民國三十三年　月　日造

鄉別	保別	被災情形 戶數	房間數	約值	財產	傷亡人數	被災日期	被災地點	備考
八	七	三五			一〇七四〇		卅三年十一月廿四	隆宅	
	八	二			五〇,〇〇〇		十一月十四	案盧	
十一	一	八	二一	一六五,〇〇〇		傷四人	卅三年八月廿四	林頭	經專案呈報有卷
	三	一〇	四三	一三六,〇〇〇			仝	任店	仝
十四	一	四四			四七,六六四		六月十一日	吳園	
十五	八	四九	一〇九	五九五,〇〇〇	八五三,五〇〇		七月廿三日	厦程里	經專案呈報在卷
廿三	五	六			六九,九九三		八月廿六	大塘崗	
廿一	一	一四	二七	六三,〇〇〇	二九,〇〇〇		十月	林口	
廿五	三	四二			三七五,四九〇		八月廿五日	嶺口	被八十八軍放兵搶掠

廿五	四	七一			二六〇〇三五〇		八月廿五日	嶺口	被八十八軍叛兵搶掠
	五	一			一二〇〇〇		仝	仝	仝
玉山区署		六			八八六六三		仝	仝	仝
區特務隊		二			一五四〇〇	傷二人 亡一人	仝	仝	仝
縣警察分隊		一三			二九九七〇		仝	仝	仝
縣稅征收所		三			一四九〇〇		仝	仝	仝
三三	二	四三	一六	一六〇〇〇〇	五一〇〇〇〇		一月十二日	前大路	被寧某匪部搶去卷
三四	二	三	五七	八〇〇〇〇		傷二人 亡五人	仝	馬宅	仝
三八	二	四二	九八	二一六〇〇〇〇	三三六〇〇〇〇	傷十四人 亡十二人	五月十五日	藕田	仝
	三	七				傷七人 亡一人	仝	鶴洲	仝

東陽縣三十三年軍事損失調查清册

中華民國三十 年 月 日

鄉別	保別	災戶數	被災情形：房屋間數	約值	財產	傷亡人數	被災日期	被災地點	備考
三八	四	七				傷七亡一人	五月十七日	西坑口	
	二	一			三〇,〇〇〇		仝	藕田	鄉中心學校與書籍被焚
三九	三	七一	一四四	一四四,五〇〇		亡一八	八月廿日	三甲院	詳專案呈報在卷
四一	二	二一	一四	一四〇,〇〇〇	二九一,〇〇〇		一月十三日	西堆	仝
四三	四	二			五三,七三〇		仝	荷塘口	仝
四八	九	八五	一五五	二五四,〇〇〇			六月廿日	南山塢	仝
五四	三	二三			一〇六,二〇〇		六月十日	下湖嚴	
五七	二	二八			二四三,〇〇		六月一日	南田	
	十	九二			五三〇,〇〇〇		仝	安恬	

入	一五九	一	一五			一七三,000		十二月廿四	梅崑
入		二	二三			二五六,000		仝	仝
入	一六〇	一	一六二			一六三000		仝	黄钱畈
入		二	二六			四五0000		仝	仝
入		三	五二			二六0000		仝	仝
入		四	三四			二五0,00		仝	仝
○入	一六五	三	八	十六	四000000	三00八六三0		十二月廿日	王新屋
入		一	金保			一00八00		十二月廿五日	托塘西门外
入		二	仝			八六四00		仝	河頭、東西塘頭、
入		三	仝			八六四00		仝	荷山、荒山田心、甲塘頭、郭新屋

東陽縣三十三年軍事損失調查清册

中華民國三十三年 月 日造

鄉別	保別	被災戶姓數	被災情形 房屋間數	約值	財產	傷亡人數	被災日期	被災地點	備考
五五	四	全保			九三六〇〇		十二月廿三日	十里頭、笑里	
	五	仝			九九二〇〇		仝	上下南四房、石橋頭、下吳宅	
	六、一〇	仝			八二八〇〇 二八三〇〇〇		仝 卅二年十一月二日	麻車、后范、陳宅、王麻車、西田宅	
六六	二	三〇	三七	四五八〇〇	三九四五〇〇		十一月二日 十二月廿五日	亭塘	
	十	八			一四〇〇〇〇	被擄六人	一月九日	茅蓬	
山莊事處		一			一五四五三五		一月十二日 二月十一日	嶺腰	
縣民教館		一			三三八〇		一月十一日	馮宅	
縣幹訓所		一			三三、三三七		仝	橋頭	
合計		二〇八三戶	七四一間	二六八五〇〇	三五七九六四一	傷亡四人 被擄十三人			

东阳县政府关于报送一九四四年军事损失调查清册致浙江省政府社会处的代电（一九四五年一月九日）

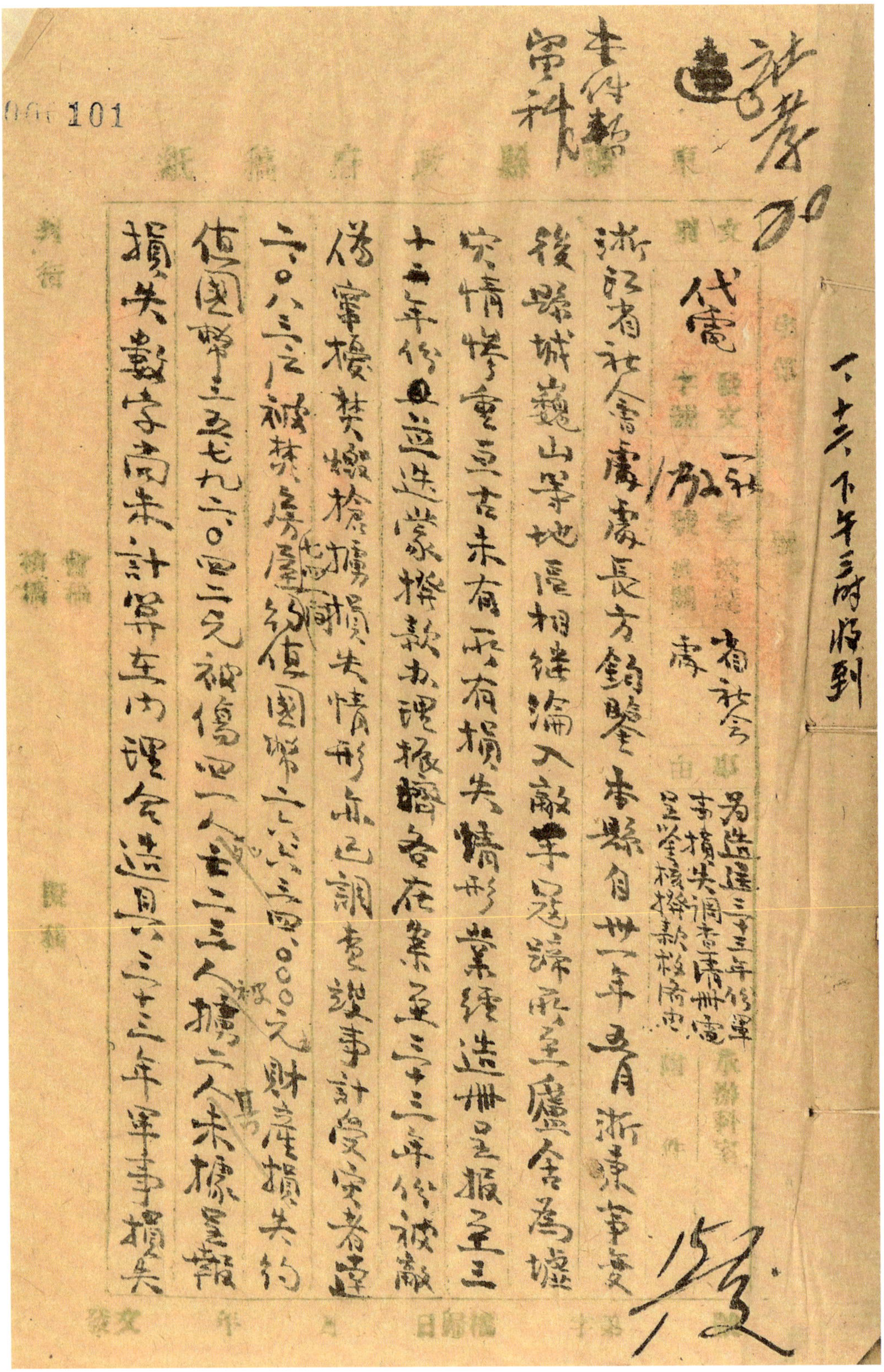

東陽縣政府稿紙

代電

事由：為造送三十三年份軍事損失調查清冊電呈鑒核撥款救濟由

浙江省社會處處長方鈞鑒：本縣自卅一年五月浙東事變後，縣城巍山等地區相繼淪入敵手，足跡所至，廬舍為墟，災情慘重，亘古未有。所有損失情形業經造冊呈報，至三十二年份並造送蒙撥款辦理振濟各在案。至三十三年份被敵侵害擾焚燬搶擄損失情形亦已調查竣事，計受災者達二〇八三口，被焚房屋約值國幣二〇〇三四〇〇〇元，財產損失約值國幣三五七九二〇四二元，被傷四一人，被殺二三人，擄二人，未據呈報損失數字尚未計算在內，理合造具三十三年軍事損失

東陽縣政府稿紙

102

調查清冊一份一併電呈鑒核俯念災情重大賜撥鉅額振款救濟以惠災黎東陽縣縣長丁〇一社子[印]叩

計

計呈三十三年軍事損失調查清冊一份

可繕發

九月卅日

胡道東 卅、九、九

商民骆绍箕、黄溪贤关于代购军席被日军焚掠请免予赔偿致南马区署的呈（一九四五年二月二十六日）

34年3月8日收
字第285號

000038

呈

事由：呈為代購軍席被敵焚掠，請求飭查明確，分別轉函免繳，以免賠累由。

竊民等曾於民國三十年十二月間，代表五二都鄉席業，與貴徽師管區司令部軍需主任王夢舉訂立合同，代購軍用草席，先後二期，計八八七二床，每床單價四·二元，共計需席款三七二六二·四元，當收定款三三〇〇元，嗣由屯溪浙江地方銀行滙到席款二〇〇〇〇元，訂定三十一年三月十五及四月十五兩期在本縣南馬交貨，結清價款，並由前五二都鄉鄉長胡翰、士紳周宗鎬負責擔保，及鈞署前區長張進基、中國國民黨浙省

民國三十四年二月二十六日呈　字第　號

東陽縣直屬五六區分部書記金之禹東陽縣警察局南馬分駐所巡
官馬梯雲等共同証明迄同年四月中旬接王軍需函稱派上尉
連長李德前来起運第一批四二五〇床第二批暫存於各售戶再行
派員来運席款尾數亦由弟來結算等語民等遂依照來函集
中軍席於南馬第一批四二五〇床如數點交餘席四六二二床均已製
成分存南馬東南運輸行及沙城頭雅村蔡家石塘防軍東南湖等
處聽候點收詎至五月間敵軍竄擾存軍席各行處均被擄掠焚
燬損失過半迨八九月間敵軍復回竄南馬防軍石塘蔡家雅村
等處迭遭焚掠損失殆盡事後調查整理僅存七百餘床共
計損失三千八九百床當時因敵軍竄擾江南各省以後不明

王軍需通訊地址，業於同年十月間附具証明各件呈請鈞署核轉免繳在案。至去臘，復接王軍需來函，據稱是項軍席二三五〇床已轉售於廿一師，囑民等點交。現該師駐四路口舒組長占魁，送函催促，除前存軍席七百餘床外，尚缺被敵焚掠軍席一千五六百床，確屬無貨可付。乞察是項損失，顯係不可抗力，於法不負賠償責任，應請免繳者一；且根據合同交貨之期，前民等已將全數軍席代購齊全，聽候點運，若王軍需能遵守約期派員來運，所有軍席決不至被敵軍竄擾而受浩刼，即民等對於席款尾數亦不至虧墊至今，此延期受損之過失，既不屬民等，按之法理，亦不宜使民等負賠償之責，應請免繳者二；查當時賣主即席業製工，均係窮苦無告之老弱婦女（本為王軍需所目見）散在五二都鄉各處，共有百餘戶，民等為事關軍用，代

為經理採購而已，各賣主既將軍席裝成點交，事後損失，實無追源賠償之理，民
等代為採購，既已虧墊尾款，即破家蕩產，亦難代各賣主負賠償之責，此衡
情達理，應請免繳者三。基上事實，民等將前存軍席七百餘床，無條件轉交廿一師，
已吃虧墊款為數不少，敢請　鈞署查明實情，核轉廿一師師部，准將現存
軍席七百餘床派員接收，不足之數，應請廿一師轉向王軍需取回價款，並請一面
轉函王軍需吐還廿一師不足席款，與呈報軍政部核銷損失，以資結案，俾免賠累，
而恤民艱。為此抄附本案有關各件，備文呈送，仰祈
鑒核，飭查明確，分別轉知，實為公德兩便。謹呈
東陽縣南馬區區長張

抄附合同約一紙　王軍需信一封　廿一師領組長信一封　損失證明書一張

具呈人　任防軍鄉雅村
黃溪贇
任防軍鄉防軍

青[illegible]東業[illegible]（副本二份）[illegible]

附一：抄录军需主任王梦举书信两封

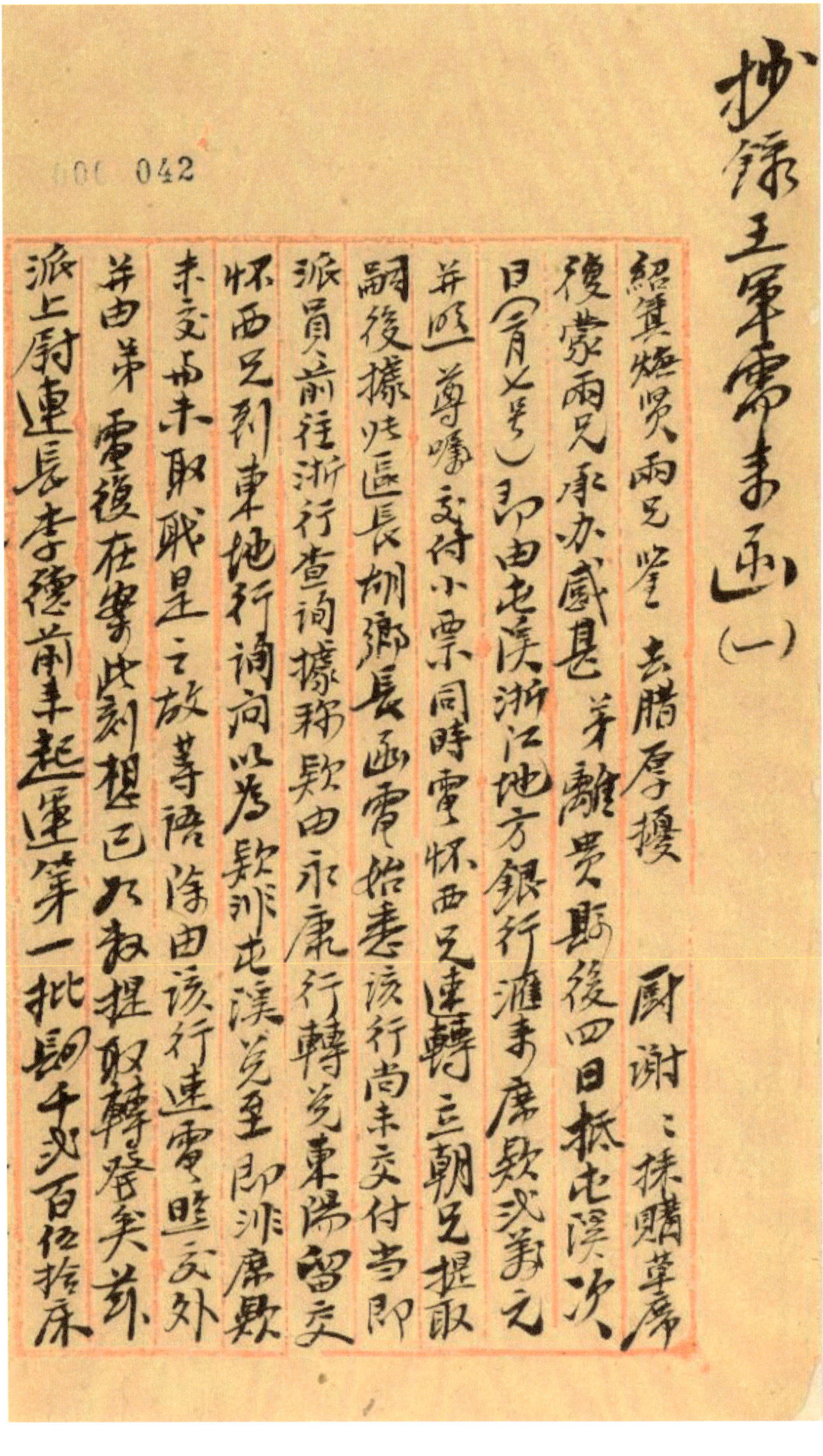

抄錄王軍需主任函（一）

紹箕煥賢兩兄鑒 去臘厚擾 厨謝〻採購草蓆
復蒙兩兄承办盛意 弟離貴縣後四日抵屯溪次
日（十一月七號）即由屯溪浙江地方銀行滙來蓆款弍萬元
并照 尊囑交付小票同時電怀西兄速轉 立朝兄提取
嗣後據該區長胡鄉長函電始悉該行尚未交付當即
派員前往浙行查詢據稱款由永康行轉至東陽留交
怀西兄到東地行詢問以為款非屯溪至即非蓆款
未交而未取款是〻故等語嗣由該行速電照交外
并由弟電復在案此刻想已如數提取轉發矣茲
派上尉連長李德前來起運第一批貳千弍百伍拾床

回屯希接雨後立功佳音中南島上之第二批暫存
各售戶因本部奉命五月一号由浙江嵊縣師管區
對調俟到達後新昌後再行派員來建席景尾
數亦由弟前來結算該奉紅茶叶弍斤（春二斤）聊助
解渴之處乞哂收即此敬請
台安

弟王學彝（王學）手書
卅一年

樹錚至軍需署函（二）

渼賢紹箕兩兄鑒 別後渴念夢想為勞
比維 起居增福為頌 三十年冬在貴處訂購
軍用草席捌千餘床（合約估單壹頁貴代表）先
後共交貨款叁萬玖千餘元適敝部奉命由嵊紹師
管區對調故三十一年春派李德前來僅運回千
貳百五十床回屯餘候到達嵊紹師區後再運
旋因浙贛路線又復被敵佔領以致迄今仍未來

運查交付現款與席作相較，應交草席陸千陸百床，除已運外尚欠弍千叁百五十床未交，刻因路途遙遠，上欠草席弍千叁百五十床，已轉商於新廿一師，請照数交付，以清手續，除函胡鄉長立刻外，特此函請，請煩查照為盼。專此

敬請

刻佳

王夢年（章）

三十三年二月十日

附二：抄录合同一份

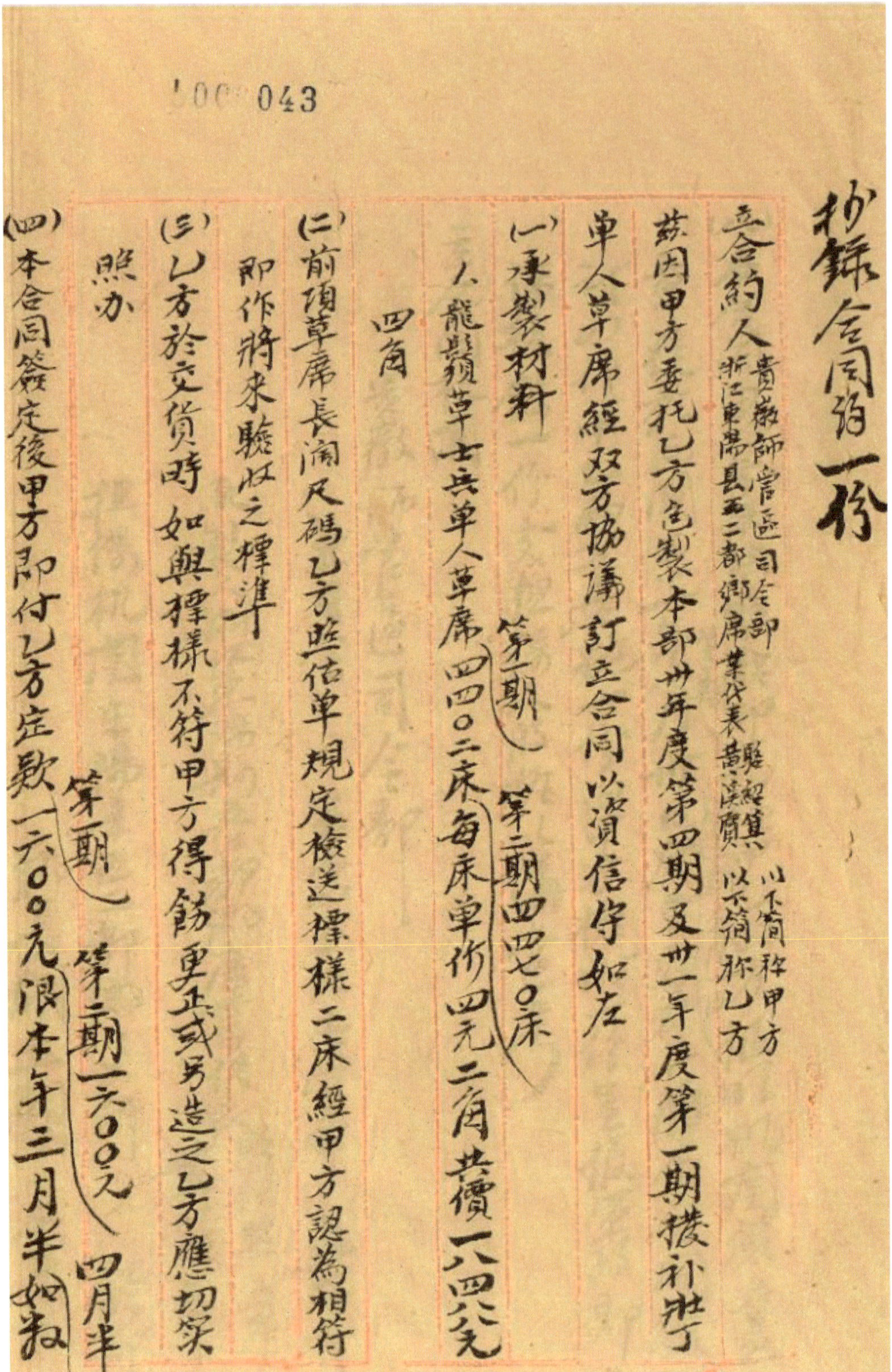

抄錄合同約一份

立合約人 貴嚴師管區司令部 以下簡稱甲方
浙江東陽縣五二都鄉席業代表 黃漢麒 以下簡稱乙方

茲因甲方委托乙方包製本部卅年度第四期及卅一年度第一期撥補壯丁單人草席經雙方協議訂立合同以資信守如左

（一）承製材料

人龍鬚草士兵單人草席 第一期四四〇二床 第二期四四七〇床 每床單價四元二角 四角 共價一八四八六元

（二）前項草席長闊尺碼乙方照估單規定檢送標樣二床經甲方認為相符即作將來驗收之標準

（三）乙方於交貨時如與標樣不符甲方得飭更正或另造之乙方應切實照办

（四）本合同簽定後甲方即付乙方定款 第一期一六〇〇元 第二期一六〇〇元 限本年三月半 四月半 如數

交货俟验收完毕即结清价款甲方不得故意拖延乙方于货款
两清时应另换合法商单及收据
(五)交货地点在东阳县所属之南马由南马运屯溪其运费概由甲
方负责乙方未将草席交清取得甲方正式收据以前如遇有
一切损失概由乙方负责乙方不得藉词另有任何要求
(六)验收时如发现有偷工减料与规定标样不符时乙方除负
责重制外并由甲乙方呈报军政部科以相当之罚金
(七)本合同由乙方觅定东阳县南马区第三都乡之长胡立朝
及士绅周宇镐担保如乙方不履行本合同之一切规定
时应由担保人共同负责

东阳县南马区南溪乡第六保关于清明扫墓归途中被日军便衣队抢掠致东阳县政府的呈（一九四五年三月二十七日）

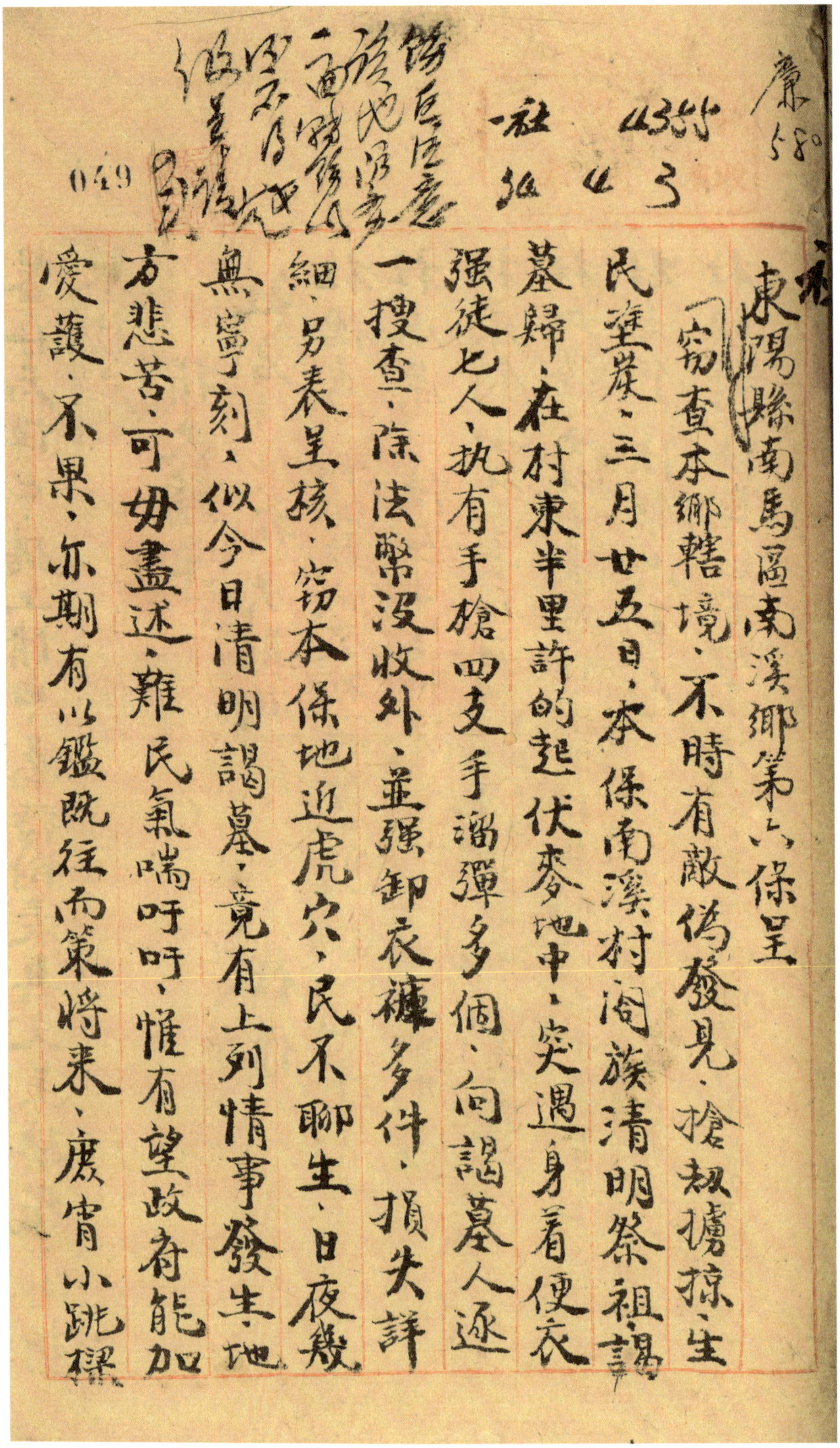
東陽縣南馬區南溪鄉第六保呈
竊查本鄉轄境，不時有敵偽發見，搶刧擄掠，生民塗炭。三月廿五日，本保南溪村渦族清明祭祖謁墓歸，在村東半里許的起伏麥地中，突遇身着便衣强徒七人，执有手槍四支、手溜彈多個，向謁墓人逐一搜查，除法幣沒收外，並强卸衣褲多件，損失詳細，另表呈核。竊本保地近虎穴，民不聊生，日夜幾無寧刻，似今日清明謁墓，竟有上列情事發生，地方悲苦，可毋盡述，難民氣喘吁吁，惟有望政府能加愛護，不果，亦期有以鑑既往而策將來，庶肖小跳梁

畧存忐憚也、据上情由、為特附表具文呈核報、仰祈

鑒核。

損失清單

姓名	損失財物	估值
杜德秀	湖绸駝絨夾袍一件、維也納夾褲一条	七千元
杜承荣	法幣七百廿元	七百廿元
杜承鈞	士林布長衫一件、大绸駝絨夾袍一件 法幣200元	八千元
杜加奎	士林布長衫一件 法幣七百元	六千柒百元
杜志仁	法幣六百元	六百元
杜順詩	法幣四百四十元	四百四十元

050

合計六人損失估值壹萬九千四百六十元

謹呈

東陽縣政府縣長丁

保長杜承榮謹呈

中華民國三十四年三月廿七日呈

东阳县岘南乡一九四四年度兵灾赈款领赈清册（一九四五年五月十四日）

005

東陽縣辦理奉撥 三十三 年度 兵災 賑款領賑清冊

鄉鎮別	保	甲	户	受賑人姓名	年齡	家屬人數 大口	小口	共計	職業	受賑原因	受賑日期	受賑款數	受賑人蓋章	證明人蓋章	備考
峴南鄉	二	一		楼金法	31	1	2	3	農	兵災	34.5.9	200元			
	二	一		楼来奎	51	2	2	4	〃	〃	〃	200			
	二	二		楼来求	35	4	1	5	〃	〃	〃	200			
	二	二		楼金法	38	3	2	5	〃	〃	〃	200			
	二	三		吴启奎	46	2	3	5	〃	〃	〃	200			
	二	三		吴杏福	47	1	2	3	〃	〃	〃	200			
	二	四		吴开宏	41	1	3	4	〃	〃	〃	200			
	二	五		陈来喜	35	2	3	5	〃	〃	〃	200			
合計															

以上峴南鄉共放叁千元正 五月十四日

注：（一）每頁均須照此式合訂成本外加封面加蓋縣印
（二）每本末頁由縣長經辦人員監放人員逐一蓋章報核

1600

国民党东阳县第二十区党部执行委员会关于巍山各村惨遭日军抢掠勒赎致东阳县政府山北办事处的呈（一九四五年五月二十六日）

中國國民黨
浙江省東陽縣第二十區黨部執行委員會呈　象字第　四　號
民國三十四年五月廿六日

事由：為敌偽酷虐民不聊生據寔籲請拯救以解倒懸由

案據本區黨部全体區分部執行委員籲稱：

「查李逆君蒙部隊駐紮巍山後，轄屬各村，慘遭姦淫擄掠，強迫供應已難勝數，近復變本加厲，綁架勒贖，百般吼嚇，東西流竄，焚燒擄掠，老幼婦孺一夜十驚，百事俱廢，民不聊生，男啼女哭，忍無可忍，悽慘黯淡，目裏心傷，誠有史以來所創聞也，為此籲請核轉上峯迅賜拯救，不勝盼禱之至。」

等情前來。據查各執委會報請各節，確屬寔情，非維經濟被擄一空，即民食

尤感萬難設再遷延將求草根樹皮而不可得可憐不死于慘殺將死于飢寒

引領望救真不啻大旱之望雲霓也据報前情合亟据寔轉請

鈞座鑒核俯念疾苦仁風遠播迅賜設法以解倒懸不勝迫切待命之至

謹呈

東陽縣政府山北办事處主任 周

第二十區黨部書記呂浪清

国民党东阳县十九区党部关于巍山灾情惨重祈转请善后救济总署浙闽分署赈济致东阳县党部的呈
（一九四六年二月二十二日）

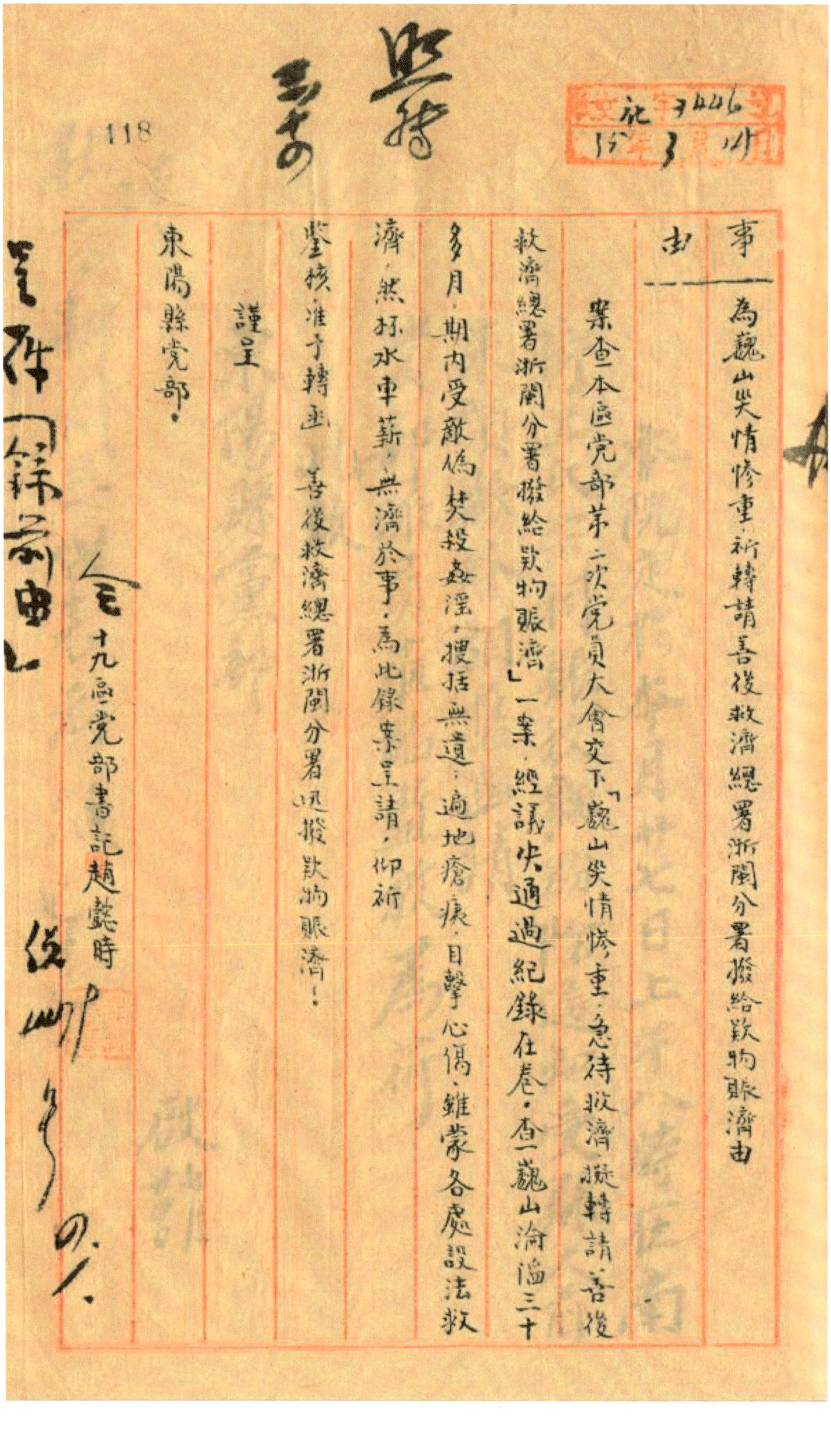

事由：為巍山災情慘重祈轉請善後救濟總署浙閩分署撥給款物賑濟由

案查本區党部第二次党員大會交下「巍山災情慘重，急待救濟，擬轉請善後救濟總署浙閩分署撥給款物賑濟」一案，經議決通過紀錄在卷。查巍山淪陷三十多月，期内受敵偽焚殺姦淫，搜括無遺，遍地瘡痍，目擊心傷，雖蒙各處設法救濟，然杯水車薪，無濟於事，為此備案呈請，仰祈鑒核，准予轉函善後救濟總署浙閩分署迅撥款物賑濟！

謹呈

東陽縣党部

全十九區党部書記趙懿時

呈悉。查觀山案情節重大，確係要犯，

應准照轉請緩。[illegible]仰即知照。此令。

中華民國三十五年六月二十六日

兼代院長趙〇〇

核

善后救济总署收复区各地房屋被灾损失情形调查表（东阳县巍山镇）（一九四六年三月十五日）

善後救濟總署 第一頁
收復區各地房屋被災損失情形調查表 共一頁

浙江省(市)東陽縣

縣份	村鎮名稱	距縣里數（華里）	原有房屋間數	被毀間數及情形 全部	被毀間數及情形 部份	急待收復間數	附近有無建築材料類	備考
東陽縣	千祥鎮·后畈村	七十里	四百間	八十間，全部被毀傾圮不能利用	磚牆瓦頂房屋七十二間 土牆瓦頂房屋八間	八十間，因被毀後，無家可歸，均星散寄居各處，種作殊感不便	木材無，石灰無，磚瓦尚可辦	

填表機關 千祥鎮公所
卅五年五月[illegible]

善後救濟總署　第二頁
收復區各地房屋被災損失情形調查表　共　頁

浙江省東陽縣

縣份	村名鎮稱	距縣里數（華里）	原有房屋間數	被毀間數及情形		急待收復間數	附近有無建築材料類	備致
				全部	部份			
東陽縣	千祥鎮、東王村	七十里	二百五十間	三十七間、全部被毀不能利用 磚牆瓦頂房屋三十二間 土牆瓦頂房屋五間		三十七間、被災民衆、均聚處在小宗祠、今常擁擠、嘗米不便、	無	

填表機關千祥鎮公所
卅五年五月廿日

000121

第三頁
共 頁

善後救濟總署

收復區各地房屋被災損失情形調查表

浙江省 東陽縣

縣份	村鎮名稱	被災村距縣里數（華里）	原有房屋間數	被災房屋破壞情形：全部	被災房屋破壞情形：部分	被災待急修復間數	附近有無建築材料類	備考
東陽縣	千祥鎮彤弓院村	七十里	九十四間	十八間全部被燬不能利用均須墻瓦填		十八間被災居民現寄在他人籬下一切生活均感不便	無	

填表機關 千祥鎮公所 三五年五月廿日

善後救濟總署 第1頁

收復區各地房屋被災損失情形調查表 共 頁

浙江省東陽縣

縣份	村鎮名稱		距縣里數（華里）	原有房屋間數	被災損毀情形 全部	部份	急待收復數量	附近有無建築材料	備考
東陽縣	大懷鄉	王村	35	18	8		8		
		水閣	40	5	〃		5		
		[illegible]閣庄	40	9	〃		9		
		大爽	70	6	〃		6		
		煉仙塢	50	1	〃		1		
		[illegible]	45	18	〃		18		
		苛山	40	12	6	6	6		

填報機關：東陽縣大懷鄉公所

35年3月 日

000142

善后救济总署收复区各地房屋被灾损失情形调查表（东阳县大怀乡）（一九四六年三月）

善后救济总署收复区各地房屋被灾损失情形调查表（东阳县千祥镇）（一九四六年五月二十日）

善後救濟總署

收復區各地房屋被災損失情形調查表

共 頁 第一頁

浙江省東陽縣

縣份	村鎮名稱	距縣里數（華里）	原有房屋間數	被毀間數及情形：全部	被毀間數及情形：部份	急待收復間數	附近有無建築材料類	備註
東陽縣	千祥鎮、后畈村	七十里	四百間	八十間、全部被毀傾圮不能利用 磚牆瓦頂房屋七十二間 土牆瓦頂房屋八間		八十間、因被毀後無家可歸均星散寄居各處種作殊感不便	木材無石灰無、磚瓦尚可辦	

填表機關 千祥鎮公所

卅五年五月廿日

0000120

善後救濟總署 第二頁

收復區各地房屋被災損失情形調查表 共 頁

浙江 省/市 東陽 縣

縣份	村鎮名稱	距縣里數（華里）	原有房屋間數	被毀間數及情形		急待收復間數	附近有無建築材料類	備註
				全部	部份			
東陽縣	千祥鎮東王村	七十里	二百五十間	三十七間、全部被毁不能利用 磚墻瓦頂房屋三十二間 土墻瓦頂房屋五間		三十七間、被災民衆、均寄處在小宗祠、全擁擠、往來不便、	無	

填表機關 千祥鎮公所

卅五年五月廿日

000121

善後救濟總署　第三頁

收復區各地房屋被災損失情形調查表

浙江省東陽縣

縣份	村名鄉鎮	距縣里數（華里）	原有房屋間數	被燬間數及情形		急待收復間數	附近有無建築材料類	備考
				全部	部份			
東陽縣	千祥鎮彤弓院村	七十里	九十四間	十八間全部被燬不能利用均須墻瓦頂		十八間被災居民現寄在他人籬下一切生活均感不便	無	

填表機關千祥鎮公所　三五年五月卅日

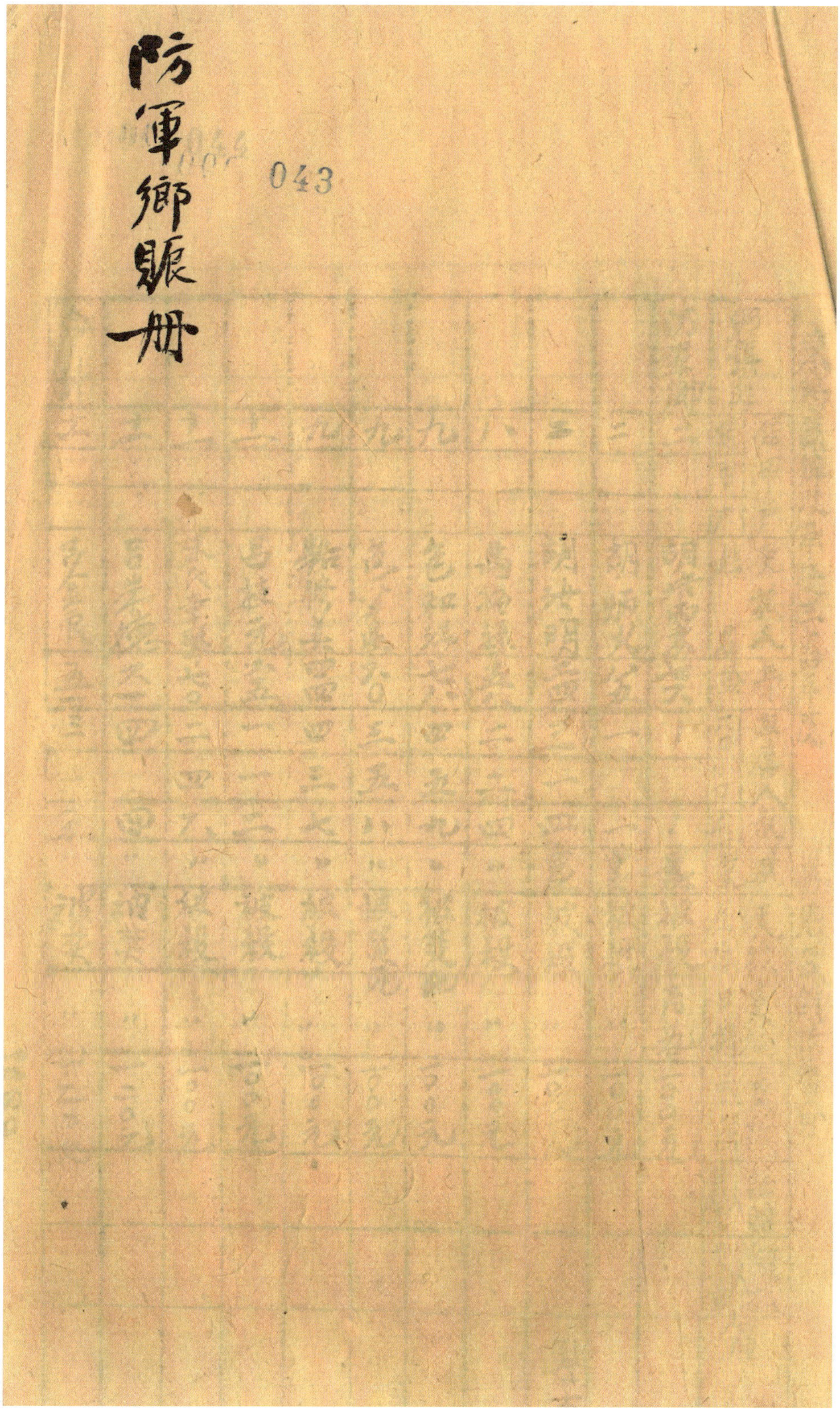

防軍鄉賑冊

043

东阳县防军乡一九四五年度赈款领赈清册（时间不详）

東陽縣辦理奉撥三十四年度賑款領發清冊

鄉鎮別	保	甲	户	受振人姓名	年齡	家屬人數 大口	小口	被害者職業	成災原因	受振日期	受振款數額	證明人蓋章	領款人蓋章	備考
防軍鄉	二			胡培雲	六六	一		一	農	被殺	青荅	一〇〇元		
	二			胡炳火	六五	一		一	農	被殺	〃	一〇〇元		
	二			胡汝明	二四	三	一	四	農	被殺	〃	二〇〇元		[illegible]吉士
	八			馬禧祿	五八	二	二	四	〃	被殺	〃	一〇〇元		
	九			包和福	七八	四	五	九	〃	被焚死	〃	一〇〇元		
	九			包秉良	六〇	三	五	八	〃	被焚死	〃	一〇〇元		
	九			駱修美	四四	四	三	七	〃	被殺	〃	一〇〇元		
	十一			呂桂元	六五	一	一	二	〃	被殺	〃	一〇〇元		
	十一			朱氏章聚	七〇	二	四	六	〃	被殺	〃	一〇〇元		
	十一			呂朱德	八一	四		四	〃	被焚	〃	一二〇元		
合計	十一			呂金良	五一	三	二	五	〃	被焚	〃	一二〇元		

一二〇〇

東陽縣辦理奉撥三十四年度縣款領振清冊

鄉鎮別	保	甲	戶	受振人姓名	年歲	災傷人數 大口	小口	共計	職業	受振原因	受災日期	受振款數	證明人蓋章	領振人蓋章	備攷
防軍鄉	4	一		周芳滿	六九	三		三	農	槍殺	十月廿九日	一〇〇元			
	4			周紹美	六八	二	一	三	仝	仝	仝	一〇〇			
	4			黃榮泉	三〇	三	二	五	仝	被殺	仝	一〇〇			
	6			盧若富	五〇	二	三	五	仝	被炸	仝	七〇			
	6			盧汝華	五二	七	一	八	仝	被炸	仝	七〇			
	7			盧水木	三七	二	二	四	仝	被炸	仝	七〇			
	7			盧震西	六〇	四	三	七	仝	被炸	仝	七〇			
	7			盧銀欽	二八	四	一	五	仝	被炸	仝	七〇			
	6			盧積福	三一	二	三	五	仝	被炸	仝	七〇			
	6			盧積	五二	一		一	仝	被炸	仝	七〇			
合計												七九〇			

東陽縣[illegible]奉撥三十四年度賑款領據清冊

鄉鎮別	保	甲	戶	受振人姓名	年齡	死傷人數 大口	死傷人數 小口	死傷人數 共計	職業	受振原因	受振日期	受振數額	證明人蓋章	領振人蓋章	備考
防軍鄉	6			包家達	十五	六	三	九	農	槍殺	十月九日	一〇〇元			
	6			包樟富	三五	二	三	五	仝	槍殺	仝	一〇〇			
	6			包樟益	六八	五	三	八	仝	刺死	仝	一〇〇			
	6			胡冬翠	二四	五	三	八	仝	槍死	仝	一〇〇			
	6			包燎饒	二〇	五	三	八	仝	槍殺	仝	一〇〇			
	3			胡廷奎	五一	三	二	五	仝	炸死	仝	一〇〇			
	1			胡少諾	六二	一		一	仝	槍殺	仝	一〇〇			
	1			胡樟水	七四	二	三	五	仝	槍殺	仝	一〇〇			
	7			包其星	五一	二	三	五	仝	被炸	仝	七〇			
	4			申屠肇田	五八	二	三	五		刺死	仝	一〇〇			
合計												九七〇			

備考：請 ……致

東陽縣辦理一案被三十四年度
慰款領款清冊

鄉鎮別	保別	甲別	戶別	受損人姓名	年齡	應撫人數 大口	小口	共計	職業	受損原因	受損日期	受損數額	證明人蓋章	領款人蓋章	備攷
防軍鄉	6	一		包聿星	六七	二		二	農	被焚	十月廿九日	一二〇元			
	6			包聿良	五〇	二	二	四	〃	被炸	〃	七〇元			
	6			包金海	四五	二	四	六	〃	被炸	〃	七〇元			
	6			包開宝	五三	三		三	〃	炸死	〃	一〇〇			
	6			包聿能	四三	四		四	〃	刺死	〃	一〇〇			
	3			胡道加	四〇	一	二	三	〃	刺死	〃	一〇〇			
	6			包和良	六〇	二	二	四	〃	炸死	〃	一〇〇			
	6			包聿莛	五五	一	二	三	〃	被焚	〃	一二〇			
	6			包文蔭	廿八	二	二	四	〃	被炸	〃	七〇			
	6			包宝翠	三二	六	二	八	〃	槍殺	〃	一〇〇			
合計												九五〇			

047

東陽縣防軍鄉三十四年度賑款領振清冊

鄉鎮別	保	甲	户	姓名	年歲	家屬人數 大口	小口	計	職業	受振原因	受振日期	受振數額	証明人蓋章	領振人蓋章	備考
防軍鄉	11		一	呂全桑	五三	三	三	六	農	被焚	十月廿九日	一二〇			
〃	〃			呂老順	四〇	一	一	二	仝	被焚	仝	一二〇			
防軍鄉	11			呂大水	二七	二	一	三	仝	仝	仝	一二〇			
防軍鄉	11			葛氏翠	五六	一		一	仝	仝	仝	一二〇			
防軍鄉	11			呂全榮	二八	二	二	四	仝	仝	仝	一二〇			
防軍鄉	11			呂老長	四五	二	二	四	仝	仝	仝	一二〇			
防軍鄉	11			呂老全	三七	三	四	七	仝	仝	仝	一二〇			
防軍鄉	11			呂銀星	四六	二	四	六	仝	仝	仝	一二〇			
〃	6			包中河	三二	二	三	五	仝	被焚	仝	七〇			
〃	7			包金德	三四	二	一	三	仝	仝	仝	七〇			
合計												一一〇〇			

東陽縣辦理奉撥三十四年度賑款領賑清冊

鄉鎮別	保	甲	戶	受振人姓名	年齡	原傷人數 大口	小口	共計	職業	受振原因	受振日期	受振數額	證明人蓋章	領振人蓋章	備致
防軍鄉	6			蔡棠昌	三五	二	三	五	農	被炸	十月廿九日	七〇			
	6			色義壽	三九	三	一	四	〃	仝	仝	七〇			
	6			色鍾壽	二一	三		三	〃	仝	仝	七〇			
	7			色老四	五三	一		一	〃	被殺	仝	一〇〇			
	7			色聿叙	三三	二	二	四	〃	被炸	仝	七〇			
	7			色聿絢	四二	二	五	七	〃	〃	仝	七〇			
	7			色延桂	三一	二	二	四	〃	〃	仝	七〇			
	7			色妹	二〇	三	二	五	〃	炸死	仝	一〇〇			
	7			色阿弟	九	三	二	五	〃	炸死	仝	一〇〇			
	7			色竹慶	六	三	二	五	〃	炸傷	仝	一〇〇			
合計												八二〇			

東陽縣□□鄉辦理三十三年度賑款領放清冊

鄉鎮別 保	甲	戶	受振人姓名	年齡	家屬人數 大口	小口	共計	職業	受振原因	受振日期	受振數額	證明人蓋章	領款人蓋章	備考
7			包清月	六九	二	〇	二	農	被炸	十一月廿九日	七〇	十二月廿九		
7			包□海	七五	三	〇	二	〃	被炸		七〇	〃		
7			包金田	五九	五	一	六	〃	被炸		七〇	〃		
7			包天福	五四	四	二	六	〃	被炸		七〇	〃		
7			包丁桂	六八	二	一	三	〃	被炸		七〇	〃		
6			包本星	五四	一	一	二	〃	炸死		一〇〇	〃		
6			包業倫	三五	一		一	〃	炸死		一〇〇元	〃		
6			馬登倫	六二	二	四	六	〃	炸死		一〇〇元	〃		
6			包業振	三五	二	一	三	〃	被焚		一二〇元	〃		
6			包樟恒	四三	二	二	四	〃	被焚		一二〇元	〃		
合計											八九〇			

備 考

東陽縣試辦理奉撥三十四年度縣款領振清冊

鄉鎮別：防軍御子

保	甲	户	受振人姓名	年齡	受傷人數 大口	小口	共計	職業	受災原因	受振日期	受振數額	證明人蓋章	領振人蓋章	備考
			包佳好	三三	三	二	五	農	被炸	九月廿日	七〇			
6			包俊星	五七	二	一	三	仝	仝	仝	七〇			
3			包傳桐	四二	四	三	七	仝	焚	仝	一二〇			
6			包風無	三二	一	二	三	仝	仝	仝	一二〇			
6			包炳鴻	三五	二	二	四	仝	仝	仝	一二〇			
7			包金水	三六	三	二	五	仝	被炸	仝	七〇			
7			包天田	一九	三	二	五	仝	炸死	仝	一〇〇			
7			賈杏梅	一九	三	二	五	仝	仝	仝	一〇〇			
7			包金丁	五一	三	〇	三	仝	殺死	仝	一〇〇			
7			包章子	五一	二	三	五	仝	被炸	仝	七〇			
			包昌棣	八	二	三	五	仝	炸死	仝	一〇〇			
合計											一〇四〇			

東陽縣難民奉撥三十四年度賑款領放清冊

鄉鎮別	保	甲	受振人姓名	年齡	家屬人數 大口	小口	老弱	職業	受振原因	受振日期	受振款數額	證明人蓋章	領振人[illegible]
防軍鄉	6	一	馬兆秋	五五	二	二	四	農	炸死	十月九日	一〇〇元		
	6		包春蘭	四	四	二	六	仝	炸死	仝	一〇〇		
	9		包俠壽	三九	四	二	六	仝	被焚	仝	一二〇		
	9		包全富	四三	三	五	八	仝	仝	仝	一二〇		
	9		包幸具	五四	六	二	八	仝	仝	仝	一二〇		
	9		包全法	四二	五	三	二	仝	仝	仝	一二〇		
	9		包錦華	三九	三	三	六	仝	仝	仝	一二〇		
	9		包丰宗	三六	二	二	四	仝	仝	仝	一二〇		
	9		包義富	三七	二	四	六	仝	仝	仝	一二〇		
	9		包秉林	五四	五	一	六	仝	仝	仝	一二〇		
合計											一一六〇		

000 054

[illegible]三十四年度

鄉鎮名	保	甲	戶	戶長姓名	年齡	男	女	合計	職業	災因	損失程度	應領賑款數目	領款人蓋章	備考
防軍鄉	9			包玉德	四八	二	三	五	農	被焚	燬	一二〇元		
	9			包玉喜	三八	三	〇	三	仝	仝	仝	一二〇		
	9			包汝良	三八	三	〇	三	仝	仝	仝	一二〇		
	9			包華春	五四	三	一	四	仝	仝	仝	一二〇		
	9			包海山	四九	二	二	四	仝	仝	仝	一二〇		
	9			包駿信	五二	三	一	四	仝	仝	仝	一二〇		
	9			朱明銓	三五	二	一	三	仝	仝	仝	一二〇		
	9			朱明沂	三七	二	二	四	仝	仝	仝	一二〇		
	9			朱明昌	四八	三	一	四	仝	仝	仝	一二〇		
	9			朱明田	五八	二	〇	二	仝	仝	仝	一二〇		
合計												一二〇〇		

東陽縣辦理奉撥三十四年度縣籌領振清冊

鄉鎮別	保	甲	戶	受振人姓名	年齡	家屬人數 大口	小口	老弱	職業	受振原因	受振日期	受振數額	證明人蓋章	領振人蓋章	備考
防軍	9	一		朱先丁	三三	三	〇	三	農	被焚	十月廿九	一二〇元			
	9			朱啓友	三八	二	一	三	仝	仝	仝	一二〇			
	9			朱啓才	三九	三	一	四	仝	仝	仝	一二〇			
	9			包秋曹	五三	四	四	八	仝	仝	仝	一二〇			
	9			包秋法	[illegible]	九	二	二	仝	仝	仝	一二〇			
	9			包金高	二八	二	一	三	仝	仝	仝	一二〇			
	9			陳渾倫	三八	二	二	四	仝	仝	仝	一二〇			
	9			朱達把	四〇	一	〇	一	仝	仝	仝	一二〇			
												九六〇			
合計															

放賑委員

鄉民代表會主席駱紹箕

鄉長馬進之

監放員周懷西 即宗鎬

東陽縣各鄉鎮配賑款額表

區別鄉鎮別	被燬戶數	分配等級	配賑款額	傷亡人數	振卹款額	合計款數	備攷
盧宅區 吳寧	二〇〇	乙	一四〇〇〇元	九	九〇〇元	一四九〇〇元	城內
盧宅	一四〇	乙	九八〇〇	二一	二一〇〇	一一九〇〇	下街、果頭、大寺
錦溪	二〇〇	甲	二四〇〇〇			二四〇〇〇	上盧
寬南	一五〇	甲	一八〇〇〇	四	四〇〇	一八四〇〇	嶺下、寺上塘、安溪塘下樓
社姆	七〇	甲	八四〇〇	一七	一七〇〇	一〇一〇〇	大石口、山頭、杜、陳店
李宅	二〇	甲	二四〇〇	一五	一五〇〇	三九〇〇	李宅
蟠松	四一	甲	四九二〇	二	二〇〇	五一二〇	湖子、后石龍山、康下、下家塘
白雲	七六	甲	九一二〇	二四	二四〇〇	一一五二〇	大坑、衙石山、峇官寺、東頭、王新屋、下村
嶺北	三〇	甲	三六〇〇			三六〇〇	嶺北周、三汁古塘
甘溪	一三〇	甲	一五六〇〇	一三	一三〇〇	一六九〇〇	錦坊、毛竹園、郎魚谷、天鵝、口水塘、下范、宜亭塘

泖溪	一〇	甲	一二〇〇	二	六〇〇	一四〇〇	
殉難官公人員				五	二〇〇〇	二〇〇〇	
殉難兵勇				二〇	四〇〇〇	四〇〇〇	
合計	六六〇		六四四二〇九	一三二人	一六七〇〇	八二八二〇	
巍山巍山	二四〇	甲乙	二八〇〇	五	五〇〇	三三〇〇	巍山
大懷	一〇	甲	一二〇〇	一	一〇〇	一三〇〇	
練溪	三三〇	甲	三九六〇〇	五	五〇〇	四〇一〇〇	樓西港[illegible]
歙山	三〇	甲	三六〇〇			三六〇〇	林亨位[illegible]本宅
吳良	五	甲	六〇〇			六〇〇	
古剛	三	甲	三六〇〇	一三	一三〇〇〇	一六六〇〇	
虎鹿	六〇	甲	七二〇〇	三	三〇〇	七五〇〇	沈良[illegible] 厦[illegible]勤峯
東白	六五〇	甲	七八〇〇〇	二八	二八〇〇	八〇二〇〇	白溪石文溪 口周村[illegible] [illegible]白峯

000·058

	象岡	三〇	甲	三、六〇〇	一〇	一、〇〇〇	四、六〇〇	
	吳岱	二〇	甲	二、四〇〇	三	三〇〇	二、七〇〇	林口
	梓溪	二一〇	甲	二五、二〇〇	一一	一、一〇〇	二六、三〇〇	函村宅口胡村新屋
	殉難官公人員				五	二、〇〇〇	二、〇〇〇	
	殉難士兵				五〇	一〇、〇〇〇	一〇、〇〇〇	
合計		一、五八八丈		一八四、五六〇元	一三八人	一九、三〇〇元	二〇三、八六〇元	
湖溪	湖溪	二〇〇	乙	一四、〇〇〇			一四、〇〇〇	湖溪白水口西塘
	堅武	四三	乙	三、〇一〇	四	四〇〇	三、四一〇	前大路
	永昌	八〇	乙	五、六〇〇	五	五〇〇	六、一〇〇	
	合浦	五七	乙	三、九九〇			三、九九〇	七秩塘張塘豆馬宅
	石洞	二七〇	乙	一八、九〇〇	二一	二、一〇〇	二一、〇〇〇	鶴洲藕田
	瀾亭	二〇〇	乙	一四、〇〇〇			一四、〇〇〇	三角院郭宅

横店	一〇	乙	七〇〇			七〇〇	石山岙裡外山南上湖石岙廿村
鳳坡	一六五	甲	一九八〇			一、九八〇	覌山塢祝塢
益智	八	乙	五六〇			五六〇	下甘棠
三源	一六	乙	一、一二〇			一、一二〇	隔塘
殉難官公人員				五	二、〇〇〇	二、〇〇〇	
殉難士兵				一〇	四、〇〇〇	四、〇〇〇	
其他					一、一四〇	一、一四〇	補發傷亡滯繳者
合計	一〇、四六六户		八一、六八〇元	五五、	一〇、一四〇	九一、八二〇元	
南馬　南馬	一三〇	乙	九、一〇〇	一三	一、五五〇	一〇、六五〇元	南馬
千祥	六〇	乙	四、二〇〇	二〇	二、〇〇〇	六、二〇〇	千祥石馬
防軍	一一〇	乙	七、七〇〇	二三	二、五〇〇	一〇、二〇〇	石舍塘大塅下防軍
大連	三〇	乙	二、一〇〇	六	六〇〇	二、七〇〇	前第七保地名未詳

000059

明德	五〇	乙	三·五〇〇	八	八〇〇	四·三〇〇	路西柏塔
大陽	二〇	乙	一·四〇〇	一五	一·五〇〇	二·九〇〇	西張石杜
畫水	一二〇	甲	一四·四〇〇	一〇	一·〇〇〇	一五·四〇〇	石鼓岙下陆宅玉坎宣
黄錢畈	一六〇	甲	一九·二〇〇	二四	三·四〇〇	二二·六〇〇	黄錢畈許宅洪塘下盧雷風占光泉村甘村
殉難官公人員				五	二·〇〇〇	二·〇〇〇	
殉難士兵				二〇	四·〇〇〇	四·〇〇〇	
合計	六八〇戶		一·六〇〇〇元	一五八人	一九·三〇〇元	八〇·九〇〇元	
玉山 尖山	四〇〇	乙	二八·〇〇〇	二一	二·一〇〇	三〇·一〇〇	尖山新宅管皂横路胡宅岙三
嶺口	一〇〇	乙	七·〇〇〇	二四	二·四〇〇	九·四〇〇	
殉难官公人员				三	八〇〇	八〇〇	

	殉难士兵				一〇	二〇〇〇	二、〇〇〇
合计		五〇〇元		三五〇〇〇元	五七人	七、三〇〇元	四三三〇〇
总计		四四四〇元		四七〇、四六〇元	五三〇人	七二五四〇元	五〇〇、〇〇〇元

060

放賑人員名單

放賑人員	以當地區長鄉鎮長及已成立鄉鎮民代表會主席為當然放賑負責人，另外並推左列人員為監放專員：
上溪區	傅議長大鈞　盧副議長壽祺　吳參議員靜賡　李秘書之暎　洪秘書範　並推盧副議長壽祺領款
巍山區	趙書記長昭泰　程品文先生　趙參議員之凱　王參議員祖恩　趙伯蘇先生　並推趙書記長昭泰領款
湖溪區	呂委員實璩　陳參議員簡　黃參議員識方　金議參員昔復　杜書記錦棠　並推陳參議員簡[illegible]領款
南馬區	馬委員成驥　周參議員宗鶴　許參議員式祥　金毅成先生　縣振濟會胡道泉　蔣委員哉森　並推胡道泉領款
玉山區	周委員翔行　厲植三先生　並推杜區長吳玉碩領款

056

抗戰開始至卅三年度止敵人罪行及公私損失調查報告項目

甲、敵機轟炸損失

一、分次查明縣境內遭受敵機轟炸日期落彈地点

二、分次查明炸燬之公私房屋及其他財物数量并估計損失之時值及政府支出振濟款額

三、分次查明炸傷（死）人数及姓名暨政府支出治療埋葬撫䘏等總數

總計
縣境被轟炸 6次
炸燬公有房屋 136 間
炸燬學校房屋 — 間
炸燬廟宇房屋 — 間
炸燬寺廟房屋 — 間
炸燬民房 2524 間
炸燬房屋損失計值 129,532,012 元
炸燬公家財物估計 527,626 元
炸燬民間財物估計 3,13[illegible] 元
合計 161,385,137 元
政府支出振濟費 800 元
政府支出治療費 — 元
政府支出埋葬費 — 元
政府支出撫卹費 — 元
合計 800 元
[illegible]

乙、敵人流竄損失

一、按次查明流竄日期流竄地点佔領据点佔領日期

二、按次查明流竄期中燒燬公私房屋及其他財物并估計其時值

三、按次查明流竄期中殘害之耕畜作物并估計其時值

四、按次查明流窜军……杀害之人数、被掳之人数及奸淫之妇女人数

五、按次查明流窜……战备亡之官员及地方团警……及人民

之人数

六、因流窜以致各项损失之损失估计数额

七、因敌人流窜政府支出缓急之款项数额

八、因流窜所遭受之其他损失

总计		
流窜之次数	98	次
流窜所经乡镇	61	乡镇
[illegible]	4	处
[illegible]	[illegible]	天
烧毁房屋	183	间
烧毁[illegible]	93	间
〃〃[illegible]	—	间
〃〃[illegible]	—	间
〃〃民房	50[illegible]	间
[illegible]		元
被杀害 男	[illegible]	人
被杀害 女	[illegible]	人
被掳 男	21	人
被掳 女	1	人
被奸淫妇女	108	人
抗战伤亡官员	4	人
抗战伤亡队士	2	人
抗战伤亡长警	4	人
抗战伤亡自治人员	16	人
抗战伤亡人民	5	人
抗战死亡官员	21	人
抗战死亡队士	30	人
抗战死亡长警	—	人
抗战死亡自治人员	60	人
抗战死亡人民	5	人
政府损失之损失估计	—	元
政府支出缓急之款项	—	元
共计	被害人数 519	人

2347,992,962元

1650,000元

注意、一、本年度敌人罪行及公私损失按以上开项目另纸缮报

二、受敌人之汉奸伪军罪行及公私损失亦包括在内

東陽縣五一鄉第一保軍事損失調查表

户主姓名	保甲户次	住址	被灾情形（房屋间数 约值财产 伤亡人数）	被灾地点	被灾日期	备考
陳崇書	三甲三户	后馬	房屋四間被敵焚毁	后馬	四月廿九	
陳素卿			房屋被焚			
陳汝才	四甲二户	仝	房屋貳間被敵焚毁	仝	仝	
馬比求連	四甲二户	仝	房屋二間被敵焚毁	仝	仝	
陳正炉	三甲五户	仝	房屋二間被敵焚毁	仝	仝	
陳秀奖	五甲一户	仝	房屋五間被敵焚毁	仝	仝	
陳寿臣	五甲二户	仝	房屋一間被焚仝	仝	仝	
陳克方	五甲四户	仝	房屋貳間被焚仝	仝	仝	
陳宣校	五甲五户	仝	仝	仝	仝	

20

陳光夏 十甲三戶 后馬 一房屋十三间被敵焚毁 一戶主被捕未回 仝 仝

陳章火（陳光旺） 五甲七戶 仝 被敵槍殺一人 仝 仝

陳芝林 十甲五戶 仝 仝 仝 仝

陳士盛 第三保 下東陳 被敵擄擒至今未回 仝 仝

陳士德 保五甲三戶 后馬 一房屋弍间被敵焚毁 仝 仝 [illegible]

陳鍾庚 殺死 五十三间

陳士登 屋被焚[illegible]

096

陳昇達　十二保　官橋　本人　官橋　今　因拉夫逃避被敵人擊斃

胡良棋　七保　路西　二　五六萬之三萬　路西　七月十日　赤貧

二、日军情报

9053

0110

在東敵偽機構總登記

卅二年十月十日

機構名稱	級職	主管姓名	人數	裝備及任務	駐地	編制	備攷
東陽守備隊（即第三大隊）	大尉大隊長	小野寺	三百餘	重机十五、輕机廿餘、步枪三百餘、野砲一、小砲二、迫砲三、擲彈筒每班一、馬四十餘。	分駐城內、巍、赤、大岑孔及義烏兎山	轄中隊三、獨立砲兵隊一小隊、及情報部、經理室。	屬廿二師團（師團長土橋）八十六聯隊（聯隊長中川）亦稱之九三六部隊
浙贛地區東陽出張所	派遣員	井澤	十餘	步枪六支、短枪三の支 專理鄉鎮保甲事宜			原稱特務機關，機關長團原予七月間調職，并改組。
梅機關憲兵隊	隊長	板本	十餘	輕机一、白朗、木壳各二、步枪廿餘，為四省行署駐東辦事处之護衛機關。	城內吳品衍家內	佐理赤目及狄野二人，狄野已調蘇州情報組長	
四省行營東陽辦事处	主任	韓璜（璞卿）	二十餘	偽南京政府之特務機關	仝	設秘書、会計二室，總務、情報、通譯、銀行、電訊等五股及警卫組。	八月間奉命撤回杭州，除東義外，各縣間已陸續恢復。
東陽憲兵隊	隊長	藤川	十餘	步枪二支、短枪一支，負行政、警察		轄工作員四人，每人得運用情報員三人。	前隊長佐藤九月間調職，因作惡多端，迭報已為敌部撤消。
情報部	主任	小林	十餘	步枪四支、短枪六支，負情報、調查。		設正副主任各一人、情報組長一及情報員十餘人	原設情報宣傳、教育、特務、行動四組，自野竹調職後，三隊已陸續停止或解散
經理室	主任	水石	十四	經理粮餉、被服、彈藥等			
巍山工作班	班長	哈曼	二一	木壳四、白朗二，主持特務工作，哈曼並負作战指揮。	巍山倉基	設密探長及翻譯一人，密探六人，轄情報員六人	

東白山工作班	班長	葉疏華（廣東人）	十餘			設書記及情報正副組長各一，轄情報員七八人	
東陽保安隊	隊長	許林生	八六				
嵬山保安隊	司令	程維彝	六五	步槍三七、木殼五、白朗一、手槍五	嵬山前新屋	一中隊分編二分隊四班	七月十八日合編前自衛團反建其部隊
主嵬訓練處	隊長	小平	約二百	輕機五、步槍百餘、砲二、擲彈筒七	仝		多自杭嘉湖一帶抽征之店夥，正在積極訓練野外中。
前浙東綏靖司令部	司令	俞健伯	二一四	輕機四、步槍五十餘、輪榴七枝、彈三、短槍十餘	十里頭	分編四支隊	八月五日全部向諸逃竄，為諸鄉聯隊等部繳械。
中央黨部	特派員	李啟恒（義烏）		為黨員活動	城内吳呂珩家		八月間來東。
東白山自衛隊	隊長	和勳節（河南）	二五	輕機一、步槍又木殼、白朗各二			
通商公司	經理	松清		搜購桐油白臘			
金華鹽務管理局東陽辦事處	主任	呂蒙甫					
慰安所	主任	滕安	妓女六人				

東陽縣政府	縣長	王彬	十餘			設民、財、建、教、司法五科、会計秘書二室及警察局，八月一日改組十五日正式成立
警察局	局長	閔鼎	四十名	輕机一、木壳一、步枪二十支（多未上好）		設督察長、督察員、巡官各一，警長三名
嵬山區署	區長	程維藻	二二		嵬山趙怀仁家	
赤高山鄉鎮聯合会	会長	樓聚萁	十		赤高山	設秘書一人及財政、總務、工運等三股。首任会長王文英七月廿三被捕，九月九日正法，繼任朱暉六月廿日被捕
十九都鄉聯保办事処	聯保主任	趙岳祥	五		嵬山澤存堂	
東陽稽征所	區務主任	趙煉臣				在籌備中

0055

駐東敵偽機構登記表

機關名稱	級職	主管姓名	之數	裝備及任務	駐址	編制	備攷
東陽守備隊大(即第三大隊)大隊長	大尉	小野寺	三百餘	重機關二、輕機廿餘、步槍三百餘、野砲一、小砲二、迫砲三、擲彈筒每班一、馬四十匹	分駐城內、東西峴峯、巍□、赤岩山、大松嶺	下屬三個中隊、獨立砲兵隊、情報部及經理室	屬廿二師團騎兵聯隊、聯隊長中川
浙贛地區東陽出張所	派遣員	井澤	十餘人	步槍六支、短槍三支；辦理鄉鎮保甲事宜			原稱特務機關、杭閩長官原來，□月間調職，并改組
梅機關憲兵隊	隊長	板本	十餘人	輕機一、白朗寧二、步槍二十餘、□□二，為東陽特工隊之換裝機關	城內吳品四孫家內	下設經理赤目及狄野之，狄野更調□□任情報組長	
偽四省行營東陽辦事處	主任	韓璞卿（璋）	二十餘	偽南京政府之特務機關	〃	下設秘書、會計、童總務、情報、通譯、報行、處訊五股及警士組	八月間奉命撤回杭州
東陽憲兵隊	隊長	藤川	十餘人	步槍二支、短槍二支；負行政、警察及憲兵任務		下轄各分隊，隊員係黃埔式智選派來參加四人，另得通用情報員二人	前隊長佐藤于九月間調職
第三大隊情報部	主任	小林	十餘人	負情報、調查等。步槍四支、短槍六支		主任下設情報組，組長吳雄（□□□），又情報員十餘人	董春□野於五月間假戰原屬□隊國際□等番，餘三隊已陸續被擒
第三大隊經理室	主任	水石	十の人	經理糧餉被服、傳令等			
金華鹽務管理局東陽辦事處	主任	呂榮甫					三二年十二月間成立，收□三三年七月

通商公司	经理	杜清		提炼烟油白膏		
伪东阳县警察	所长	王彬	千余人			伪财、建、教、实，八月一日改组，十五日正式成立，秘书二室、警察局
东阳特种宣传局	局长	周昌	约四十人	轻机一、木壳一、步枪廿支（写字已坏）		前局长吴孟飞于八月廿四日逃跑
伪东阳保安队	队长	许林生	八十六人			
伪巍山区署	区长	程维葵	廿五人		巍山双目 赵林仁家中	1
伪香山乡镇联合会	会长	楼葵其	十人		新宅村 理所内	从政，[illegible]三次[illegible]；首任会长王文英八月廿三被捕，九月八日正式继任；朱晖九月廿六被捕
伪巍山保安司令		程维葵	廿五人	步枪[illegible]、木壳五、白朗一、手枪五	巍山前新庄	伪中队长楼镛道，思想开明
巍山工作站	负责人	黑曼	二十人	主持特务工作；木壳四、白朗三	巍山凤基	第[illegible]队长[illegible]，六人，下辖情报
赤岸工作站	〃	叶既华	十余人			[illegible]八人；[illegible]下辖[illegible]
赤岸自卫队	队长	利和节	廿五人	轻机一、步枪又、木壳、白朗[illegible]		

0056

013

前浙東縱隊司令部	司令 俞健伯	二百十人	駐杭四支隊五十路槍 上虞 分編四支隊、輕彈三挺 槍十路 重頭	八月五日調往岸北，軍械均被縣政府卸繳
偽中央黨部	特派員 李啟恒（俞鐵彥）		偽黨八員住城中吳宗漱家	八月間來東
慰安所	主任 滕安婁	六人		在吾縣中
東陽施診所	醫務主任 趙偉臣			
十九都師聯保辦事處	聯保主任 趙長祥	三人	蔭山 俸丞堂	
新兵隊	隊長 小平	二百左右	輕機五、步槍百餘、砲六、擲彈筒四 龜山 前秋屋	於嘉加湖一帶征糧之左路，每星期三正訓練野外

9057

0145

巍山偽保安隊番號武力配備及其組織情形

一、番號 一浙江省第二區東陽縣保安大隊第二中隊

二、組織 一中隊長湯建君 富陽人 現年廿六歲 卅年八月到巍

中隊附周忠靖 諸暨人 現年卅一歲

下轄二小隊（即分隊）

軍需沈良 蕭山人 特務長楊森昌 蕭山人

文書盧光輝 東陽人 第一分隊長朱勳 蕭山人

第一分隊 分隊附（無） 第二分隊長盧康春 東陽人

第二分隊 分隊附葛金瑞 東陽人

每分隊內分二班

第一班 班長孔小生 東陽人 第二班 副班長李子榮

第一班班长孔子生 东阳人　第二班副班长李子荣

第二班班长詹国华 江苏人　第一班副班长包焕良（即水木化名张国良东阳人）

第三班班长李炳海 绍兴人　第三班副班长张金木 东阳人

第四班班长金凤棋、　班副徐祖德 东阳人

每班士兵十人。

中队情报组组长施金华 兼江苏浦东人 曾伪浙保金华第三区保安

训练所中尉教官于本月十日到巍山疑汪派特工

情报员文霖德 东阳人　葛天祥 机枪手

朱祥发 浦东人　陈虎 杭州人

武力配备

轻机枪二挺、手利式一枝、快机一枝 以三万五千之卖结果由〇〇经手过付

本壳五枝、步枪卅五枝、手枪五枝。

张仁钦关于日军炮台武器配置与日军行动的情报（一九四三年十一月九日）

情報第一號　卅二年十一月九日　於本辦事處

一、东宜峯炮台共七人小鋼炮一架輕机槍一架步槍六枝

二、筆架山炮台共六人輕机槍一架雲湯疊筒一尊步槍五枝

三、正武踏珠炮台共十人小銅炮一架輕槍一架震湯疊筒一尊步槍七枝

四、西[illegible]鎮山炮台共五人輕机槍一架步槍五枝

五、近日有家搽四人生鄉二男二女一男人身

長面麻一男人較矮二女人年皆十餘歲
六本月五日起城內緝私部隊有七八十人
手持長短各槍計突入北門一帶搜索
游擊隊將各處民房焚燬甚至更迅
有貨物被劫入城內
懷德鄉撫慰專員張仁欽

张仁钦关于义乌日军人员与武器配置情况的情报（一九四三年十一月十日）

情報第二號　卅二年十一月十日
指揮部辦事處

一、義烏城內乃七九三六聯隊屬之第一大隊二三中隊總人數約千餘內步騎兵約五百大隊長為后眉砲兵約七十餘名隊長神屋又軍犬隊約壹佰五十名內軍犬百餘隊長鈴木文和平軍約弍百餘隊長潘峰其他尚有里屋部隊

二、青岸乃義屬之第一大隊第一中隊總數約五十左右中隊長為瀧名有重迫砲二門輕鋼炮六門重机槍三挺步槍廿餘支

三、壬元之敵乃奇岸一中隊分遣人數約三千名，隊長為岡村青木，重機槍、重擲、輕機槍、重擲、步槍廿餘支，榴彈筒同一個，內老鼠山分駐十名（由一分隊）追擊砲及輕重機槍各一挺，又昭山駐廿名，內有山砲、重及輕重機槍各二，擲榴彈筒一個。

四、坛口之敵約六十餘名，內追擊砲及輕機槍、重擲、步槍十餘支，輕槍四支。

職陸欽撫慰專員張仁欽

志明关于日军动态及敌伪政治保卫局东阳支局组织机构等情况的报告（一九四四年十二月四日）

'081

报告 三十三年十二月四日

據東城內線談：

一、日軍百餘人，於三日由義赴東，於本日（四）去邑城找覓營房，住址未定。聞對於巍山方面，無放棄表示、

二、赤高山和平軍已全數回城，企圖未明。

三、偽保安隊第三中隊，聞於明日調赴義邑掃蕩。

四、偽政治保衛局東陽支局主任，李正恒離職，繼任者為天津人（李恩英）內部組織，分為政營、政義、總務、城區情報四股，人員如下 書記總務前

並該局情報張扫松、城亘对祖生、饒来定。

五、偽縣長王彬手六日擄女、責令該處各保長送禮儀陸百元。

六、偽軍于三日至華店甘寨勒繳軍米。

七、六八都鄉每月應負担偽第一區經費五四〇〇元、連絡費三六〇〇元、食米一八〇市斤、負担偽保證津貼食米每月一〇五〇市斤、柴五〇一〇斤。

右呈

子毅兄兄

弟志岐啓 十二、四、

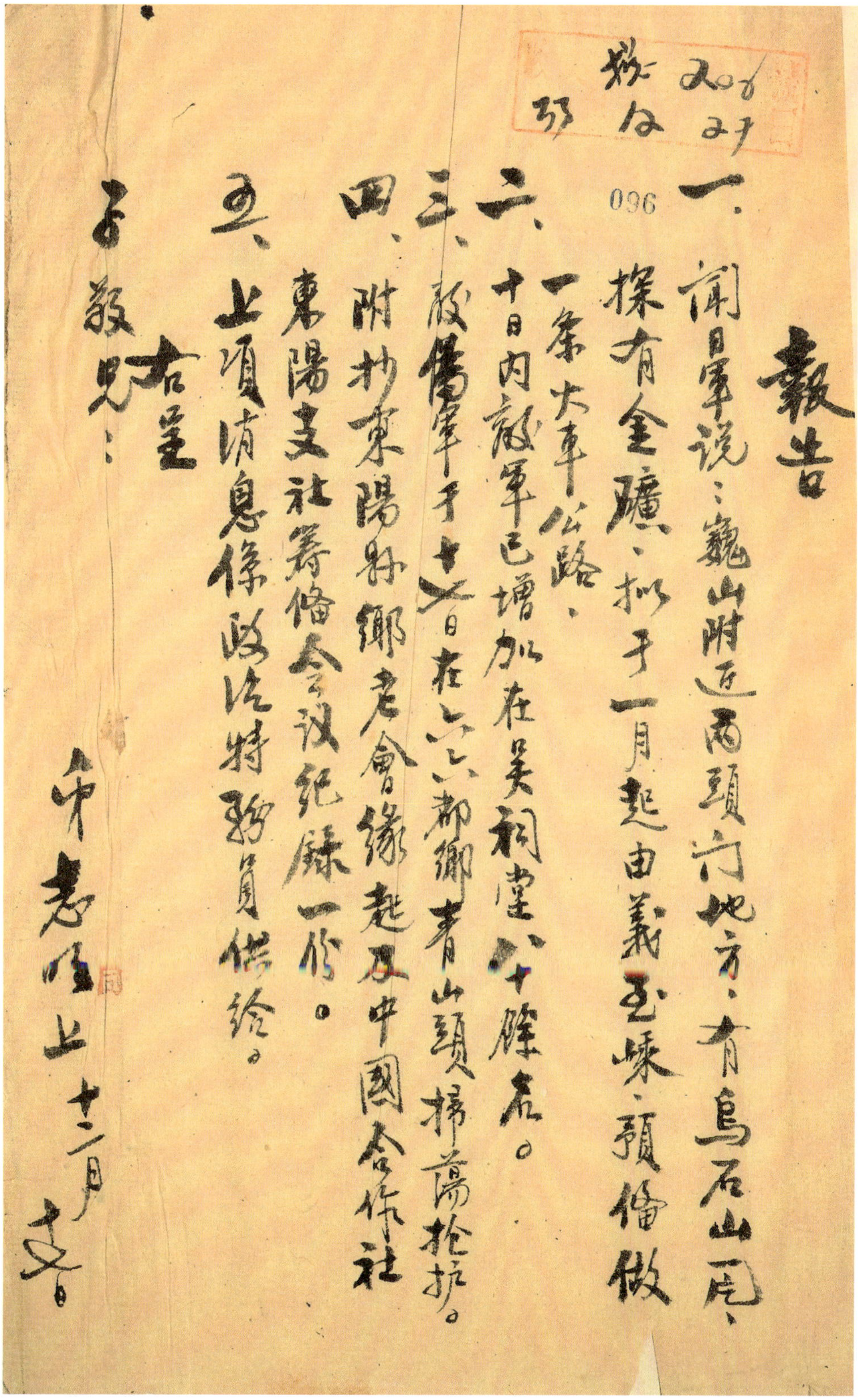

報告

一、聞日軍說：龜山附近兩頭門地方，有烏石山尾，探有金礦，擬于一月起由義烏、嵊、預備做一條大車公路。

二、十日內敵軍已增加在吳祠堂八十餘名。

三、敵偽軍于十六日在六都鄉青山頭掃蕩搶劫。

四、附抄東陽新鄉老會緣起及中國合作社東陽支社籌備會議紀錄一份。

五、上項消息係敵偽特務員供給。

右呈

于毅夫

弟志明上　十二月十七

096

志明关于日军扫荡南乡搜捕逃兵等情况的报告（一九四四年十二月二十日）

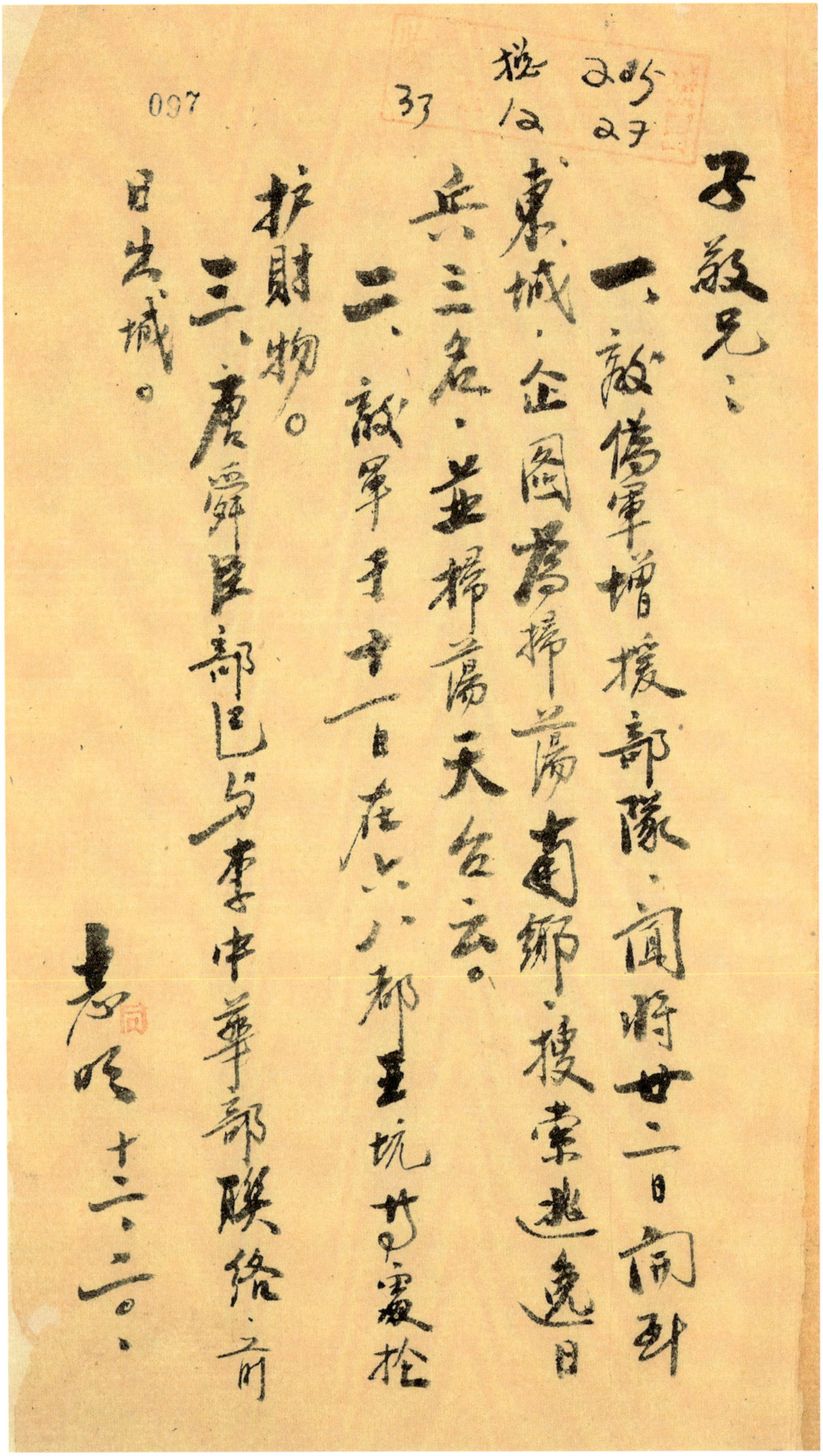
子敬兄：
一、敵偽軍增援部隊、聞將廿二日開到東城、企圖為掃蕩南鄉、搜索逃逸日兵三名、並掃蕩天台云。
二、敵軍于十一日在六八都王坑苛霞搶护財物。
三、虞舜臣部已与李中華部聯絡、前日出城。
志明 十二、二〇、

志明关于日军在六八都唐表山园催缴粮米的报告（一九四四年十二月二十七日）

子敬兄：

敵偽軍于本日（廿七）在六八都唐表山園甘家、催繳糧米。

此祝

近佳！

弟 志明上 十二、廿七

三、日军罪行调查

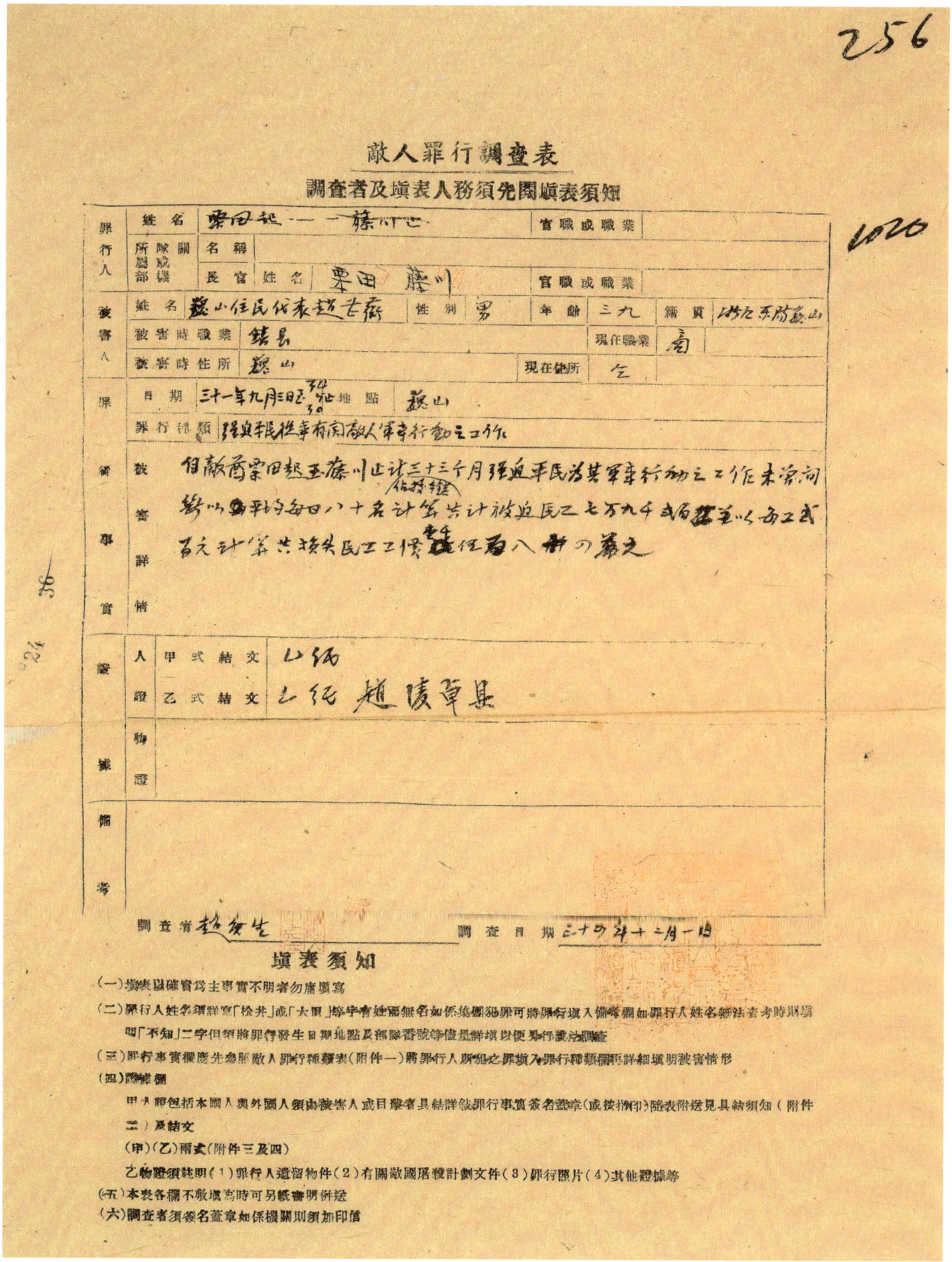

256

1020

敵人罪行調查表

調查者及塡表人務須先閲塡表須知

罪行人	姓名	栗田起——藤川止	官職或職業	
	所屬部隊或機關	名稱	
		長官 姓名	栗田 藤川	官職或職業	
被害人	姓名	窯山住民代表趙世蔚	性別 男	年齡 三九	籍貫 山西东阳窯山
	被害時職業	鎮長	現在職業 商
	被害時住所	窯山	現在住所 仝
罪行	日期	三十一年九月三日起三十四年八月止	地點 窯山
	罪行種類	强迫平民從事有關敵人軍事行動之工作
事實	被害詳情	自敵酋栗田起至藤川止計三十三个月强迫平民為其軍事行動之工作（修碉堡）未曾間斷，以平均每日八十名計算，共计被迫民工七万九千贰百名，並以每工贰百元計算，共損失民工工價壹仟五百八十四萬元
證據	人證	甲式結文	一紙
		乙式結文	一紙 趙復章具
	物證	
備考		

調查者 趙秀生　　　調查日期 三十四年十二月一日

塡表須知

(一)塡表以確實爲主事實不明者勿庸塡寫

(二)罪行人姓名須詳寫「松井」或「大郎」等字有姓而無名如係集團犯罪可將罪行塡入備考欄如罪行人姓名無法查考時則塡明「不知」二字但須將罪行發生日期地點及部隊番號等儘量詳塡以便易行設法調查

(三)罪行事實欄應先參照敵人罪行種類表(附件一)將罪行人所犯之罪塡入罪行種類欄再詳細塡明被害情形

(四)證據欄

甲人證包括本國人與外國人須由被害人或目擊者具結詳敍罪行事實簽名蓋章(或按指印)隨表附送見具結須知(附件二)及結文

(甲)(乙)兩式(附件三及四)

乙物證須註明(1)罪行人遺留物件(2)有關敵國屠殺計劃文件(3)罪行照片(4)其他證據等

(五)本表各欄不敷塡寫時可另紙書明併送

(六)調查者須簽名蓋章如係機關則須加印信

日军罪行调查表（罪行人栗田）（一九四五年十二月一日）

261

1025

敵人罪行調查表

調查者及塡表人務須先閱塡表須知

罪行人	姓名	栗田苷		官職或職業	第九中隊長		
	所屬部隊或機關	名稱	二十二師团八十六联隊第三大隊第九中隊長				
		長官	姓名 栗田苷	官職或職業	中隊長		
被害人	姓名	趙照荣	性別	男	年齡	五〇	籍貫 东阳
	被害時職業	农		現在職業	仝		
	被害時住所	巍山鎮前新屋		現在住所	仝		
罪行事實	日期	卅一年五月廿三日	地點	前新屋			
	罪行種類	肆意破坏财产及擄掠					
	被害詳情	卅一年五月廿三日起數次被擄去金银珠首饰以及铜锡器具布匹生财货物家用什物等又被拆燬楼屋十二间約共計損失戈石谷捨收落完					
證據	人證	甲式結文	乙份				
		乙式結文	乙份 趙照華具				
	物證						
備考							

調查者 趙茂生　　調查日期 三十四年十二月一日

塡表須知

(一)塡表以確實為主事實不明者勿庸塡寫

(二)罪行人姓名須詳寫「松井」或「大田」等字有姓而無名如係集團犯罪可將罪行塡入備考欄如罪行人姓名無法查考時則塡明「不知」二字但須將罪行發生日期地點及部隊番號等儘量詳塡以便另行設法調查

(三)罪行事實欄應先參照敵人罪行種類表(附件一)將罪行人所犯之罪塡入罪行種類欄再詳細塡明被害情形

(四)證據欄

甲人證包括本國人與外國人須由被害人或目擊者具結詳敍罪行事實簽名蓋章(或按指印)隨表附送見具結須知(附件二)及結文

(甲)(乙)兩式(附件三及四)

乙物證須註明(1)罪行人遺留物件(2)有關敵國罪行計劃文件(3)罪行照片(4)其他證據等

(五)本表各欄不敷塡寫時可另紙書明併送

(六)調查者須簽名蓋章如係機關則須加印信

285

1009

敵人罪行調查表

調查者及填表人務須先閱填表須知

罪行人	姓名	栗田			官職或職業	~~第九中隊長~~		
	所屬部隊或機關	名稱	二十二師團八十六聯隊第二大隊第九中隊					
		長官	姓名	小野寺栗田	官職或職業	九中隊長		
被害人	姓名	錢金法	性別	男	年齡	四七	籍貫	東陽
	被害時職業	農業			現在職業	仝		
	被害時住所	巍山錢文保茶場			現在住所	仝		
罪	日期	32.4.12.	地點	茶場				
	罪行種類	擄掠						
行事實	被害詳情	被擄去西式帆布及食糧用具共合約山万餘萬元						
證據	人證 甲式結文	已附						
	人證 乙式結文	已附 主祖棋具						
	物證							
備考								

調查者 趙悉生　　　　調查日期 三十四年十二月一日

填表須知

(一)填表以確實為主事實不明者勿庸填寫

(二)罪行人姓名須詳寫「松井」或「大田」等字樣有姓而無名如係集團犯罪可將其另行填入備考欄如罪行人姓名無法查考時則填明「不知」二字但須將罪行發生日期地點及部隊番號等盡量詳填以便另行設法調查

(三)罪行事實欄應先參照敵人罪行種類表（附件一）將罪行人所犯之罪填入罪行種類欄再詳細填明被害情形

(四)證據欄

甲人證包括本國人與外國人須由被害人或目擊者具結詳敘罪行事實簽名蓋章（或按指印）隨表附送甲具結須知（附件二）及結文

（甲）（乙）兩式（附件三及四）

乙物證須注明（1）罪行人遺留物件（2）有關敵國罪行計劃文件（3）罪行照片（4）其他證據等

(五)本表各欄不敷填寫時可另紙書明附送

(六)調查者須簽名蓋章如係機關則須加印信

日军罪行调查表（罪行人龟岛）（一九四五年十二月一日）

280

敵人罪行調查表

調查者及填表人務須先閱填表須知

罪行人	姓名	龟島		官職或職業			
	所屬部隊或機關 名稱	二十二師团八十六联队第三大队					
	長官 姓名	小野寺龟島		官職或職業			
被害人	姓名	趙昭航妻	性別 女	年齡 四六	籍貫	东陽	
	被害時職業	農		現在職業			
	被害時住所	巍山鎮理和屯		現在住所			
罪行事實	日期	32.12.10	地點	理和堂本宅			
	罪行種類	掠劫					
	被害詳情	被擄去布十八丈衣服二箱以及珍珠銀金樣錢首約計損失叁拾萬元					
證據	人證 甲式結文	1份					
	人證 乙式結文	1份 趙鎮長具					
	物證						
備考							

1000

調查者 趙丙生 調查日期 三十四年十二月一日

33

填表須知

（一）填表以確實爲主事實不明者勿庸填寫

（二）罪行人姓名須詳寫「松井」或「大田」等字有姓而無名如係集團犯罪可將罪行填入備考欄如罪行人姓名無法查考時則填明「不知」二字但須將罪行發生日期地點及部隊番號等儘量詳填以便早行設法調查

（三）罪行事實欄應先參照敵人罪行種類表（附件一）將罪行人所犯之罪填入罪行種類欄再詳細填明被害情形

（四）證據欄

甲人證包括本國人與外國人須由被害人或目擊者具結詳敘罪行事實簽名蓋章（或按指印）隨表附送見具結須知（附件二）及結文

（甲）（乙）兩式（附件三及四）

乙物證須註明（1）罪行人遺留物件（2）有關敵國屠殺計劃文件（3）罪行照片（4）其他證據等

（五）本表各欄不敷填寫時可另紙書明併送

（六）調查者須簽名蓋章如係機關則須加印信

日军罪行调查表（罪行人安藤片平）（一九四五年十二月十日）

敵人罪行調查表

調查者及塡表人務須先閲塡表須知

1665

罪行人	姓名	安藤片平				官職或職業	中隊長	
	所隊關屬或部les	名稱	(一)二十二師團八六聯隊第三大隊(二)一三三師團一二四大隊					
		長官	姓名(一)赤司(二)不知			官職或職業	大隊長	
被害人	姓名	葛光喜	性別	男	年齡	七十三歲	籍貫	東陽
	被害時職業	農				現在職業	仝	
	被害時住所	東陽二十二都應村			現在住所	仝		
罪行事實	日期	三十一年九月五日 三十三年八月十日	地點	后趙巷				
	罪行種類	搶劫(肆意)財產破壞財產沒收財產						
	被害詳情	民國三十一年九月五日敵二十二師團八六聯隊三大隊佔縣后趙巷 至后趙巷搶劫家具五十六件撤去玻窗门壁八十餘扇三十三年八月十日開始拆毀西式新屋伍間舊式樓房二間所有材料給與沒收給與僞保安隊使用合計損失有五百五十萬元						
證據	人證	甲式結文	附送葛光喜具甲式結文一份					
		乙式結文	附送杜壽林乙式結文一份					
	物證	無						
備考								

調查者 浙江東陽吳甯鎮鎮長張錫昌　調查日期 民卅四年十二月十日

72

塡表須知

(一)塡表以確實爲主事實不明者勿庸塡寫

(二)罪行人姓名墨……

日军罪行调查表（罪行人太田师团轰炸机部队）（一九四五年十二月十日）

1670

敵人罪行調查表

調查者及塡表人務須先閲塡表須知

罪行人			
姓名	太田師团轟炸機(乙)登部隊	官職或職業	
所屬部隊或編 名稱	太田師团 登部隊		
長官 姓名	太田	官職或職業	

被害人							
姓名	王佐臣等	性別	男	年齡	五五	籍貫	東陽
被害時職業	公務			現在職業	士		
被害時住所	西街文明里	現在住所	後街頭				

罪行事實	
日期	三十年五月十六日 三十一年五月二十日
地點	東陽西街文明里
罪行種類	(第一次)故意轟炸不設防地區(第二次)搶劫
被害詳情	第一次敵機轟炸燃燒房屋拾陸間並内部一切器具財物衣粮又炸坏廳屋内器具等損失約計叁拾萬元之則 第二次敵人進城搜擄金飾財物等估計約值弍拾伍萬元

證據		
人證	甲式結文	附送王佐臣具甲種結文一紙
	乙式結文	附送杜福康具乙種結文一紙
物證		

備考	焚燬房屋拾陸间與王大可共有

調查者 浙江東陽吴甯鎮鎮長張鶚 調查日期 民國卅四年十二月十日

67

塡表須知

(一)塡表以確實爲主事實不明者勿庸塡寫

(二)罪行人姓名須詳如「松井」或「大田」等字有姓而無名如係集團犯罪可將罪行塡入備考欄如罪行人姓名無法查考時則塡明「不知」二字但須將罪行發生日期……等儘量詳塡以便另行設法調查

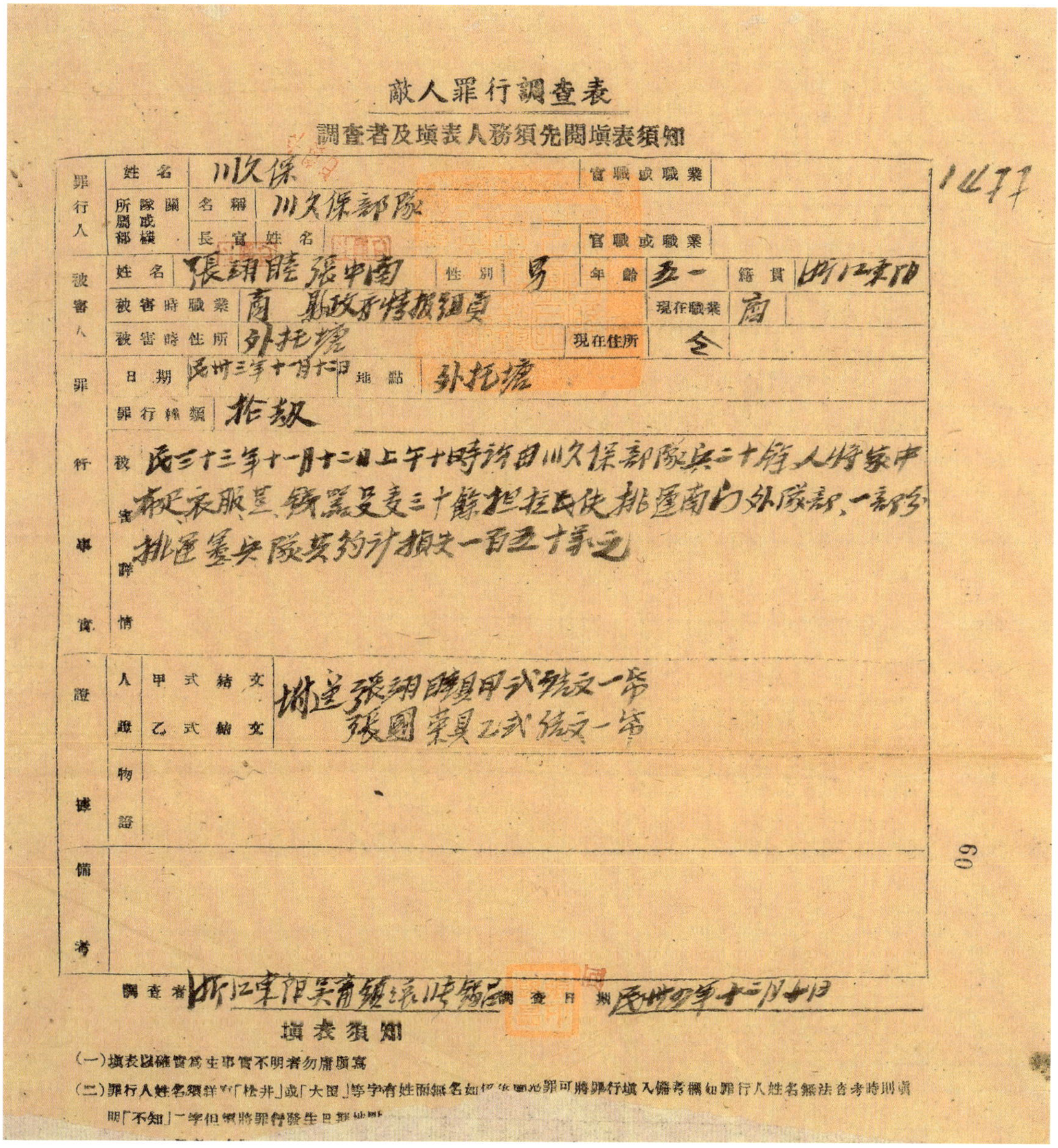

敵人罪行調查表

調查者及塡表人務須先閱塡表須知

罪行人	姓名	川久保			官職或職業			
	所屬部隊或機關	名稱	川久保部隊					
		長官	姓名		官職或職業			
被害人	姓名	張翊睦 張中南	性別	男	年齡	五一	籍貫	浙江東陽
	被害時職業	商 縣政府情報組員			現在職業	商		
	被害時住所	外托塘			現在住所	仝		
罪行	日期	民卅三年十一月十二日	地點	外托塘				
	罪行種類	搶劫						
事實	被害詳情	民三十三年十一月十二日上午十時許由川久保部隊兵二十餘人將家中衣服、被、鍋器及麦三十餘担拉民伕挑運南門外隊部、一部份挑運憲兵隊共約計損失一百五十萬元						
證據	人證	甲式結文	據述張翊睦具甲式結文一紙					
		乙式結文	張國棠具乙式結文一紙					
	物證							
備考								

1477

調查者　浙江東陽吳甯鎮[illegible]　調查日期　民卅四年十二月十日

塡表須知

（一）塡表以確實爲主事實不明者勿庸塡寫

（二）罪行人姓名須詳如「松井」或「大田」等字有姓而無名如但係犯罪可將罪行塡入備考欄如罪行人姓名無法查考時則塡明「不知」二字但須將罪行發生日期地點

日军罪行调查表（罪行人高木）（一九四五年十二月十日）

1486

敵人罪行調查表

調查者及填表人務須先閱填表須知

罪行人	姓名	高木			官職或職業			
	所屬部隊或機關	名稱	陸報部					
		長官	姓名	小野寺	官職或職業	大隊長		
被害人	姓名	張錫昌	性別	男	年齡	四五	籍貫	浙江東陽
	被害時職業	公務			現任職業	公務		
	被害時住所	浙江東陽南鄉雅坑			現在住所	浙江東陽西街		
罪行事實	日期	32年4月13日	地點	浙江東陽西街				
	罪行種類	搶劫等						
	被害詳情	民三十二年四月十三日房屋被敵[illegible]開財產被劫一光而建築材料杉木三佰六十餘根全被搶去估計當時價值約四十萬元						
證據	人證	甲式結文	附送張錫昌具甲式結文乙份					
		乙式結文	附送竇阿毛具乙式結文乙份					
	物證							
備考								

調查者 浙江東陽吳寧鎮々長張錫昌　調查日期 民卅四年十二月十日

填表須知

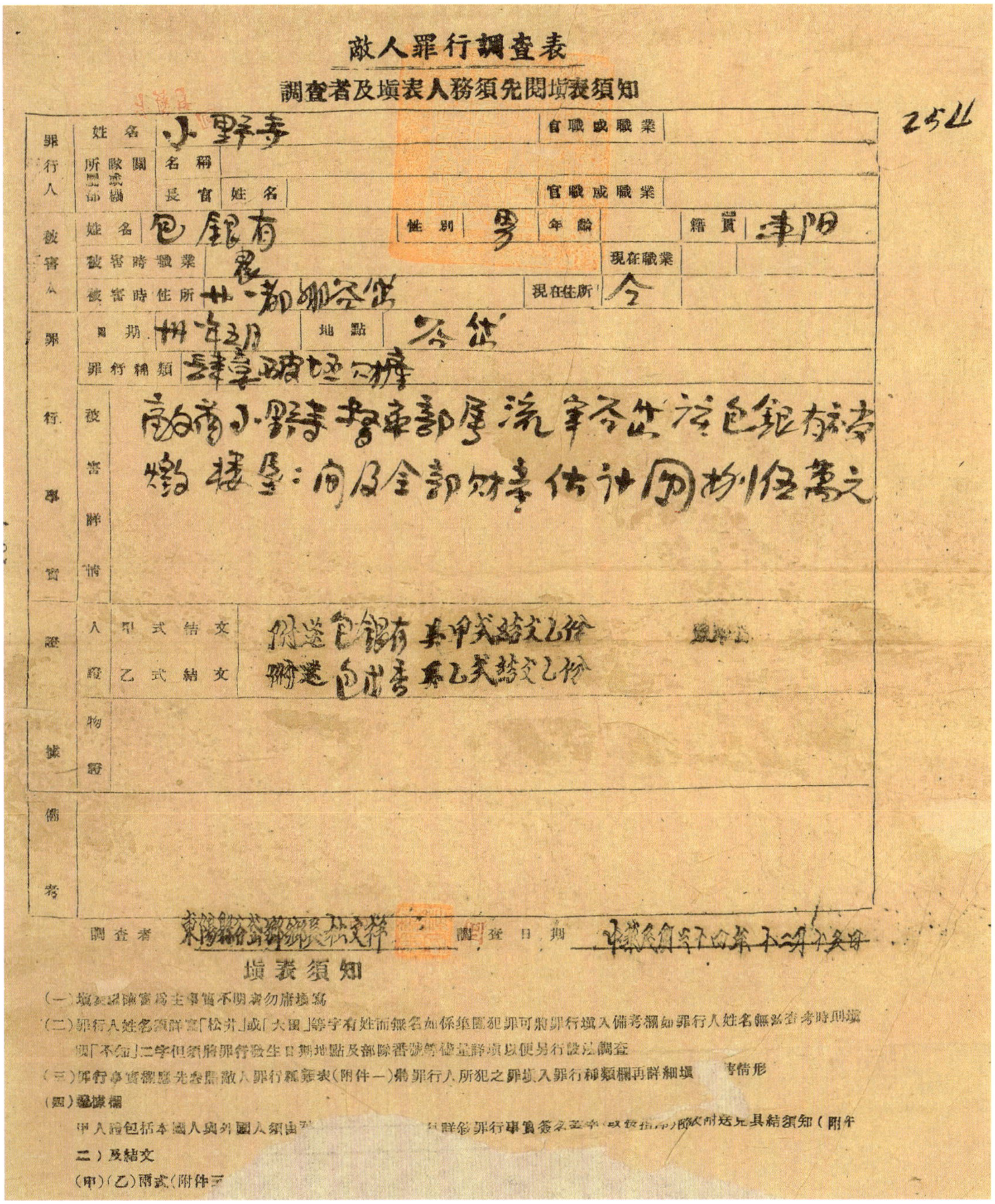

敵人罪行調查表

調查者及塡表人務須先閱塡表須知

2544

罪行人	姓名	小野寺			官職或職業			
	所屬部隊或機關	名稱						
		長官	姓名		官職或職業			
被害人	姓名	包銀有	性別	男	年齡		籍貫	沈阳
	被害時職業	农			現在職業			
	被害時住所	卅一都[illegible]各庄			現在住所	仝		
罪行事實	日期	卅年三月	地點	各庄				
	罪行種類	肆意破坏财产						
	被害詳情	敌酋小野寺督率部属流窜各庄将包银有房燬楼房三间及全部财产估计四拾伍万元						
證據	人證	甲式結文	附送包银有具甲式结文乙份					
		乙式結文	附送包银有具乙式结文乙份					
	物證							
備考								

調查者 東陽縣合[illegible]鄉鄉長林文祥　　調查日期 中華民國卅四年十二月十五日

塡表須知

(一)塡表時應以事實爲主事實不明者勿庸塡寫

(二)罪行人姓名須詳實「松井」或「大田」等字有姓而無名如係集團犯罪可將罪行塡入備考欄如罪行人姓名無從查考時則塡「不知」二字但須將罪行發生日期地點及部隊番號等儘量詳塡以便另行設法調查

(三)罪行事實欄應先參照敵人罪行種類表(附件一)將罪行人所犯之罪塡入罪行種類欄再詳細塡[illegible]時情形

(四)證據欄

甲人證包括本國人與外國人須由[illegible]目睹罪行事實簽名蓋章(或按指印)隨卷附送並具結須知(附件二)及結文

(甲)(乙)兩式(附件三

日军罪行调查表（罪行人栗田）（一九四五年十二月十五日）

18

敵人罪行調查表

調查者及填表人務須先閱填表須知

222

罪行人	姓名	栗田			官職或職業	警備隊長	
	所屬部隊或機關 名稱	二二師團八六聯隊三大隊					
	長官 姓名	井司			官職或職業	大隊長	
被害人	姓名	王海達 王圣法	性別	男 仝	年齡	四八 四八	籍貫 浙江東陽
	被害時職業	農			現在職業	仝	
	被害時住所	浙江東陽谷岱鄉上村			現在住所	仝	
罪行事實	日期	卅年八月十六日	地點	上村（浙江東陽谷岱鄉轄）			
	罪行種類	肆意破壞財產 搶劫					
	被害詳情	敵酋栗田督率偽保安隊中隊長周志清竄擾上村將王海達等被劫財物及耕牛估計國幣叁萬貳仟元					
證據	人證 甲式結文	附送王海達等具甲乙式結文二份					
	人證 乙式結文						
	物證						
備考							

調查（人）東陽谷岱鄉鄉長杜文祥　　調查日期 卅四年十二月十五日

填表須知

（一）填表以確實為主事實不明者勿庸填寫

（二）罪行人姓名須詳寫「松井」或「大田」等字稍嫌簡無名如係集團犯罪可將罪行填入備考欄如罪行人姓名無法查考時則填明「不知」二字但須將罪行發生日期地點及部隊番號等儘量詳填以便另行設法調查

（三）罪行事實欄應先參照敵人罪行種類表（附件一）將罪行人所犯之罪填入罪行種類欄再詳細填明被害情形

（四）證據欄

甲人證包括本國人與外國人須由被害人或目擊者具結詳敘罪行事實簽名蓋章（或按指印）隨表附送見具結須知（附件二）及結文

（甲）（乙）兩式（附件三及四）

乙物證須註明（1）罪行人遺留物件（2）有關敵國屠殺計劃文件（3）罪行照片（4）其他證據等

（五）本表各欄不敷填寫時可另紙書明附送

（六）調查者須簽名蓋章如係機關則須加印信

日军罪行调查表（罪行人小野寺）（一九四五年十二月十五日）

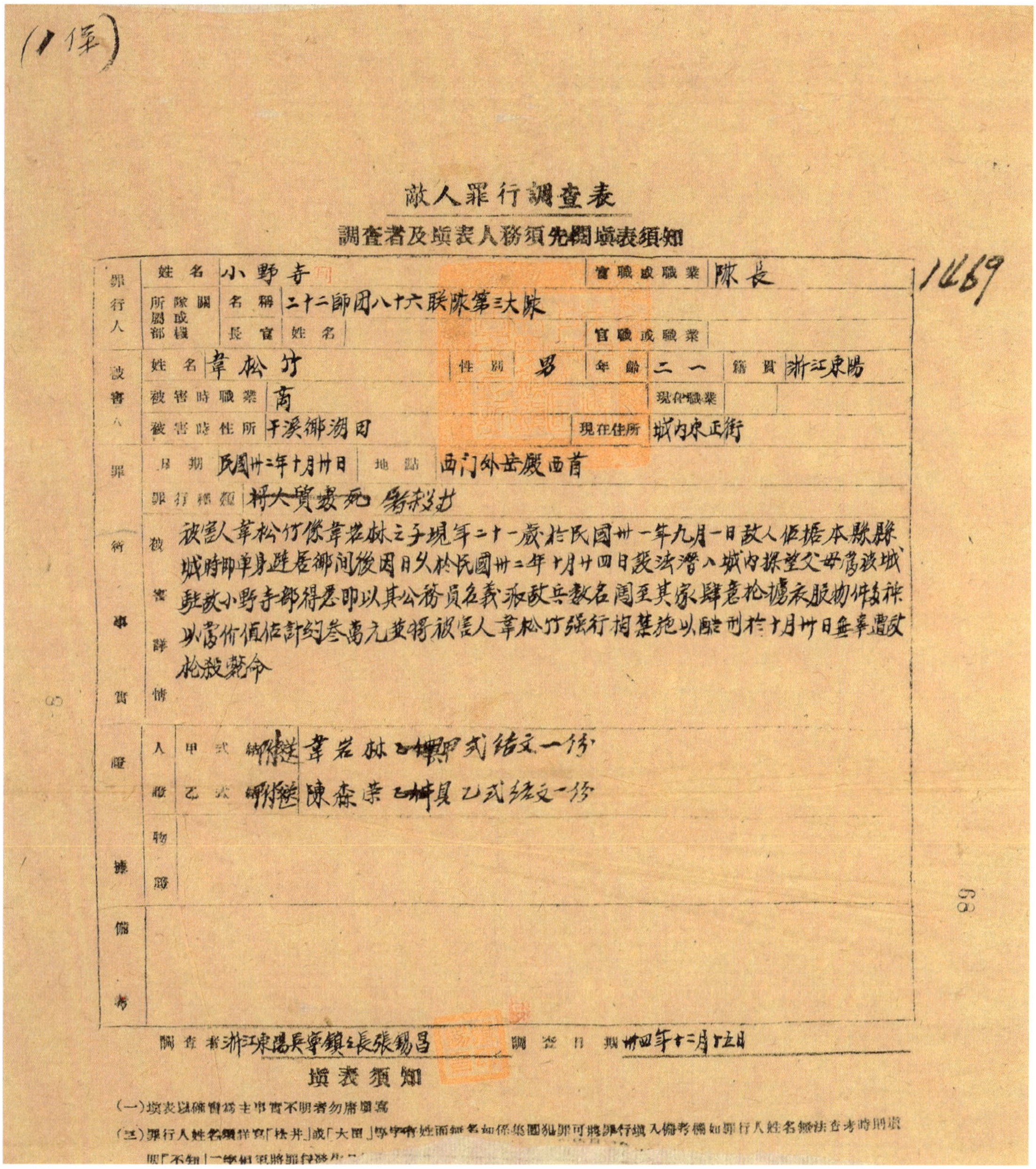

（1保）

1669

敵人罪行調查表

調查者及塡表人務須先閱塡表須知

罪行人	姓名	小野寺	官職或職業	隊長
	所屬部隊或機關 名稱	二十二師团八十六联隊第三大隊		
	長官 姓名		官職或職業	
被害人	姓名	韋松竹	性別 男	年齡 二一　籍貫 浙江東陽
	被害時職業	商	現在職業	
	被害時住所	千溪鄉湖田	現在住所	城内東正街
罪行事實	日期	民國卅二年十月廿日	地點	西门外岳殿西首
	罪行種類	~~擄人質索死~~ 屠殺		
	被害詳情	被害人韋松竹係韋岩林之子現年二十一歲於民國卅一年九月一日敵人佔據本縣縣城時即單身避居鄉间後因日久於民國卅二年十月廿四日設法潛入城内探望父母為駐城駐敵小野寺部得悉即以其公務員名義派敵兵數名闯至其家肆意搶擄衣服物件多種以當價值估計約叁萬元並將被害人韋松竹強行拘禁施以酷刑於十月卅日無辜遭敵槍殺斃命		
證據	人證 甲式	附件 韋岩林乙具甲式結文一份		
	人證 乙式	附件 陳森棠乙具乙式結文一份		
	物證			
備考				

調查者 浙江東陽吳寧鎮鎮長張錫昌　調查日期 卅四年十二月十五日

塡表須知

(一)塡表以確實爲主事實不明者勿庸塡寫

(三)罪行人姓名須詳寫「松井」或「大田」等字者姓而無名如係集團犯罪可將罪行塡入備考欄如罪行人姓名無法查考時則塡

明「不知」二字但須將罪行發生……

日军罪行调查表（罪行人赤司）（一九四五年十二月十五日）

1475

敵人罪行調查表

調查者及填表人務須先閲填表須知

罪行人	姓名	赤司	官職或職業	隊長
	所屬部隊或機關 名稱	二十二師团八十六联隊第三大隊		
	長官 姓名		官職或職業	
被害人	姓名	傅聰傑	性別 男 年齡 三五	籍貫 浙江東陽
	被害時職業	商	現在職業	商
	被害時住所	城内東正街	現在住所	城内東正街
罪行事實	日期	民國卅一年七月十三日	地點	嵊縣石下場
	罪行種類	~~擄人質要贖~~屠殺		
	被害詳情	傅祖湯係傅聰傑之生父現年五十七歲於民國卅一年七月十日被本縣城内駐敵赤司部强迫從事挑伕工作七月十三日至嵊縣石下場地方因年邁力衰挑負維艱即遭殺害		
證據	人證 甲式	據傅聰傑之件具甲式結文一份		
	人證 乙式	據徐達韋恩椿之件具乙式結文一份		
	物證			
備考				

調查者 浙江東陽吴寧鎮鎮長張錫昌　調查日期 卅四年十二月十五日

填表須知

（一）填表以確實爲主事實不明者勿庸填寫

（二）罪行人姓名須詳寫「松井」或「大围」等字僅姓而無名如係集團犯罪可將罪行填入備考欄如罪行人姓名無法查考時則填明「不知」二字但須將罪行發生日期地點及部隊番號等盡量詳填以便另行設法調查

（三）罪行事實欄應先參照敵人罪行種類表（附件……被害情形

（四）證據欄

62

6

210

敵人罪行調查表

調查者及填表人務須先閱填表須知

罪奢人	姓名	尾下			官職或職業	伐採隊長		
	所屬部隊或機關	名稱	伐採隊					
		長官	姓名	尾下	官職或職業	伐採隊長		
被害人	姓名	王星福	性別	男	年齡	五七	籍貫	浙江東陽
	被害時職業	農			現在職業	農		
	被害時住所	浙江省東陽二十二都郎左村			現在住所	谷岱鄉	前二十二都郎左村	
罪行事實	日期	三十三年三月至八月	地點	左村				
	罪行種類	肆意破壞財產						
	被害詳情	敵酋尾下于三十三年三月估駐林口後四出砍伐樹木該王星福山上砍去松木五百餘株估價計損失國幣值壹佰餘萬元						
證據	人證	甲式結文 / 乙式結文	附送王星福具甲式結文一份周寶奎具乙式結文一份					
	物證							
備考								

629 / 14

調查者 谷岱鄉長杜文祥　調查日期 中華民國三十四年十二月十五日

填表須知

(一)填表應確實為主事實不明者勿庸填寫

(二)罪行人姓名須詳寫「松井」或「大郎」等字樣倘姓名無名如係集團犯罪可將罪行填入備考欄如罪行人姓名無法查考時則填寫「不知」二字但須將罪行發生日期地點及部隊番號等儘量詳填以便另行設法調查

(三)罪行事實欄應先參照敵人罪行種類表（附件一）將罪行人所犯之罪填入罪行種類欄再詳細填明被害情形

(四)證據欄

甲人證包括本國人與外國人須由被害人或目睹者具結詳敘罪行事實簽名蓋章（或按指印）隨表附送見具結須知（附件二）及結文

（甲）（乙）兩式（附件三及四）

乙物證須註明（1）罪行人遺留物件（2）有關敵國罪行計劃文件（3）罪行照片（4）其他證據等

(五)本表各欄不敷填寫時可另紙書明附送

(六)調查者須簽名蓋章如係機關則須加印信

日军罪行调查表（罪行人尾下）（一九四五年十二月十五日）

敵人罪行調查表

調查者及填表人務須先閱填表須知

罪行人	姓名	尾下			官職或職業			
	所屬部隊或機關	名稱	伐採隊					
		長官	姓名	不知	官職或職業			
被害人	姓名	金大喜	性別	男	年齡	四〇	籍貫	東陽
	被害時職業	農			現在職業	農		
	被害時住所	谷岱鄉白牛坊			現在住所	仝		
罪行事實	日期	卅三年四月廿五日	地點	白牛坊				
	罪行種類	肆意破壞財產						
	被害詳情	敵為尾下伐採隊百餘人竄擾白牛坊將金大喜被焚燬房屋七間及全部財產估計國幣伍佰萬餘元						
證據	人證	甲式結文	附送金大喜具甲式結文乙份					
		乙式結文	附送金志芳具乙式結文乙份					
	物證							
備考								

調查者 東陽縣谷岱鄉鄉長杜文祥　　調查日期 中華民國卅四年十二月十五日

填表須知

（一）填表以確實為主事實不明者勿庸填寫

（二）罪行人姓名須詳塡「松井」或「大田」等字有姓而無名如係集團犯罪可將罪行塡入備考欄如罪行人姓名無法查考時則塡明「不知」二字但須將罪行發生日期地點及部隊番號等儘量詳塡以便另行設法調查

（三）罪行事實欄應先參照敵人罪行種類表（附件一）將罪行人所犯之罪塡入罪行種類欄再詳細塡明被害情形

（四）證據欄

甲人證包括本國人與外國人須由被害人或目擊者具結詳敍罪行事實簽名蓋章（或按指印）隨表附送見具結須知（附件二）及結文

（甲）（乙）兩式（附件三及四）

乙物證須註明（1）罪行人遺留物件（2）有關敵國屠殺計劃文件（3）罪行照片（4）其他證據等

（五）本表各欄不敷塡寫時可另紙書明併送

（六）調查者須簽名蓋章如係機關則須加印信

10

敵人罪行調查表

調查者及塡表人務須先閱塡表須知

220

罪行人	姓名	龟岛			官職或職業	警備隊長	
	所屬部隊或機關	名稱	二二師团八六聯隊三大隊				
		長官	姓名	赤司	官職或職業		
被害人	姓名	吳章才	性別	男	年齡	四四	籍貫 東陽
	被害時職業	農			現在職業	仝	
	被害時住所	東陽縣谷岩鄉石橋			現在住所	仝	
罪行事實	日期	卅年十月十七日	地點	石橋			
	罪行種類	肆意破壞財產 搶劫					
	被害詳情	敵酋龟岛督率偽保安隊中隊附周吉靖率抵石橋該吳章才被搶劫財物估計國幣念弍萬元					
證據	人證	甲式結文	附送吳章才具甲式結文乙份				
		乙式結文	附送金春芳具乙式結文乙份				
	物證						
備考							

調查者 東陽縣谷岩鄉鄉長杜文祥　調查日期 中華民國卅四年十二月十五日

塡表須知

(一)塡表以確實爲主事實不明者勿庸填寫

(二)罪行人姓名須詳實「松井」或「大田」等字有姓而無名如係集團犯罪可將罪行塡入備考欄如罪行人姓名無法查考時則塡寫「不知」二字但須將罪行發生日期地點及部隊番號等儘量詳塡以便另行設法調查

(三)罪行事實欄應先參照敵人罪行種類表(附件一)將罪行人所犯之罪塡入罪行種類欄再詳細塡明被害情形

(四)證據欄

甲人證包括本國人與外國人須由被害人或目擊者具結詳敍罪行事實簽名蓋章(或按指印)隨表附送見具結須知(附件二)及結文

(甲)(乙)兩式(附件三及四)

乙物證須註明(1)罪行人遺留物件(2)有關敵國屠殺計劃文件(3)罪行照片(4)其他證據等

(五)本表各欄不敷塡寫時可另紙書明併送

(六)調查者須簽名蓋章如係機關則須加印信

日军罪行调查表（罪行人龟岛）（一九四五年十二月十五日）

123

1648

敵人罪行調查表

調查者及填表人務須先閱填表須知

罪行人	姓名	~~十野寺~~			官職或職業	大隊長		
	所屬部隊或機關	名稱	~~二二師團八十六聯隊第三大隊~~					
		長官	姓名	龟島	官職或職業	~~中隊長~~		
被害人	姓名	俞景元	性別	男	年齡	五八	籍貫	東陽
	被害時職業	農			現在職業	農		
	被害時住所	浙江省東陽縣傳溪鄉康鶴			現在住所	東陽康鶴		
罪行事實	日期	卅二年十一月一日	地點	浙江省東陽縣傳溪鄉康鶴				
	罪行種類	肆意破壞財產、擄叔~~[illegible]~~以不人道之待遇						
	被害詳情	是日上午七时許有敵人千餘突竄本村附近一帶至俞景元家有敵十名急行搶擄再運干柴引火之物并放火頭數次霎时焚燬房屋一間半再復將耕牛牽去小兒擄去敲詐国幣弍萬柒百元才將我兒放回約計值法五十萬。						
證據	人證	甲式結文	一件					
		乙式結文	一件（杜[illegible]鵬具乙式結文）					
	物證							
備考								

調查者 浙江省東陽縣[illegible]鄉長[illegible]　調查日期 民國卅四年十二月十五日

55

121

填表須知

（一）填表以確實爲主事實不明者勿庸填寫

（二）罪行人姓名須詳寫「松井」或「大囲」等字有姓而無名如係集團犯罪可將罪行填入備考欄如罪行人姓名無法查考時則填明「不知」二字但須將罪行發生日期地點及部隊番號等儘量詳填以便另行設法調查

（三）罪行事實欄應先參照敵人罪行種類表（附件一）將罪行人所犯之罪填入罪行種類欄再詳細填明被害情形

（四）證據欄

甲人證包括本國人與外國人須由被害人或目擊者具結詳敘罪行事實簽名蓋章（或按指印）隨表附送見具結須知（附件二）及結文

（甲）（乙）兩式（附件三及四）

乙物證須註明（1）罪行人遺留物件（2）有關敵國屠殺計劃文件（3）罪行照片（4）其他證據等

（五）本表各欄不敷填寫時可另紙書明併送

（六）調查者須簽名蓋章如係機關則須加印信

东阳县政府战地工作队关于日军榨取人民血汗罪行的报告（时间不详）

001

敵偽展覽会標籤

類別	敵偽罪行
號數	地字第4号
品名	偽敌榨取人民血汗
蒐集者	東陽縣政府战工隊
備註	

民血汗

002

巍敲榨取人民血汗

敵寇自去年九月三日竄據嵬山，當日下午即由趙逆守庸粉墨登場，拉攏一班地痞流氓，組織嵬山偽維持會，出而供應敵人，於是要柴要茶要民伕，許多傀儡，怕的不亦樂乎，一不小心飽嘗熊掌，這樣过了一段時间，由嵬山某巨奸（不露頭面）策劃之下，竟通知各鄉推派代表，在銅佛殿開會，組織偽鄉鎮聯合會，於是，入會費每鄉二百元，食米每鄉二千市斤，結价一萬六千元，棉被帳子每鄉各廿五条，繼続來的是每月經常費每鄉八百元，增至一千元，又增至一千四百元，又增至二千元，最近竟增至二萬四千元，令兩次繳足，其他如自警团棉衣費各鄉二百元，弄得各鄉籌款媚敵的汉奸走狗忙得屁滚尿流。

鄉鎮聯合会成立之初，只有四個都被迫前往供应，至今已有七个半都鄉被榨取了。許多敵人的走狗，在敌偽的勢力掩護之下，幹這詐取民眾血汗的工作，從中揩油，以飽私囊，而富自飽，更有借敵偽的勢力，從事敲詐勒索，尤属痛心！！汉奸媚敌之款從什么地方來呢？在開始的时候，都是由公常籌措的多，公常拔空，禍及殷商富户，弄得殷商閉门，富户蕩產，現在是直接加在每個民众的肩上了。

敵人曾令傳鄉保長，調查各鄉住民的財產，於是牛捐狗捐，人頭稅，田畝捐都攤招了，並且給偽鄉保長一道「惶軍聖旨」，若抗不遵繳者，封閉財產，拘禁牢洞，甚至拆屋，全鄉抗而不繳者，房屋燒光，這批走狗，於是到處騷擾，急如風火，若言語稍有支吾者，禍臨頭上，吃盡怨恨，蒐敵更在銅佛殿設局徵捐，捐率之高，數目驚人，其他如自警团建築部出外摘款，日必數起，敲詐勒贖，動輒萬金，商販住民，在太陽旗下，均感有

「行路难」「居不易」之苦楚。

總之敌人是狠毒的，要我们的钱，要我们的命，想尽办法来榨取我们的血汗，在太陽旗下，我们是不会有好日子过的，敌人多住一天，我们的痛苦就加多一層，血汗被多榨去一些，老实說：我们对敌人不能講價钱，不要存妥协的心講價钱，只有我们吃虧，要妥协就会滅亡，只有以牙还牙，肅清汉奸走狗，给敌人以重大打击，才能还我河山，重做自由人！

东阳县政府战地工作队关于日军在山北经济侵略罪行的报告（时间不详）

016

019

奪掠濟經

敵情展覽会標籤

類別	敌偽罪行
號数	地字第13号
品名	敵偽在山北經濟侵略
送來機関	東陽縣战地工作隊
備註	

敵偽在山北「經濟掠奪」

敵在陷区開發資源、攫奪工業原料、製造殺人武器，並運来日常消耗品，作其銷售市場，吸吮現金，剪弱我國家元氣，減低抗戰建國力量，是為其經濟侵畧之一貫政策，茲分贅於后：

(一)強迫使用偽幣：敵除在佔領区強迫民間使用偽中央儲備銀行券鈔及敵之軍用手票外，並偽造我中央銀行法幣充斥市場，偽儲備券以一元抵我國弍元、金票（單用手票）則以一元抵我國拾元、此外更大量搜集我現法幣、希圖達其擾乱我金融之陰謀政策，幸我民衆深明大義拒絕使用，現已大事跌價，對折使用，迄今亦無人收受，是寔為我抗战維護最後勝利之一大預兆也。

（二）以敵貨易我桐油白蠟二項，查此桐油白蠟為軍需工業中之重要原料，早在政府禁運之列，故除向就地鄉保追派外（如赤敵迫令四都各保派桐油六担）為便於大量搜集計，特成立通商公司，由敵松清主持，以大批布疋香烟火柴白糖等作交換，一般投機奸商，

018

021

因乘機而起，從中漁利，南鄉黃塘頭等處時有大批
桐油白蜡進城交換，偽久大公司經理虞逆三册亦不
時大批供敵。

(三)開發礦產——鎢：開採佔領區礦源，為最近敵寇
对華三大政策之一，本縣嵬区西王山背及大同山背兩
處之鎢產，含量最丰，為造瓷瓷之必需顏料，價值頗
昂，久為敵所垂涎，茲由金華偽東南貿易公司經理
傅逆志潮，委託東陽偽久大公司經理虞逆三册，並
聘敵后藤田為顧問，於七月三十一日會合嵬敵偽步騎
一百五十餘人，軍抵西王山背搭哨廠七所，即拟搆築工

事、從事開採、嗣经化驗質地欠佳、暫行中止。

（四）砍伐松木：三十一年一月廿五日敌在城内南街盧（呂寶章住宅）設昭和通商株式會社、專負经營木材之砍伐運輸等事宜。組織大批砍伐隊、分派於城区嵬山赤髙山等處附近十餘里内松林、幾被砍伐殆尽；除供就地構築工事外並轉運至諸蕭滬、杭各地用以建造鉄路枕木橋梁等用、亦時有暗中盗賣民间者。現城、嵬兩区除十四、十六、十七、十八、廿一、廿二、廿三、廿四等鄉外、計有松木已被砍剉一光。

（五）強銷敌貨：敌為推銷其貨物及收購我物資便

019

022

利起見，在城設立「物資配給所」及「海南洋行」運來大批火柴、士林布、香烟、白糖、肥皂、洋燭等分配各鄉保強迫推銷給價，如本年七月間，每保攤派國玖佰拾元，復將被吸收之法幣，由海南洋行負責收購火腿、牛油、桐油等重要物資運回本土。

后记

本书在编纂过程中，得到了浙江省档案局、金华市档案局、东阳市党史研究室以及社会热心人士的大力支持和配合，在此一并表示衷心感谢。

编者